Payment
and Finance

支付与金融

欧阳卫民 著

中国金融出版社

责任编辑：黄海清
责任校对：刘　明
责任印制：程　颖

图书在版编目（CIP）数据

支付与金融（Zhifu yu Jinrong）/欧阳卫民著．—北京：中国金融出版社，2011.9

ISBN 978－7－5049－6032－0

Ⅰ．①支… Ⅱ．①欧… Ⅲ．①支付方式—中国—文集 Ⅳ．①F832.6－53

中国版本图书馆 CIP 数据核字（2011）第 140827 号

出版发行 中国金融出版社
社址 北京市丰台区益泽路 2 号
市场开发部 （010）63266347，63805472，63439533（传真）
网上书店 http://www.chinafph.com
（010）63286832，63365686（传真）
读者服务部 （010）66070833，62568380
邮编 100071
经销 新华书店
印刷 北京汇林印务有限公司
尺寸 169 毫米×239 毫米
印张 16.75
字数 288 千
版次 2011 年 9 月第 1 版
印次 2011 年 9 月第 1 次印刷
定价 48.00 元
ISBN 978－7－5049－6032－0/F.5592

谨以此书

献给我的父亲

欧阳公讳后书医生（1937—2011年）

自　　序

欧阳卫民

我到中国人民银行支付结算司工作已近四年，相当于又读了一次本科，收录在这本书的文章，就算毕业论文吧。

与我的《现代支付论》（长安出版社，2010 年）相比，这本书的主要特点是：我试图发现支付的本质，描述支付现代化对金融服务业巨大而深刻的影响；论述支票业务创新和信用证业务推进的重要意义；提出“以持卡人为本”银行卡产业监管基本理念；谈谈网银跨行清算、电视支付业发展以及非金融机构支付服务市场监管问题；尝试从大额支付系统数据分析中寻找我国资金流动规律；逐年记录中国支付现代化足迹。附录的几篇文章，是我参加国际会议时选取并与我的同事合作翻译的，对人民币跨境结算和证券结算业务开展以及从金融稳定的高度认识支付系统安全、有效运行具有一定的参考价值。

感谢中国人民银行党委，给了我从事支付业学习、研究和管理的机会。没有机会，一切都无从谈起。

感谢中国人民银行同事，包括总行司局和分支行的同志们，感谢清算总中心、中国银联、中国印钞造币总公司、中国支付清算协会、农信银资金清算中心和城市商业银行资金清算中心等机构的同志们；感谢商业银行和非金融机构支付服务组织的领导、专家们，感谢大家对我过去工作的关心和支持。

感谢周金黄、樊爽文、程世刚、史英琪、欧韵君、张怡、黄萍、张莉英、胡波、张晔、谭静蕙、严芳、潘松、谢群松、郝雅红、翁泉、张玲、饶林、周鹏博、陈雪、马龙、王芳、张卫华、殷实、何正根、杨青、韩露、杨弋帆等同志，他们直接或间接参与了本书的写作过程。程世刚、张卫华、黄海清同志还做了大量编辑工作。没有他们付出的劳动和智慧，就没有这本书。

2011 年 8 月 6 日
于北京

目　　录

第一章 支付改变金融

◆ 支付的本质

◆ 支付改变金融

支付的本质*

探讨支付的本质，有利于发现并解决支付领域一些重大问题；准确把握支付的本质，有利于支付业的规划和发展。

一、支付是中性的

支付是工具，是平台，是渠道，因此是中性的。

支付是社会经济活动引起的资金转移行为。

支付活动主要表现为支付服务组织通过银行账户、支付工具、支付系统等，按照一定的标准和规则为社会提供清算、结算服务，满足社会公众日益增长的多样化的支付需求。支付活动与社会经济活动密切相关，涉及经济活动的方方面面。社会公众通过支付服务组织提供的银行账户服务，存储和管理自己的货币资产，账户余额的变化反映了社会公众在社会经济活动中积累货币资产的变化；社会公众借助支付工具转移其账户中的货币资产，支付工具就成为从事社会经济活动的必需品；众多的资金转移行为交织在一起，就需要安全、高效的支付清算系统服务。可以说，支付贯穿于社会经济活动的发生、发展和终止整个过程。

支付从本质上讲是为绝大多数正常经济活动服务的。因此，支付服务的制度设计和支付领域的技术安排，主旨是便利社会公众正常经济活动的资金转移，使社会公众享受到日趋便捷的支付服务，以此满足社会公众日益增长的、多样化的支付需求。但在实践中，支付服务日趋便捷的特点也会被一些不法分子所利用，非法资金被频繁、快速转移。司法机构不得不介入支付领域，例如，冻结非法账户资金，或者利用支付信息收集情报。为规范银行账户的开立和使用，保证银行账户实名制的实施，人民银行建成运行人民币银行结算账户管理系统，集中存储存款人各类银行账户的信息，公检法在履职的过程中，会要求人民银行提供相关存款人的账户信息。美国“9·11”事件以后，为加大打击恐怖主义的力度，查找恐怖分子行踪，切断其资金来源，美国建立了一个金融情报机构，试图通过支付

---

* 根据作者 2011 年 4 月 19 日在中国银行高级培训班上的演讲整理。

清算系统数据分析判断恐怖分子的犯罪行为。国内反洗钱部门也根据支付系统中可疑和大额交易标准，对相关支付信息进行挖掘、分析和判断，然后进行调查、移交。此外，金融机构也要根据有关主管部门的要求，参与打击地下钱庄、防腐败、反洗钱、查偷逃税款等有关工作。面对越来越多的责任和要求，支付服务从业人员会感到困惑，也会感到无所适从。为防止犯罪或者获取某些情报，上述部门往往要求业务部门加强对支付领域的监控，在支付系统设置监控软件，以便发现和打击可疑行为。但这样的设计和要求又会影响正常支付活动的效率，继而影响绝大多数社会公众正常的经济活动。因此，我们需要强调支付的中性，认清支付的本质，坚持支付的主要职责是为绝大多数社会公众的正常经济活动服务的。

强调支付的中性，同时要避免两种倾向：一是越俎代庖，即支付服务从业人员在防范不法分子通过支付领域从事非法经营活动方面过于主动，承担了情报部门的工作。例如，“了解你的客户”、进行客户身份识别、落实银行账户实名制等是银行机构的法定义务。银行机构在履行这些义务的过程中，对客户提交的身份证件只能进行形式上的审查。如果客户提交的身份证件是真实的，银行就可以为客户办理银行账户业务，而无须对客户提交身份证件的来龙去脉调查清楚。这主要是因为银行机构在办理银行账户业务时，必须坚持支付服务的中性，即相信绝大多数客户办理业务是出于正常经济活动的需要。二是拒不配合，即明知客户有违法嫌疑，而不履行反洗钱报告义务，不配合司法部门的工作。近期，我们在配合公安部门打击“转账提现型地下钱庄”的活动中发现，有一些无固定场所、无固定员工、无正常经济活动的“三无空壳”公司在银行开立了大量的单位银行账户。经核实，这些“三无空壳”公司提交的工商营业执照、税务登记证都是真实的，银行从形式上审查无误后就办理了银行账户业务。但银行明知这些公司转账额度、频度与其经营活动不符，却不履行实地查访和反洗钱报告义务，为这些公司从事非法提现活动提供了便利。这样处理，银行要承担法律责任。更有甚者，司法部门已告知银行某一客户涉嫌违法犯罪活动，而银行依然在为该客户提供支付服务，这等于协助该客户犯罪。

二、现代支付与近代、古代支付的差异

现代支付与近代、古代支付的差异主要表现在以下三个方面：

一是资金转移的形式不同。古代以金属货币为主要支付手段，资金转移的形式表现为金属货币在不同地点间的搬运。这种方式需要耗费大量的

人力、物力和财力。近代支付以纸币（或钱庄票据）为支付手段，相对金属货币，携带便利，但仍然需要人工携带，存在安全隐患和假币风险。现代支付借助计算机和通信技术，以电子报文形式传输，具备较高的安全性和效率。

二是时间差和空间差的存在。近代、古代支付存在时间和空间的差异（不包括“一手交钱、一手交货”的情形）。从时间角度看，近代、古代运用纸币和金属货币异地支付时，由于携带和搬运需要一定时间，支付过程不能即时完成，从付款人付出款项到收款人收妥款项，短则几天，长则需要几个月甚至一年的时间。从空间角度看，近代、古代异地支付，资金需要从一个地方支付到另一个地方，相互间存在空间距离。而现代支付是基于计算机和网络平台的支付，突破了时间和空间限制，不存在时间差和空间差。

三是账户余额与客户实有资金变动不能联动。近代、古代支付以纸币和金属货币作为支付工具，需要携带和搬运，存在时间和空间的距离，因此，收、付款人的支付信息、资金转移、账户余额不能联动，其支付活动是分阶段完成的，支付、清算和结算是分离的。现代支付是电子支付，其支付信息、资金转移、账户余额相互联动，支付、清算、结算可以瞬间同时完成。

三、支付的本质是支付信息的传输和账户余额的变化

现代支付活动表现为支付服务组织通过银行账户、支付工具、支付系统在不同经济主体之间完成资金转移的过程。从复杂的支付活动中可以发现，现代支付的本质是支付信息的传输和账户余额的变化，即通过电子报文的传输联动账户余额变更，完成了资金清算和结算。支付信息传输的过程是清算，对账户余额变动的过程是结算。清算和结算的有机统一，是现代支付很重要的特点。支付信息可以纸质（如票据）、卡基和电子形式，通过支付清算系统（如票据交换系统、人民银行建设运行的大小额支付系统、SWIFT 以及各国建设运行的 RTGS 等）传输，这就是清算的过程。当需要同时传输多条支付信息的时候，还存在净额清算和全额清算两种方式。现代支付清算和结算过程瞬间完成，而古代支付清算和结算的相隔时间较长。同样是一笔个人或企业对政府的支付，例如缴纳税款：在清朝，各地白银需要通过陆运、河运和海运的形式完成清算，地方银库减少转为中央银库增加完成结算。现在，运用银行卡等支付工具，电子信息传输瞬

间完成清算，个人或单位账户余额同步减少，财政部门账户余额同步增加，结算亦即完成。尽管古代支付与现代支付使用工具和方式渠道不同，信息载体和支付效率有别，但支付的本质没有改变，即支付信息的传输和账户余额的变化。

四、支付与融资的结合

支付是收、付款人之间货币资金的转移，但另一方面，支付也能体现收、付款人之间的借贷关系。支付与融资的结合，是支付的另一个重要特征。如信用卡就是支付与融资结合最典型的代表之一，既有支付的功能，也有融资的功能。目前，在全国推广的支票授信业务，企业可以在其账户余额不足的情况下，使用银行给企业核定的信用额度进行支付。企业可以放心支付，减少空头支票行为的发生，银行可以获取利息。支票的信用功能得到发挥，支票从一个支付工具变成融资工具。商业汇票更是一种融资工具、延付工具。当交易双方完成商品交易行为时，款项与货物应同时结算，如双方商定运用商业汇票进行结算，付款方可以在其资金流动性不足时延期支付。这样既方便企业之间的商品交易，商业信用和银行信用也得到体现。因此，支付与融资的结合，更能体现支付工具的灵活性。

五、支付与资金活动规律及金融风险发现、化解

支付信息可以反映金融机构的资金活动规律，分析监测支付信息是加强金融机构监管、防范金融风险的一个新的重要手段。真正有效的监管是预防风险、跟踪风险、找到风险源头，并采取有效的措施防范。目前，监管部门对金融机构的非现场监管和现场监管的主要依据是金融机构提供的财务报表。金融机构作为信用机构，其向监管部门提供的财务报表比较完善。监管部门从上述报表中较难分析其真正风险。而会计师事务所对金融机构的审计也要依据金融机构提供的上述报表，其结论也无法帮助监管部门有效发现金融机构的风险所在。这样，金融监管部门在预防金融机构风险、加强监管措施方面就比较被动。监管部门只有在某一金融机构出现破产或支付危机时，才知道该金融机构真实风险。如果从支付角度入手，上述金融监管存在的问题就会迎刃而解。金融机构是经营货币资金的机构，货币资金转移的行为即是支付。金融监管部门从支付角度入手，对金融机构经营货币资金活动及其账户余额变化情况进行监控，可以及早发现风

险、预防风险，从而采取有效措施加以化解。美国金融危机的一个深刻的教训，就是金融机构资金活动信息不透明。近期，国际清算银行制定了一个很重要的规则，就是要建立中央对手清算机制，即金融市场买卖双方需要通过中央清算所进行清算，买卖双方的交易情况，中央对手就会一清二楚，金融市场风险透明可控。

六、现代支付对经济金融的影响

现代支付对经济金融的影响主要表现在以下四个方面：

第一，货币资产数字化。现代支付中的货币资产数字化，是现代支付和古代支付的根本区别。古代货币资产体现为金属货币，有成色和重量，名实相符；近代货币资产体现为纸币，名实分离。铸币在古代和近代都有，名实不符。而现代支付中，货币资产是一组数字。货币资产的数字化对货币层次划分也产生影响。由于现代支付的便利性，不同货币层次相互转换瞬间就可以完成，货币层次从 M_0、M_1、M_2、M_3 到社会融资规模指标划分开始变得模糊。

第二，金融服务的自动化。过去，金融机构提供金融服务受到场地、人员、营运时间的限制，金融服务的效率也受到影响。现代支付运用计算机和通信技术，使金融服务突破了时间和空间的限制，社会公众可以随时随地办理各项金融业务。金融服务高度自动化，金融服务的效率也得到极大提升。据不完全统计，全国自动设备完成的金融服务约占全部金融服务的 50%。

第三，信息传递网络化。现代支付资金信息传递主要以电子报文形式传输，不同于过去的纸质方式。发送和处理支付指令由计算机自动完成，更加便利社会公众日益增长的支付活动。

第四，金融服务功能和社会管理功能逐步融合。实践中，金融服务功能与社会管理功能相结合，既能提高金融服务水平，又便于相关部门加强管理。例如军队财务管理部门需要人民币银行结算账户系统的军队账户信息，对军队账户信息进行监控和管理；宗教事务管理部门利用账户信息可以加强对寺庙的资金管理和监控；教育部门提出为中职学生办理银行卡，将国家补助款直接转入学生的银行卡中，可以防止个别学校造假账、吃空缺。国家对农民发放的粮食补贴及其他农业补贴直接转入农民的银行卡中，可以杜绝个别地方政府相关部门挪用或贪污。金融服务功能和社会管理功能不断融合，有利于促进社会和谐、公平、透明。

支付改变金融*

现代金融服务的主要特征是：客户不再受地域限制；业务处理力求实时、准确、连续；金融交易电子化、自动化、数字化和无形化；行业竞争加剧等。在所有的金融服务中，大约85%的业务属于支付结算服务，即使是存、贷款业务，也只是规则上的不同，在技术操作上几乎都表现为支付结算的过程。可以说，没有支付就没有金融，没有现代支付就没有现代金融。

近年来，以信息技术在支付领域广泛应用为重要特点的金融生产力迅速提高，不仅极大地提高了金融交易和结算效率，降低了资金成本，还极大地改变了金融服务的方式乃至社会公众的生活方式，促进了金融领域生产关系和经营、监管理念的深刻变革。突出表现在：一是传统的柜台服务逐步被ATM、POS、网络等终端自助设备替代。二是金融服务突破时空限制，随时随地成为可能。三是服务主体从人工向机器设备转变。四是金融服务功能与社会管理功能出现了融合趋势。例如，账户实名制的设置和落实；发行和受理学生卡、军人保障卡、公务卡、公共交通卡等特殊行业卡，以及建立税收资金、社会保障资金的专门流转通道；同时，金融服务信息化所积累的交易记录数据为经济金融分析、信用体系建设、金融监管乃至寻找犯罪线索等提供真实可靠的数据信息支持。五是金融资产数字化，保障金融信息安全与防火、防盗一样重要。六是支付服务主体突破了传统金融机构设立预先许可限制，大量的非金融机构从事支付服务乃至存贷款业务，与银行形成了竞争与合作的格局。七是消费者可以主动选择、自行操作金融服务内容和服务方式。八是支付服务渠道的畅通、多样化、直通式处理，为银行从以产品为中心的服务向以客户为中心的服务转变提供了可能。

一、支付改变金融的历史例证和现代例证

在经济活动中，由于交易双方（或多方）在空间上的隔离，或交易需

* 本文合作作者周金黄，现供职于中国人民银行支付结算司。

求在时间上的不一致，或实施交易的过程中存在不确定性，或三者兼而有之，导致交易成本的发生，如运输成本、时间成本、信息成本、信用成本等。在劳动力、资本等生产要素成本不变的情况下，如果支付的机制变革能够克服上述摩擦，使交易成本下降，无疑会降低生产和消费的总成本。支付体系建设无论在传统意义上还是现代意义上，都是为降低交易成本，提高效率，使交易更加平滑，合同更易实施而展开的。支付体系在其发展过程中，每次创新都会产生新的金融业务和金融工具。

第一，对支付工具（流通手段、交易媒介等）的需要是货币产生的直接原因之一。在人类历史上，物物交换是商品交易的最早形式。随着生产力的发展、剩余产品的增加，物物交换越来越不方便，寻找交易参与者都能接受的价值尺度和流通手段，成为一种广泛的社会需求。货币是价值尺度和流通手段的有机统一。有了货币，金融才有了生命和灵魂。

第二，票据的出现和发展促成了金融业的诞生。在中国的唐代（唐宪宗年间），商人为了避免携带大量金银外出的不便，先到官号开具一张凭证，上面记载着地点和钱数，之后持凭证去异地经商提款购货。因为官号在商业活动较活跃的地方设有联号，便于商人兑换现金。这种凭证被称为“飞钱”，相当于今天的汇票，与之相关的业务便是汇兑业务，从事汇兑服务的官号收取手续费。“飞钱”持有人可以贴现，也可以背书转让。宋代的“交子”最初也是为了解决金属货币支付的不便，既可用于直接支付，相当于今天的纸币，也可以兑换等额金属货币。

第三，兑换凭证解决了多种货币流通引起的贸易不便问题。在商业发展较早的欧洲，12 世纪的意大利贸易兴盛，商人云集，不同地区和国度的商人来往于贸易中心。为便于交易支付，兑换商把不同货币按照市场形成的比价进行兑换。兑换商同时兼营同种货币之间的汇兑生意。具体做法是，甲地兑换商收到商人货币后，向商人签发兑换证书，商人持此证书，向兑换商在乙地的分店或代理商请求支付款项，支取乙地通用的货币。这种兑换凭证相当于现在的银行汇票。12 世纪中叶，意大利兑换商开始发行“付款委托书”。兑换商向商人发行异地付款证书时，附带“付款委托证书”，前者相当于付款合同书的效力，而后者相当于汇票。后来商业汇票可以背书转让，具有了融资功能。

第四，寻求更轻便的支付工具是银行业产生的重要原因之一。再以中世纪的意大利为例，随着商业的集中，发达商业中心变成货币集散地，商人们在交易过程中倍感携带大量贵金属货币往来的不便，于是产生了专门替人保管金银的钱庄或金匠。这些钱庄或金匠通过提供场地、设施、安保、专业服务等，收取保管费用，并逐步建立起自己的信用。由于钱庄、金匠保管的资金规模不断扩大，存入的多于解付的，因而形成大量资金沉淀。一方面金匠、钱庄利用自己建立起来的信用制作、发行银票，用于替代金银支付；另一方面它们也运用沉淀资金从事借贷活动。贷款的有利可图刺激了钱庄、金匠们吸储的积极性，这时存款不仅不收费，反而向存款人付利息。这两方面的职能使钱庄、金匠逐渐演变为银行。

第五，票据交换所是中央银行的前身。在中央银行制度诞生之前，银行业完全是市场化的。起初，不同银行发行的银票不一样，这导致银票之间存在兑换困难。为方便不同银行的储户之间的交易支付，银行业设立了会员制的独立清算所，负责从事银票跨行清算业务。由于清算所掌握着会员银行金银储备信息、经营状况、银票的信誉情况等，清算所便肩负起监管者的责任，并要求会员银行将一部分自己的金银储备缴存到清算所保管，作为存款准备金。清算所成为中央银行的前身。

从飞钱、交子、本票、汇票，以及银行业的起源可以看出，商品经济的发展，催生了支付工具，进而催生了专营支付服务的商号，提供信用中介服务，从而创造并丰富了金融业。

比较现代的例子有：邮政机构通过汇兑业务时间差形成沉淀资金，进而开办邮政储蓄，并发展成为邮政储蓄银行；支付宝最初只是为网上购物提供支付服务，目前发展为提供信用担保乃至小额信贷服务的机构。

二、支付与金融的密切关系

（一）金融工具一般可作为支付工具，支付工具常具金融功能

支付从其交付货币的时间与获得产品或服务的时间差上考察，可以分为预付、实时支付和延迟支付。预付方式是买方先付款后得到所需产品或服务，这种支付方式要求产品提供者拥有高等级的信用。实时支付是一手交钱一手交货，债权债务关系瞬时结清。延迟支付又称赊销，是先到货后付款，货物或服务提供者向购买者提供信用。支付行为之所以能够产生预付、实时支付、延迟支付的差别，是由于经济活动中供给和需求无法同时得到满足所导致的。同时，交易双方在交易中的地位对支付方式及工具的选择产生了重要影响，甚至起到了决定性作用。当交易中的卖方处于优势地位时，支付方式往往采用预付。例如购买紧俏的车子和房子，往往需要提前交纳定金；乘坐地铁、公交，接打电话，需要预先购买充值卡。当交

易中的买方处于优势地位时，支付方式往往采用延迟支付。例如农产品收购，月饼等易腐烂食品销售等。当交易中买卖双方的地位平等时，支付方式采用实时支付方式，一手交钱一手交货。

为了实现买卖双方的意愿，货币在其中扮演了支付手段、价值尺度（记账单位）和价值贮藏手段的角色，也正是货币将支付与金融密切联系在一起。货币既是支付工具，又是金融工具。通观经济金融发展史，由于货币的形态在不断演化，支付的工具或手段也在多样化，使得支付工具与金融工具相互交织，有时很难分清。从广义上讲，凡具有货币特征的金融工具都可作为支付工具使用。

下表列出了支付工具与金融工具的交织关系。

	预付	即付	迟付
支付工具或支付方式	预付费（现金）储值卡、电子货币	现金、借记卡、银行本票、支票、银行汇票	信用卡、欠据（IOUS）
	股票、债券、保险单	PVP、DVP	商业本票、商业汇票、委托收款、信用证
信用提供者	产品或服务提供者承担信用	共同承担或均不承担信用	买者承担信用
信息完备性（对称性）	卖者占信息优势	信息完备均等	买者占信息优势
合同实施的有限性	卖者可能不交货	不存在限制	买者可能不付款或者付不了款
信用风险等级	较高	低	高

上表中所列支付工具均或多或少地具有金融工具的某些特质。目前世界上使用最多的非现金支付工具，如信用卡、商业汇票、信用证等，既是支付工具，也是金融工具。而股票、债券、大额存单等金融工具，因持有者具有赎回货币权，可以流通转让，从而具有支付工具特征。无论预付型支付工具，还是延迟支付型工具，都是金融工具，因为这些支付工具提供了信用，具有融资功能，但其融资功能总是从支付功能衍生出来的。

（二）几乎所有的金融活动，从技术操作层面上看，大都是某种支付活动

当科技应用到支付结算领域，金融生产力明显进步，会对整体金融体系产生重大而深远的影响。银行、证券公司等典型的金融中介组织在经营

货币或货币性资产的活动中，也同时为客户提供交易支付服务，是把支付与金融相结合的纽带和桥梁。以贷款为例，银行贷款在操作上同样表现为某种支付行为，是客户借助银行资金去结清与其他客户的债权债务关系，进而又引发一系列支付行为。银行利用存款人的货币赚取贷款收益，担当信用中介和支付中介的角色。银行掌握大量客户的资金、账户信息，不仅拥有支付、转账、清算、结算的优势，通过发展支付系统等基础设施，创造出电子化的非现金支付工具；而且拥有强大的信用功能，通过授信、融资，将支付工具拓展为金融工具，为金融交易提供极大的便利。

三、支付改变金融的机制与方式

支付的电子化、信息化不仅促进了金融与技术的融合，为金融创新提供了更加便利的平台和机会，而且支付创新本身构成了金融创新的重要内容。据美国亚特兰大联储的一份研究报告①，在1980—2005年的25年中，美国的金融创新大约可归纳为三大类十种。第一大类，金融产品和服务创新。其中，产品创新主要是次贷及与次贷相关的一些创新；服务创新则主要与不断增强的账户服务和新的支付方式有关，如借记卡、自动柜员机（ATM）、预付卡。第二大类，金融生产过程的创新。主要包括：自动清算所（ACH）、小企业信用评级、资产证券化、风险管理技术等。第三大类，组织形式的创新，除金融控股公司是法律或管理演化的副产品外，主要的创新是网上银行，而网上银行的最初形式是银行通过互联网提供的网上支付服务。由此可见，支付创新构成了金融创新的重要组成部分，并在一定程度上决定了金融创新的路径与进程。

如前所述，支付工具创新、支付体系发展的内在动力，是为了克服经济交易在时间上的不一致性、空间上的隔离、交易合同实施的有限性（或信息非完备性）。从这三个方面可以发现，金融发展的本源之一是支付的创新。

（一）为克服经济交易在时间上的不一致引发的金融创新

为克服商品交换双方在需求上的不一致问题，引发了货币的产生。货币的使用大大减少了以物易物交易中的交换次数，提高了交易的成功率。然而，由于产品的生产和产品的消费均有周期性，数量和质量要求也不

---

① Technological Change, Financial Innovation and Diffusion in Banking, Working Paper 2009－10, March 2009 by W. Scott Frame and Lawrence J. White, Federal Reserve Bank of Atlanta.

同，以至于产品的供给与需求在时间和数量上不能完全吻合，这样便产生了货币资金的欠缺或多余，也产生了产品供给的不足或存货。为使生产和消费持续下去，生产者和消费者之间便发生了预付或延迟支付，通过签发借据、商业票据等信用支付工具替代货币。随着信用关系的稳固和扩展，信用支付工具也被标准化并可以转让，从而成为融资工具。商业汇票、商业本票、信用证、远期合约、套期保值工具的发展轨迹均大致如此。

然而，某些延迟支付存在着很大的信用风险，一旦债务人破产或抵赖，不履行付款合同，将给债权人带来部分或全部损失并产生连锁反应。为降低乃至消除延迟支付产生的信用风险，现代支付系统采取实时支付、PVP、DVP 等模式，用于债券市场、外汇市场等金融交易支付。目前，大额实时支付系统已成为各国最重要的金融基础设施。兼具实时支付和轧差结算功能的混合支付系统则不仅能够消除延迟支付带来的信用风险而且大大节省了参与者的流动性。在国际金融领域，全球最大的多币种持续结算机构（CLS）为跨国境的货币金融交易提供了 PVP 支付模式，即货币与货币间的同时支付，消除了赫斯塔特风险。这既是支付创新也是金融创新。

（二）为克服经济交易在空间上的隔离限制引发的金融创新

“空间隔离”问题是指商品的供给与需求双方处在异地所引发的交易障碍。异地交易合同的实施不仅涉及货物运输成本、储藏成本，而且存在货币转移成本、购物（或销货）时间成本等。在支付环节上，为降低成本，提高效率，支付中介应运而生。传统的有票号、钱庄；现代的有银行、证券经纪结算公司、交易所、中央对手方、第三方支付服务组织等。这些机构的产生、发展都是重要的金融创新。进入 21 世纪后，人类进入电子商务时代，与之相伴随的电子支付又促进了网上支付、网上银行业的发展。

（三）为提高合同可实施性的支付创新引起的金融创新

在交易成本中，因信息不完备或信息不对称所产生的成本也相当高，如欺诈成本、违约成本、其他信用成本等。现金支付虽然是最可靠的支付方式，但其在合同金额很大的交易中十分不便，也无法留下债权债务人历史交易的相关信息，不利于建立信用信息体系。票据、银行卡，以及基于银行账户的其他非现金支付工具具有信息记录功能，有助于建立社会信用体系，降低现金交易成本，保证合同给付的可实施性。与此同时，为使非现金支付更加可靠，减少或消除违约成本，支付工具又附加了抵押、质押、担保等附属品。资产支持商业票据在发达国家非常兴盛。在现代电子商务中，第三方支付清算服务机构利用其网络和客户信息优势，为电子交易提供货到付款的担保型支付服务，克服了交易双方信息不对称、空间隔离等问题。电子化的担保型支付服务又为网上担保融资开辟了道路。

四、现代支付体系演进所引发的货币金融体系的革命性变化

自1973年布雷顿森林制度解体以来，世界进入了以纸币为法定货币的时代，中央银行垄断了货币的发行权，由国家信用支持的货币取代了贵金属货币。之所以能够如此，是基于以下原因：一是黄金等贵金属的生产和供给量远远不能满足世界财富增长对黄金的需求；二是法定纸币同样具有标准化、不易变质、易存储运输等商品货币所具有的特点；三是在国家政权和经济比较稳定状态下，货币发行机构（中央银行）能够确保适度供给货币，保证法定货币的公信度，因而同样能承担起支付（流通）手段、记账单位、价值贮藏手段的职能。中央银行垄断发行权的纸币体系使货币本身更加符号化、信用化、契约化，有关货币发行和流通的信息更加透明、集中，这为向电子支付、电子货币为主的支付体系发展提供了可能和方向，进而为相关的金融创新提供了动力。

（一）金融与技术的融合使货币价值尺度（记账手段）与支付手段[①]发生分离，金融资产数字化、虚拟化

现代网络信息技术在金融业的广泛应用，与银行账户簿记系统的数字化、信息化相结合，为以数字信息为媒介的电子支付工具发展奠定了基础，并使得基于银行存款账户的转账支付占据了经济交易的绝大多数。人民币、美元、日元、欧元等更多地以价值尺度或记账单位（契约单位）来发挥作用。以中国为例，2009年中国非现金支付交易金额1 208万亿元，而现金交易约10万亿元，二者之比为120:1。现金交易主要集中在社会商品零售支付领域，多用于小额零星支付。股票、债券、工资、税收等基本实现了无纸化、数字化。这些变化至少带来三个方面的影响：

一是银行卡、储值卡、电子货币的发行与普及强化了银行存款、数字货币的支付功能，对现金的替代、回笼作用日益明显。

---

① 这里的“支付手段”意指用现金作为支付工具。

储值卡、电子货币对现钞的回笼作用主要体现在其沉淀资金的数量上。如果发行机构将沉淀资金以银行存款形式持有，则必然会降低现金漏损率。

银行卡对现金的替代主要反映为存现与取现差额加上银行卡消费、转账之和。2009 年前两个季度，我国银行卡交易数据显示，银行卡存现与取现差额为 -1 万亿元，持卡消费金额 2.78 万亿元，转账 36.95 万亿元，三者总和为 38.73 万亿元。如果将现金流通速度估计为 3（一年内周转 3 次），则银行卡存、取现的净差额（ -1 万亿元）用于交易的最大金额为 3 万亿元。据此可以推算，用银行卡直接进行交易与银行卡取现后用于交易的金额比率是 12.9:1。随着支付电子化和受理市场扩大，这个比例会进一步提高。

二是支付服务多元化、市场细分化，形成了支付服务产业链。

在传统的实物货币和纸票据支付时代，支付过程基本上是交易双方通过银行以及银行设立的票据清算所完成的。电子支付时代，不同的电子支付工具在使用过程中涉及的支付流程不同，甚至有很大差异。例如，银行卡交易过程涉及持卡人、商户、发卡机构、受理机构、银行卡信息转接组织五个当事者。这些当事人在交易过程的不同环节提供或享受增值服务，获取相应的收益，形成了一个产业链。手机支付、网上支付的交易环节更为复杂一些，增加了网络运营机构、第三方支付服务机构。有的第三方服务机构只提供信息转接服务，即纯粹的第三方支付网关；有的提供电子商务交易平台且提供担保服务，不仅为买家提供银行账户、信用卡等服务，还通过与其他机构合作向买家提供信用额度。有的非金融支付清算服务机构利用其广泛而丰富的客户信息资源与银行开展合作，为中小企业融资提供担保、征信等服务，如阿里巴巴。目前，手机支付、多功能储值卡、网上支付方兴未艾，创新不断。在国内，中国联通、中国电信、中国移动三大运营商相继推出了各具特色的手机新型支付模式，将电信与支付技术融合于内置的芯片卡，实现多功能、多用途支付服务。在储值卡应用推广方面，越来越多的商家推出了多用途卡，几乎覆盖了服务行业的各个领域。商业银行和非金融机构在支付服务领域呈现出越来越复杂的合作竞争局面，银行垄断金融服务市场的格局逐渐被打破。

三是银行业从网上支付服务拓展到全面的网银服务，后台服务、外包服务、ATM 服务改变了银行业传统的柜面生产经营单一格局，金融服务的类型和品种都大大增加。网银服务促进了电子商务中物流、商流、信息流、资金流的配套整合，加速了银行、商家、第三方支付公司的合作与竞争，为企业提供展示、交易、认证、支付结算、融资、配送等一揽子服务，使整个社会的效率大大提高，服务一体化趋势极为明显。

（二）支付工具的创新和电子支付系统的发展带动了相关的制度创新，从而改变原有的货币金融制度格局

在前面关于支付创新引发金融创新的讨论中，重点强调了新的支付工具如何引发新的金融工具和金融业务的产生。实际上，这种引致创新也总是伴随着制度安排的变革。

1. 从货币发行的角度看。各种电子支付工具（如银行卡、电子票据）尤其是电子货币（如多功能储值卡、电子钱包等）的发展，使得金融机构和企业、家庭对央行货币（流通中现金、商业银行窖藏现金、准备金）的需求大为减少。交易方程式可修改为：$M_0V_0+M'V'=PY+Tf$，其中，M' 包含电子货币发行机构发行的沉淀资金存款。

在无电子货币条件下，广义货币与狭义货币的关系可表示为：$M_2=C+D+T=M_0+D+T=M_1+T$，其中，C 表示流通中现金，D 表示活期存款，T 表示定期存款。在发行电子货币条件下，设电子货币（电子现金）用 M_0^e 表示，则货币供应量变化为：

$M_0=M_0^1+M_0^e$，$M_1=M_0^1+D+D_e$，其中，$M_0^e=D_e$。

这表明，如果电子货币的发行规模不断扩大，以至于使用电子货币消费的量总是小于 D_e，形成沉淀资金，则电子货币的发行使得央行基础货币（M_0^1）的占比下降，商业银行货币的比例在不断加大。而商业银行货币通过倍乘作用，扩大了货币的供给，货币的内生性增强。只有当电子货币存款 D_e 在准备金率为 100% 的前提下，货币供给才不受电子货币发行的影响。

2. 从对货币功能和货币统计的影响看。古典货币数量论关于货币需求以及货币重要性的认识源于货币的交易媒介这一功能。凯恩斯强调货币的财富贮藏手段职能，弗里德曼也认为“货币是购买力的暂时栖息地”，与凯恩斯的观点近似。电子支付工具和电子货币的发展，则是加强了货币的记账单位功能，因此价值稳定成为央行关注的重点。由于电子支付方式能够在无现金条件下完成支付，降低交易总成本、节约用现金交易的资源，从而使得中央银行铸币的功能弱化，现金作为交易媒介的功能和财富贮藏手段的功能也弱化了。

电子支付方式和电子货币的发展使得各类金融资产的流动性增强，相互间转换变得异常方便。如现金和存款之间、活期存款与定期存款之间、存款与股票债券之间的转换可以瞬时完成。这些变化使得 M_1 的增长速度

大大超过 M_0 的增速，货币供给结构也发生较大变化，货币层次的划分变得困难和越来越没有意义。

3. 从电子支付系统和相关基础设施的发展看。人民银行相继建成运行了大额实时支付系统、小额批量支付系统、全国支票影像交换系统、境内外币支付系统、电子商业汇票系统。各商业银行也相继建成或正在建设全行统一的行内电子支付系统。现代化跨行支付系统把商业银行行内支付系统、中央银行公开市场操作系统、中央外汇交易系统、中央国债登记系统、国库集中核算系统、人民币香港清算行、银行卡跨行支付系统等连为一体，形成了纵横交错的资金高速网络通道，大大提高了金融服务效率，延伸了金融服务范围。其中，大额支付系统消除了在途资金，降低了资金延压成本，提高了企业和银行的资金支配能力；小额支付系统采取轧差清算方式则能够节约流动性，根据市场需要增加或减少轧差清算场次，能够满足银行和企业对效率的要求。同时，支付系统关于效率和安全方面的要求衍生出新的制度安排，如担保、质押、中央对手方、PVP、DVP 等。这些制度安排，也为货币互换、利率互换、多币种支付提供了良好的风险锁定机制。

4. 从对货币政策操作及传导机制的影响看。由于大额支付系统与债券交易系统连接，同业市场、债券市场交易清算的总余额直接反映为支付系统清算账户总余额，因而，中央银行通过设定中央银行借贷利率对支付系统总余额进行管理，就可实现对同业利率的调节和管理。与此同时，中央银行设置的支付系统流动性借贷利率上下限对债券市场利率也具有很强的约束作用。在债券交易通过支付系统进行清算的情况下，若债券收益率高于中央银行贷款利率，则存在套利机会，银行愿意通过向中央银行借款购买债券，银行间竞争的结果会使债券收益率降到中央银行贷款利率的水平。相反，若债券市场收益率低于中央银行存款利率，则银行愿意卖出债券并向中央银行增加存款，直到债券市场收益率达到中央银行存款利率水平。这种运行机制使同业市场利率被控制在央行设定的“利率走廊”（Interest Rate Channel System）① 内，说明支付系统的发展在有力促进金融市场一体化的同时，也使得中央银行货币政策手段、方式和传导机制发生了重大变革。

---

① 目前，有些国家如加拿大、澳大利亚、新西兰、英国、瑞典等，在取消了法定存款准备金要求之后，中央银行建设的电子实时支付系统在货币政策实施中起着核心作用。欧央行，甚至包括美联储在内的国家和经济体都采用所谓的“利率走廊”或“通道系统”（Channel System）机制，对隔夜利率进行调控（迈克尔·伍德福特，2001）。

5. 从对货币市场等金融市场的影响看。2009 年 10 月，中国人民银行组织建设的电子商业汇票系统正式开通运行，不仅提供电子商业汇票业务处理功能而且提供商业汇票转贴现公开报价功能。电子商业汇票的最长付款期限定为 1 年，有利于推动短期资金利率市场化，短期贷款票据化，促进一年期以内各档期票据市场利率的形成和全国统一票据市场的形成；有利于提高企业通过票据进行融资的灵活性，更好地适应不同类型企业的生产经营周期，缓解中小企业融资难题；有助于激励金融机构深度开发票据业务，增加票据市场交易品种，使票据业务向信息、资源、操作、运营集中；有利于金融机构提供更加丰富的票据服务产品，衍生出更多的电子银行增值服务，提高金融机构规模效益。

（三）电子支付系统的发展和应用以及中央对手方的引入对于防范衍生金融工具的风险能够起到至关重要的作用

衍生金融工具是从原生性金融工具如股票、债券、存单、货币、利率或债务工具价格、汇率等派生出来的金融合约，其价值取决于一种或多种原生性金融工具预期价值的变化，其基本类型包括远期、期货、期权和掉期（互换），以及混合交易。衍生金融工具的产生源于对金融交易中规避原生性金融工具的价格波动风险，其后发展为投机工具。

从美国金融危机的教训看，场外衍生金融工具处于分散交易、分散清算和结算状态，缺少中央清算机制，更没有集中化的电子支付系统，使信用风险和流动性风险变得不可预测和控制。早在 2006 年，国际清算银行关于《支付结算体系领域的新进展》① 就指出，从 1998 年至 2005 年，场外衍生金融工具的交易名义量增长了 275%，而代表着履行所有合同需付出成本的衍生品合同市场价值增长了 300%。与此同时，清算与结算基础设施远远未跟上交易规模的强劲增长和市场总体的快速创新的步伐。交易处理过程缓慢、两两交割，甚至手工录入，使得交易与确认之间的时差长达 1 周（货币期权）到 4 周（复杂的股票衍生品），这使得危机的产生带有必然性。

金融危机之后，各国政府、中央银行及相关监管当局、金融机构等市场参与者普遍认识到，如果没有中央集中清算系统，没有准备金保证要求，必然会产生严重的信息不对称和道德风险，而这一问题正是集中式清算系统能够解决的。因为集中式支付清算系统在机制设计、风险管理、纪

① Recent developments in the area of payment and settlement systems, Note for the meetiog of governors at 14:00 on Monday 11 Sep. 2006, BIS.

律约束、法律保障、透明度等方面都是成熟可靠的。目前，国际清算银行各成员正在加紧研究建设金融衍生品市场交易的集中清算、结算机制和中央对手机制等问题。

（四）电子化的银行账户系统和实名制的实施，强化了政府政策的效果，为维护社会公平、打击犯罪提供了有力支持

银行账户簿记系统不仅是支付体系的核心要素之一，也是非现金支付时代货币资产的主要栖息地，是社会资金运动的枢纽。在账户实名制下，电子化信息化的银行账户系统能够起到至少四个方面的重要作用：一是有利于银行依托账户系统开展金融创新，开展个性化服务；二是有利于银行落实“了解你的客户”的核心经营原则，提高金融服务质量；三是有效遏制假账户假身份经济犯罪，保护企业和消费者的合法权益；四是能够使政府在税费征管、社保福利资金运作、企业注册登记、征信建设以及反洗钱方面的作用得到有效发挥。

总之，支付体系作为经济与金融的大动脉或管道系统，不断吸纳科学技术和生产力发展的最新成果，克服经济活动的时间不一致、空间隔离、信息不完备等障碍，促进了交易效率的不断提高和交易成本的不断下降，有力推动着金融的创新和发展。支付改变金融，无论在力度上，还是在方式、方向上，其作用都是巨大而深刻的。

第二章 票据与信用证业务

- 电子商业汇票系统有利于票据市场创新和发展
- 我国票据电子化对票据市场形成的重要意义
- 促进支票应用　推进诚信建设
- 推广支票授信　服务中小企业
- 推广应用2010版票据　防范票据欺诈风险
- 推进信用证业务　服务贸易经济

电子商业汇票系统有利于票据市场创新和发展*

——答《中国金融电脑》记者问

电子商业汇票是纸质商业汇票的延续和发展，它以数据电文形式替代原有纸质实物票据，以电子签名取代了实体签章，以网络传输取代人工传递，以计算机录入代替手工书写，实现了出票、流转、兑付等票据业务过程的完全电子化，票据安全性和交易效率得到了极大提升。电子商业汇票系统的上线运行，对我国电子票据市场将会产生怎样的影响？对于商业银行及企业将会带来怎样的变化？记者为此采访了中国人民银行支付结算司司长欧阳卫民。

记者：电子商业汇票系统的上线已有一段时间了，目前，该系统的运行状况如何？我国商业汇票市场格局将会产生怎样的变化？

欧阳卫民：自 2009 年 10 月 28 日电子商业汇票系统上线运行以来，系统运行稳定，业务稳步增长。随着第一批接入行人员培训和相关工作逐步落实，电子商业汇票系统参与者迅速增加，基本覆盖各行有条件开办电子商业汇票业务的营业网点，目前共有系统参与者 38 527 个。其中，中国工商银行 9 901 个、中国农业银行 13 763 个、中国建设银行 11 254 个、交通银行 2 733 个、华夏银行 382 个、招商银行 769 个、中国光大银行 512 个、深圳发展银行 315 个、中国民生银行 407 个，等等。

从 2009 年 10 月 28 日至 2009 年 12 月 31 日，电子商业汇票系统完成出票信息登记 1 876 笔，涉及金额 51. 97 亿元。承兑业务 2 001 笔，涉及金额 54. 63 亿元，其中，电子银行承兑汇票 1 816 笔，涉及金额 48. 23 亿元，电子商业承兑汇票 185 笔，涉及金额 6. 4 亿元。贴现业务 439 笔（均为买断式贴现），涉及金额 35. 14 亿元。转贴现业务 135 笔，涉及金额 12. 66 亿元。再贴现业务 4 笔，涉及金额 182. 46 万元。通过大额支付系统发生票款对付业务 38 笔，涉及金额 7. 19 亿元。系统共收到纸质商业汇票登记 61. 88 万笔；系统提供纸质商业汇票查询服务 1 792 笔。

从出票企业和承兑金融机构的地区分布来看，全国除海南、西藏、青海、宁夏、内蒙古、广西及港澳台地区外，其余省级行政区均已开展电子

* 本文原载于《中国金融电脑》2010 年第 2 期。

商业汇票业务。

中国人民银行各分支机构和第一批上线机构正继续加大对电子商业汇票业务系统的宣传力度，注重风险防范，积极稳妥地推广电子商业汇票在企业贸易结算和融资中的使用，充分发挥电子商业汇票系统对经济金融发展的促进作用。

另外，电子商业汇票系统上线后，我国商业汇票市场格局将形成电子商业汇票与纸质商业汇票并存的局面，未来的发展趋势应是先进性的电子商业汇票逐步替代纸质商业汇票。同时，由于准许财务公司作为电子商业汇票系统的参与者，扩大了票据市场的参与主体，形成以企业为主的多种主体参与的商业汇票市场。

记者：电子商业汇票系统上线后，支付与融资变得更加便捷，将在哪些方面提升票据交易的效率？对商业银行的经营带来什么影响？

欧阳卫民：电子商业汇票系统上线后，支付与融资变得更加便捷，将在以下几个方面提升汇票交易的效率。

首先，大大降低汇票业务的操作风险。纸质汇票的操作风险是目前汇票业务经营中非常棘手的难题。操作风险包括以下三个方面：一是书写、签章不规范，各方理解不一而最终导致汇票不能如期兑付的风险；二是遗失、损坏和遭偷窃的风险；三是汇票被伪造、变造和克隆的风险。电子商业汇票系统建成运行后，通过统一的技术标准和采用可靠的电子签名，完全克服了纸质汇票书写、签章不规范、理解各异而带来的纠纷和兑付风险，同时能够较好地避免遗失、损坏和遭偷窃风险，彻底杜绝伪造、变造和克隆汇票。

其次，降低汇票交易成本，提高交易效率。电子商业汇票的出票、承兑、背书、贴现、转贴现、再贴现、质押、保证、追索等全部汇票行为均通过电子商业汇票系统完成，而且电子商业汇票系统支持在线交割贴现、转贴现、再贴现和汇票结清的票款，相对目前纸质汇票交易要多次审验审核、查询照票、长途奔波交付、另行付款等而言，不仅大大节省了人力、物力、财力，而且将交易时间由几天缩短至几小时、几分钟甚至几秒钟，足不出户就能完成汇票在全国范围内的交易和流转，使汇票交易过程更为灵活、方便、经济和高效。

此外，对商业银行的经营而言，电子商业汇票将深刻影响金融机构汇票业务经营管理体制。电子商业汇票系统的建立为金融机构统一管理汇票业务提供了基础平台和技术手段。电子商业汇票系统上线运行后，汇票的承兑、贴现、转贴现、再贴现、结清等环节的联系更为密切，信息更加透明，各业务品种之间依存度更强，因此，金融机构对企业客户及同业客户的信息共享、集中处理、综合营销显得尤为重要。现行商业银行的总行管理、分支行营销交易的模式将会被总行集中交易、集中运营所替代；电子汇票交易中，对汇票期限和承兑银行灵活选择的特点使电子票据成为各家商业银行总行资产运作、资金管理的重要工具，金融机构汇票业务将向信息集中、资源集中、操作集中、运营集中、更加专业化的经营管理体制转变，有利于金融机构提供更加丰富的汇票服务产品，并有可能衍生出更多的电子银行增值服务，有利于提高商业银行规模效益。

记者：企业是电子商业汇票的签发者和使用者，电子商业汇票系统的上线运行对于企业产生怎样的影响？

欧阳卫民：电子商业汇票系统的上线，对于企业也会产生一定的影响。

首先，为企业的经营活动增加了支付结算工具。电子商业汇票作为一种新兴的汇票，它与纸质汇票一样，首先是一种支付工具，而且是一种远期支付工具。企业在经营活动中，只要收、付款人具备使用电子商业汇票的条件，就可以使用电子商业汇票办理结算业务，从而为企业的经营结算活动增加了一种新的先进的结算工具。

其次，拓宽企业融资渠道，有助于缓解中小企业融资难题。电子汇票的最长付款期延长至1年，企业签发汇票时更具灵活性。从成本的角度看，由于贴现利率市场化程度高，通常贴现利率远低于同档期的贷款利率，企业通过汇票融资能够有效节约财务费用。尤其是对于广大中小企业而言，汇票融资与银行贷款相比，条件比较宽松、手续比较简便、费用比较低廉，吸引力更大。

最后，有助于强化企业信用，促进信用社会的建设。我国商业汇票业务虽然发展较快，但主要是银行承兑汇票发展快，商业承兑汇票的发展远远落后于银行承兑汇票的发展，难以满足经济发展的需要。究其原因，主要是企业信用不足，要靠银行信用来保证。电子商业汇票系统全面记录企业参与商业汇票的行为，形成企业的支付信用记录，并根据一定规则提供给相关客户查询。合规使用汇票、按时兑付汇票的企业，将形成良好的信用记录，其签发、承兑的汇票，就会被更多的客户接受。企业就可以凭自身的信用承兑汇票，促进商业承兑汇票的发展，扩大企业融资渠道。因此，企业在使用电子商业汇票时，务必恪守信用、按约付款，保持良好的信用记录，这样才能使自身签发的电子商业汇票被客户接受，才能让电子商业汇票更好地服务于企业的经营活动。企业在电子商业汇票系统的支付信用记录，将会作为企业信用评级量化指标的一个方面，对企业积极参加信用社会建设有极大的推动作用。

记者：与纸质商业汇票相比，电子商业汇票有什么不同，其优势表现在哪些方面？

欧阳卫民：与现行纸质商业汇票相比，电子商业汇票的优势主要有以下几个方面。

第一，运用现代科学技术，全面革新商业汇票的操作模式。电子商业汇票系统的建立，创造性地将最新科技成果运用在汇票上，全面革新商业汇票业务的运作模式，使汇票业务从手工、传统的操作模式转换到利用计算机和网络技术实现其签发、流转和结清的现代化先进的操作模式上。

第二，将财务公司定位为票据市场的直接参与者，扩大了票据市场参与主体。企业集团财务公司是我国金融机构的重要组成部分，在办理集团内部结算、降低集团财务成本、提高集团综合竞争力方面发挥着重要作用。在电子商业汇票系统中，财务公司与银行一样，可以直接接入系统办理业务，并且在电子商业汇票系统的配套制度中，将财务公司承兑的汇票纳入银行承兑汇票进行管理。

第三，将电子商业汇票的最长付款期限从 6 个月延长至 1 年，金额上限为 10 亿元。纸质商业汇票的最长付款期限为 6 个月，而电子商业汇票的最长付款期限为 1 年，这对吸引企业选择电子商业汇票作为支付和融资工具、金融机构深度开发票据业务、促进 1 年期以内各档期票据市场利率的形成、增加票据市场交易的品种等都具有深远的意义。

第四，明确了贴现、转贴现、再贴现以及赎回的操作方式，大大降低了票据交易风险。在《电子商业汇票业务管理办法》中，对电子商业汇票贴现、转贴现、再贴现的定义及其交易方式进行了明确界定、细化和创新，既对票据交易产品和方式进行了标准化，又具有很大的灵活性和可扩展性。同时，为了消除票据交易的风险，在票据融资交易和票据结清业务中，引入了票款对付（DVP）的结算方式，通过电子商业汇票系统与大额支付系统的实时连接，在票据权利转让完成的同时实现资金交割，既提高了交易效率，又消除了票据交易中可能存在的信用风险和流动性风险。

记者：电子商业汇票系统的发展前景如何？

欧阳卫民：电子商业汇票系统的发展前景，主要体现在以下几个方面。

一是推动形成全国统一的票据市场。电子商业汇票的流通交易全部依托电子商业汇票系统进行，这将促进票据交易产品的标准化、票据交易信息的公开透明和票据市场容量的扩大，从而推动统一的全国性票据市场的形成。

二是推动短期资金利率市场化，有利于对票据业务进行精确统计，为宏观经济决策提供准确依据。电子商业汇票将付款期限延长，将对市场利率的形成产生重大影响。其交易运作将大大丰富票据市场 3 个月至 1 年期限的交易品种，有利于 1 年内各档期的完全市场化利率的生成，为完善 SHIBOR 报价体系、形成完整的市场收益率曲线提供重要的交易数据支持。

三是为货币政策工具的实施提供了新的平台。再贴现、央行卖票是中央银行调控基础货币、增减货币流动性的货币政策工具，电子商业汇票系统全面上线运行后，央行可依托电子商业汇票系统，根据经济形势的发展和货币供应量情况，进行再贴现、央行卖票等业务，通过买、卖票据的业务，达到增减基础货币、收放货币流动性的效果。

我国票据电子化对票据市场形成的重要意义*

自 1981 年我国商业银行恢复开办第一笔商业承兑汇票贴现业务以来，我国票据业务的发展至今已有近 30 年的历史。票据业务（本文所讲的票据是指商业汇票）发展很快，作用很明显。但是，票据市场发展也存在一些大的问题，离真正意义上的票据市场差距还很远。2009 年 10 月 28 日，电子商业汇票系统在部分金融机构试点运行；2010 年 6 月 28 日，在全国银行业金融机构和财务公司推广。电子商业汇票系统的建成和推广，对统一、高效、安全的票据市场的形成具有重要意义。

一、我国票据市场发展及其特点

电子商业汇票系统建成以前，新中国票据市场的发展大致分为三个阶段：第一阶段是 1981—1994 年的推广使用阶段；第二阶段是 1995—1999 年的规范发展阶段；第三阶段是 2000 年以后的快速发展阶段，并呈现以下特点：

（一）票据交易规模持续增长，为经济发展作出了重要贡献

2000 年以来，商业汇票年累计承兑额、累计贴现额、票据市场交易规模（累计承兑量 + 累计贴现量）持续增长。年累计票据承兑额由 2000 年的 7 445 亿元增长至 2009 年的 102 700 亿元，年均增长 35. 38%；年累计票据贴现额由 2000 年的 6 447 亿元增长至 2009 年的 236 000 亿元，年均增长 55. 72%。2009 年，企业累计签发商业汇票 10. 3 万亿元，同比增长 45. 0%；累计贴现 23. 6 万亿元，同比增长 74. 8%；累计办理再贴现 248. 8 亿元，同比增长 126. 8%。2009 年年末，商业汇票未到期余额为 4. 1 万亿元，同比增长 29. 4%；票据贴现余额为 2. 4 万亿元，同比增长 23. 7%；再贴现余额为 181. 2 亿元，同比增长 684. 8%。票据市场已成为我国金融市场中成长最快的子市场之一（见表 1 和图 1）。

---

* 本文原载于《中国金融》2010 年 10 月增刊。

表 1　　2000—2009 年商业汇票承兑、贴现、交易增长情况

单位：亿元、%

年份	累计承兑		累计贴现		交易规模	
	金额	年增长率	金额	年增长率	金额	年增长率
2000	7 445	46. 67	6 447	157. 98	13 892	83. 39
2001	12 699	70. 57	17 645	173. 69	30 344	118. 43
2002	16 139	27. 09	23 073	30. 76	39 212	22. 92
2003	27 700	71. 63	44 400	92. 43	72 100	83. 87
2004	34 000	22. 74	45 000	1. 35	79 000	9. 57
2005	44 480	30. 82	67 508	50. 02	111 988	41. 76
2006	54 300	22. 08	84 900	25. 76	139 200	24. 30
2007	58 700	8. 10	101 100	19. 08	159 800	14. 80
2008	71 000	20. 70	135 000	33. 60	206 000	28. 91
2009	102 700	44. 65	236 000	74. 81	338 700	64. 42

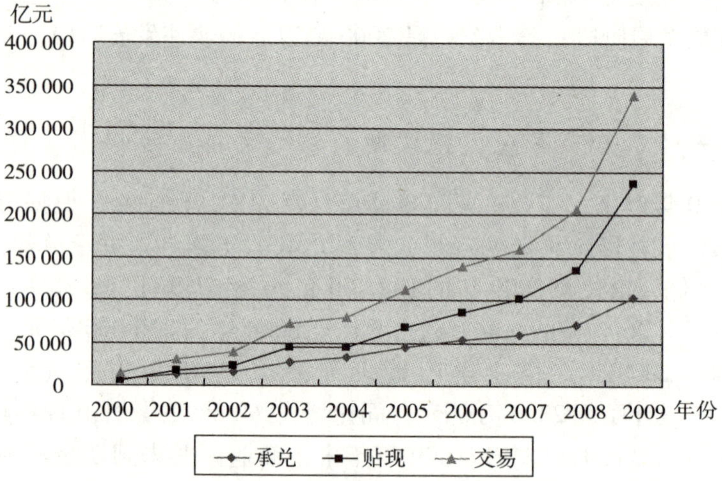

图 1　2000—2009 年商业汇票发展状况图

10 年来，商业汇票的快速发展便利了中、小企业融资，提高了金融机构资产负债管理水平，促进了经济增长，其对国民经济增长的贡献不可磨灭。商业汇票交易量与 GDP 的比重由 2000 年的 14% 增长至 2009 年的 99%（见图 2）。

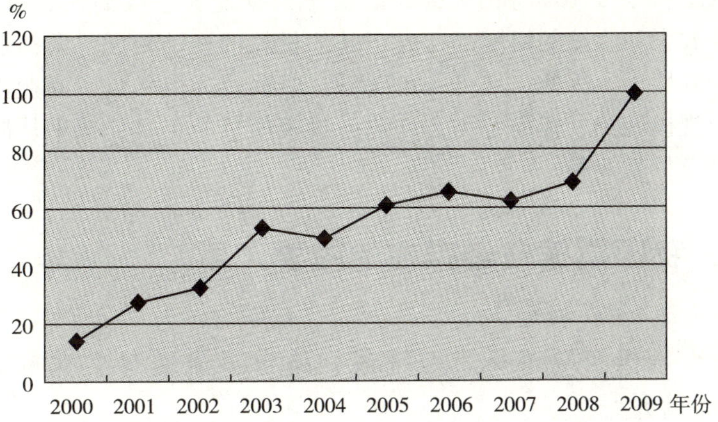

图 2　2000—2009 年商业汇票交易额/GDP 增长趋势图

（二）票据交易受宏观调控影响波动幅度大，并且体现出顺经济周期效应

票据交易与宏观经济运行呈现顺周期效应。当宏观经济处于上升的快速发展时期时，企业对商业汇票支付和融资的旺盛需求刺激了票据的承兑和贴现，票据交易量呈上升发展趋势；当宏观经济处于下降的衰退期时，企业经营规模萎缩，生产减少，其对商业汇票的支付和融资需求下降，票据交易量呈下降趋势。2000 年以来商业汇票业务的发展验证了票据与宏观经济的顺周期效应。2000 年以来，我国国内经济一直保持着快速增长的态势，与此相适应，商业汇票业务量也呈现出快速增长的局面。

票据交易发展的特点除了与宏观经济呈现出顺周期效应外，受宏观调控影响波动幅度大是票据交易的另一个显著特征。在业务管理上，票据承兑业务从属于银行信贷，票据贴现业务则直接归入信贷业务的一部分，纳入信贷规模考核。在这种经营管理体制下，票据业务演变为商业银行吸收存款、调节信贷规模的工具，票据交易规模必然随着宏观调控政策的时紧时松而大幅波动。当货币政策从紧、贷款规模紧张时，就首先收缩票据业务；当货币政策宽松、要求加大金融对经济的支持力度时，就比较积极地扩大票据融资。当大客户大项目信贷饱和时，就放松票据贴现；当贷款需求强烈、贷款收益较高时，就压缩票据贴现。当不良资产比例较高时，就做大票据贴现规模，从而稀释不良资产比例。如 2001 年实行稳健的货币政策，适度增加了货币供应量，当年票据承兑和贴现业务量分别增长了 70.57% 和 173.69%；2007 年实行从紧的货币政策，当年票据承兑和贴现业务量仅增长了 8.10% 和 19.08%。由于票据业务手续简便、可控性强，票据业务放大和收缩的幅度都远大于其他贷款的波动幅度，票据业务对宏观调控的弹性大。因此，从另一角度看，票据业务似乎成了商业银行适应监管部门规模调控、模糊各类会计业务报表信息的工具，似乎从属于商业银行主营存贷款业务。

二、我国票据市场存在的主要矛盾

（一）票据需要跨行、跨区域、跨市场流通与票据市场分散、割裂之间的矛盾

流通是票据的生命。能够突破空间的限制在全国范围内流通，是票据发挥其特定作用的重要保障。我国票据市场缺乏统一的平台，市场处于分割状态，市场参与者之间信息沟通不顺畅，这使得全国统一的票据市场事实上没有形成，仅在部分中心城市形成了区域性票据中心，票据流通市场还局限在系统、区域和局部范围内。票据交易信息的不对称、票据交易本身的分散性使得票据的流通与交易受到一定的桎梏。

（二）票据本身的高操作风险与成熟票据市场对交易产品安全可靠要求之间的矛盾

由于商业汇票采用纸质实物形式，尽管在票据印制过程中附加了诸如水印、红水线等很多防伪标识，但是，由于票据标的额较大等原因，不法分子总是千方百计地采用伪造、变造、克隆等手段，利用票据骗取银行和客户资金。同时，在票据的保管、流转、托收等环节也可能出现被抢、被盗、丢失、毁损等情况。对于一个成熟的市场来说，产品本身的高度可靠和易于辨认是最基本的要求。

三、电子商业汇票系统的建立使得我国统一高效的票据市场得以形成

2009 年 10 月 28 日和 2010 年 6 月 30 日，电子商业汇票系统分别在部分金融机构试点运行和在全国全面推广，搭建了票据市场的基础设施，使得我国统一高效的票据市场得以形成，我国的商业汇票从此进入电子化时代。

（一）电子商业汇票系统参与者众多，具有广泛的代表性

2010 年 6 月 28 日，电子商业汇票系统在全国范围内推广上线运行。电子商业汇票系统包括三个功能模块：电子商业汇票业务处理功能、纸质商业汇票登记查询功能、商业汇票公开报价功能。从交易主体而言，所有具备一定业务、技术条件的银行和财务公司均可直接接入电子商业汇票系统进行票据交易，暂不具备相关条件的银行和财务公司也可以通过银行代理的方式从事票据交易。截至 2010 年 8 月底，接入电子商业汇票系统的机构共计 316 家，网点 64 681 个。316 家机构中银行业金融机构 246 家，占比为 78%；财务公司 70 家，占比为 22%。316 家机构全部开通纸质商业汇票登记查询功能模块，其中 232 家开通电子商业汇票业务模块，占比为 73%。232 家开通电子商业汇票业务处理功能模块的金融机构中银行 176 家，占比为 76%，财务公司 56 家，占比为 24%。从电子商业汇票业务处理功能的覆盖面来看，大多数金融机构（232 家）都参与到电子商业汇票市场中，成为电子商业汇票市场的主体。

从参与者的结构看，电子商业汇票市场的直接参与者有银行、财务公司。而银行和财务公司可以通过其自身建立的网银系统或银企直连的方式，使企业间接参与到电子商业汇票业务活动中。据不完全统计，截至 2010 年 8 月底，我国的企业网上银行用户达到 500 万户。假设这 500 万户企业网上银行用户中有 60% 办理电子商业汇票业务，则间接参与电子商业汇票系统的企业客户有 219 万户（500 × 60% × 73%）。因此，企业、银行、财务公司和中央银行都成为了电子商业汇票业务的参与者，系统具有广泛的代表性。随着票据市场产品创新和相关法律制度的完善，电子商业票据有可能作为一种新的投资品种被推出，吸引包括个人投资者在内的新的交易主体参与到票据市场交易中。

（二）电子商业汇票相关制度比较完善，为电子商业汇票业务开展提供了坚实的法规保障

电子商业汇票系统的建设运行和电子商业汇票业务的开展，必须有坚实的法律制度保障。为此，人民银行同步组织制定并发布了《电子商业汇票业务管理办法》、《电子商业汇票业务处理手续》、《电子商业汇票再贴现业务处理手续》、《电子商业汇票系统管理办法》、《电子商业汇票系统运行管理办法》、《电子商业汇票系统数字证书管理办法》、《电子商业汇票系统危机处置预案》、《电子商业汇票业务服务协议指引》，包括电子商业汇票

业务和电子商业汇票系统的8项配套制度。这8项制度遵循了《票据法》、《电子签名法》的基本规定和立法精神，既相对独立又互相联系，构成了一个有机整体。电子商业汇票系统配套制度明确了电子商业汇票当事人的权利、义务、业务处理流程和手续，规范了系统的准入、退出、运维、监管和危机处置。中国人民银行将依法依规对电子商业汇票系统运营者、系统参与者和业务参与者的相关行为进行检查监督，以确保系统的安全、稳定、高效运行。

电子商业汇票配套制度不仅对原来纸质商业汇票业务中暴露出的问题进行了梳理和解决，从一个全新的角度规定了电子商业汇票业务运作中的各个流程和环节，而且及时跟踪了经济金融发展变化所导致的商业汇票需求的变化，对制度进行了革新。比如，根据财务公司近年来快速发展及其信用状况显著改善的状况，将财务公司承兑的票据纳入银行承兑汇票进行管理；允许企业与银行间双向的票据流动，便利了银行和企业的流动性管理；明晰了电子商业汇票融资的各种交易方式，简化了交易方式，消除了交易中的不确定性等。

（三）电子商业汇票的融资价格完全市场化，体现了资金的供求关系，具有价格发现功能

在电子商业汇票融资业务中，贴现、贴现赎回、转贴现、转贴现赎回的利率、计息期限、付息方式都由票据买卖双方协商确定，完全实行市场化。在我国主要利率仍受管制的背景下，电子商业汇票融资利率随着资金的松紧程度而上升或下降，体现了资金的供求关系，具有价格发现功能。与其他利率相比，电子商业汇票的贴现、转贴现的融资利率更加灵敏、准确和及时，更能反映资金的供求关系，体现资金的价格。

从交易定价而言，电子商业汇票系统的建立使得买卖双方沟通及时有效，使交易价格变得公开透明。电子商业汇票系统建立前，商业汇票市场缺乏一个统一报价议价的平台，票据买卖双方只能凭借人脉关系和以往经验与对方取得联系，市场分散割裂，价格信息不透明，转贴现利率波动幅度很大。在实践中，各银行的票据营业部能够经常联系和交易的他行机构数量也非常有限，信息的不公开透明极大地限制了票据交易的发展。电子商业汇票系统建立后，金融机构通过商业汇票公开报价功能可以发布商业汇票转贴现的供需数量和价格信息，将所有的金融机构连通起来。电子商业汇票系统日终将商业汇票转贴现公开报价加权平均利率下发给各金融机构，该利率反映了票据市场的价格水平，可作为金融机构间交易的重要参

考。电子商业汇票市场交易目前采用的议价制度，更适合专业投资者之间进行大规模交易，而未来可考虑引入做市商制度，通过提供双向报价提高市场的流动性，活跃票据市场。由于电子商业汇票的最长付款期限为1年，电子商业汇票的承兑和贴现业务与流动资金贷款业务具有较强的替代性，电子商业汇票融资利率的市场化有利于1年期以内各档期市场资金价格的生成。

（四）电子商业汇票交易产品符合“安全”原则，电子商业汇票交易过程符合“效率”原则，电子商业汇票为商业银行规模经营奠定了基础

纸质票据的操作风险是目前票据业务经营中非常棘手的问题。操作风险包括以下三个方面：一是书写、签章不规范，各方理解不一而最终导致票据不能如期兑付的风险；二是遗失、损坏和遭偷窃的风险；三是票据被伪造、变造和克隆的风险。电子商业汇票系统建成运行后，通过统一的技术标准和采用可靠的电子签名，完全克服了纸质票据书写、签章不规范、理解各异而带来的纠纷和兑付风险，同时能够较好地避免遗失、损坏和遭偷窃风险，彻底杜绝伪造、变造和克隆票据。与纸质商业汇票相比，电子商业汇票具有如下四个特点：一是以数据电文取代实物纸张；二是以电子签名取代实体签章；三是以计算机录入取代手工书写；四是以网络传输取代人工传递。从出票、背书、贴现到兑付，电子商业汇票实现全程电子化处理，全面革新了商业汇票的载体和操作模式，是支付工具的又一重大创新，具有里程碑式的意义。

电子商业汇票的出票、承兑、背书、贴现、转贴现、再贴现、质押、保证、提示付款、追索等全部票据行为均通过电子商业汇票系统完成，而且电子商业汇票系统通过其与大额支付系统的实时连接，支持在线交割贴现、转贴现、再贴现和票据结清的票款。自系统上线至2010年8月底，通过大额支付系统实时清算资金4 651笔，金额112.25亿元，电子商业汇票票款对付业务笔均金额241万元。相对目前纸质票据交易而言，电子商业汇票交易过程更为灵活、方便、经济、高效。

电子商业汇票系统的建立为金融机构统一管理票据业务提供了基础平台和技术手段。电子商业汇票系统上线运行后，票据的承兑、贴现、转贴现、再贴现、结清等环节的联系更为密切，信息更加透明，各业务品种之间依存度更强，因此，金融机构对企业客户及同业客户的信息共享、集中处理、综合营销显得尤为重要。现行商业银行的总行管理、分支行营销交

易的模式将会被总行集中交易、集中运营所替代。电子票据交易中对票据期限、承兑银行灵活选择的特点使其成为各家商业银行总行资产运作、资金管理的重要工具，金融机构票据业务将向信息集中、资源集中、操作集中、运营集中、更加专业化的经营管理体制转变，有利于金融机构提供更加丰富的票据服务产品，有利于提高商业银行票据业务经营的规模效益和管理水平。

（五）电子商业汇票是企业直接融资的重要工具，有助于缓解中、小企业融资难问题

中、小企业获得资金的难易程度是衡量一个国家金融体系效率高低的重要指标。在我国直接融资工具中，股票、债券、短期融资券等一般需要经过严格的审批，难以从根本上解决中、小企业融资难问题。银行贷款作为间接融资方式，与实力雄厚的大型企业相比，中、小企业也较难利用。而电子商业汇票的推出能够给中、小企业融资提供一条出路。第一，从融资的金额看，单张商业汇票的金额由原来纸质商业汇票的 1 亿元提高至电子商业汇票的 10 亿元，基本上满足了中小企业通过票据市场融资的需要。第二，从融资期限的灵活性看，电子商业汇票最长付款期从纸质商业汇票的 6 个月延长至 1 年，企业可以在 1 天至 1 年之间选择符合自身需要的融资期限，更易切合不同类型企业的生产经营周期，从而大大提高了融资期限的灵活性。第三，从融资的主动性看，电子商业汇票的签发无严格的准入门槛，企业可根据自身需要自主签发。第四，从融资成本来看，由于承兑成本和贴现利率市场化程度高，通常远低于同档期的贷款利率，企业通过票据融资能够有效节约财务费用。另外，电子商业汇票系统在设计上还为电子商业汇票的批量发行预留了途径和空间。一旦票据法律制度放开票据的真实交易背景，企业可以根据自身融资的需要批量发行商业汇票，企业和个人可以通过买卖商业汇票进行投融资，则电子商业汇票的投融资功能将更为凸显。电子商业汇票系统的该功能相当于股票市场的纳斯达克（NASDAQ），对提高直接融资比重、改善融资结构将起到有力的推动作用。

自 2009 年 10 月 28 日电子商业汇票系统试运行至 2010 年 8 月 31 日，系统处理电子商业汇票业务 11 万笔，金额约 3 841 亿元，每笔平均 347 万元。其中出票 33 258 笔、金额 1 055 亿元，承兑 34 937 笔、金额 1 099 亿元，贴现 11 274 笔、金额 557 亿元，转贴现 5 717 笔、金额 494 亿元。电子商业汇票业务发展呈现出逐月快速增长的趋势。将来，随着企业网银客户的不断增长，企业支付和融资习惯的培育与改变，电子商业汇票业务将

不断增长，纸质商业汇票将逐步消失。届时，电子商业汇票将为中、小企业融资、为经济发展作出更大的贡献。

电子商业汇票系统建立后，全国统一的票据市场的形成具备了现实基础和实践平台。从长远看，电子商业汇票系统还将为票据市场的交易品种和交易方式创新提供有效的创新平台。相对于纸质票据时代的区域性市场而言，全国性的电子商业汇票市场具有以下优势：全国性市场投资者基础广泛，有利于在更广的范围内实现资源优化配置，发展全国性票据市场是经济发展对金融市场服务的内在要求；全国性市场较区域性市场更容易监管，潜在的制度创新风险更容易控制，“自上而下”发展集中统一管理的全国性票据市场，符合我国金融市场多年来发展的内在逻辑。全国性票据市场形成后，与银行间同业拆借市场、债券市场等一起，构成我国完整的货币市场，为1年期以内的各种短期投融资交易提供保障。

促进支票应用　推进诚信建设*

支票是最古老的非现金支付工具之一，在我国已经有较长的使用历史，并且发挥了重要作用。近年来，随着支付体系的建立，非现金支付日益普及，支票业务量呈稳步增长趋势，相关制度逐步完善，清算机制不断优化，业务创新也有所突破。目前，支票已成为我国票据业务的主体，是单位最常用的非现金支付工具。

一、支票发展的历史与现状

新中国成立后，支票制度和业务的发展历程可大致分为四个阶段。第一阶段是新中国成立初期到改革开放前夕的限制发展阶段。为适应计划经济需求，国家实行严格的现金管理，取消了汇票和本票，禁止个人使用支票。第二阶段是1978年十一届三中全会后的初步发展阶段。随着计划经济向市场经济的逐步转变，中国人民银行开始研究建立一系列顺应社会主义市场经济发展要求的票据制度。1986年，中国人民银行、中国工商银行和中国农业银行联合发布《关于个体经营户和个人使用支票结算基本规定》，解禁个人支票。1988年，中国人民银行颁发《银行结算办法》，规定在全国公开推行汇票、本票和支票。第三阶段是1996年《票据法》实施后的快速发展阶段。《票据法》的制定和实施，标志着以汇票、本票和支票为主体的票据法律体系建立。1997年中国人民银行经国务院批准颁布《票据管理实施办法》，并制定《支付结算办法》，对支票的具体种类、结算流程和核算手续等进行了明确。第四阶段是2004年至今的创新发展阶段。2004年，为适应经济金融发展和商业银行电子化发展需要，人民银行下发《关于调整票据、结算凭证种类和格式的通知》，其中对支票凭证的格式和票面要素进行了调整和优化。2005年，为提高支票信用、减少支票失信，中国人民银行制定了《关于对签发空头支票行为实施行政处罚有关问题的通知》。2007年，人民银行推广运行全国支票影像交换系统，实现了影像传输和实物截留，突破支票流通的地域限制，实现了全国通用。这一阶段，

---

* 本文原载于《华北金融》2010年第7期。

支付密码和支票圈存业务在一定范围内的运用也对支票的推广和运用起到了积极作用。

从使用情况看，支票已成为目前我国使用最普遍的非现金支付工具之一，在我国支付工具体系中占据重要地位。现阶段，我国支票使用具有以下特点：一是签发量和签发金额较大。据统计，2009 年全国支票的签发量达到 8.5 亿笔，金额达 248.6 万亿元，分别占 2009 年全国票据业务签发量的 97.5%，金额的 92%。二是单笔业务金额呈稳定的增长趋势。从 2006 年第一季度的 14.93 万元增长到 2009 年第四季度的 29.4 万元。三是使用主体以企事业单位居多，居民个人签发支票较少。以 2009 年度的数据为例，个人支票的签发量和签发金额仅占支票业务的 1% 和 0.1%。四是用途较为集中。支票主要用于商品交易、劳务供应、清偿债务等商务往来，在个人消费、缴付公用事业单位费用等方面应用较少。

二、支票的性质与作用

《票据法》第八十一条规定："支票是出票人签发的，委托办理支票存款业务的银行或者其他金融机构在见票时无条件支付确定的金额给收款人或持票人的票据。"支票首先是一种结算工具。与其他票据结算方式相比，支票具有使用广泛、手续简便、方便灵活的业务特点和优点。

从国外非现金支付的发展趋势来看，近年来，随着卡基（银行卡、储值卡等）和网基（网上支付、手机支付等）电子支付方式的发展和普及，支票作为结算工具的重要性和使用量均呈下降趋势。以支票被最广泛运用的法国为例，2001 年支票交易笔数占到非现金支付的 37%，近年来呈持续稳定下降趋势，到 2007 年下降到 23.6%。有的甚至酝酿取消支票业务。但是，在大额支付工具选择方面，支票仍然比卡基支付工具有优势，从单笔平均交易金额来看，支票为 500 欧元，卡支付仅为 50 欧元。我国的支票业务也具有同样的发展趋势和特点。2006 年，支票交易笔数为 11.7 亿笔，2009 年下降为 8.5 亿笔。从单笔交易金额来看，支票为 29.4 万元，银行卡仅为 8 400 元。因此，从国内外情况看，随着电子支付方式的多元化发展和创新，支票作为非现金支付工具在个人支付领域的重要性减弱，但在商务领域的运用依然具有较强的生命力。

支票还是一种信用支付工具，其基础是商业（个人）信用，而非银行信用。首先，出票人开立支票存款账户和购买支票本都需具备一定的资信状况。银行一般都会给支票使用人设定一定的信用门槛，尤其是个人支票，如要求客户具有稳定的收入来源以及账户日平均存款余额需满足一定的限额要求。可以说，支票是持票人的“信用”名片，是诚信的象征。其次，持票人接受出票人的支票，也是基于对出票人的信任。出票人购买货物、享受服务、缴纳公用事业费，以支票支付时，收款人并不清楚能否凭支票到银行获得相应的资金款项。收款人面临两方面的风险：一是支票真伪的风险，即支票凭证及签章是否真实；二是支票账户空头的风险，即出票人账户是否有足额的资金。所以，收款人是否愿意接受付款人的支票付款，完全取决于其对付款人诚信的认可。不可否认，社会信用环境的欠缺和征信体系的不完备，也会影响支票信用功能的发挥。

三、支票风险及其防范

支票真伪的风险包括伪造支票和变造支票。伪造支票是指假借他人名义签发票据的行为。例如，伪造出票人签名，伪造他人印章，或盗用他人印章签发票据，伪造票据凭证等，都属于伪造票据的行为，包括克隆支票。变造支票是指未经授权或无权变更票据内容的人，擅自变更票据上依法记载的有效要件的行为。对于支票凭证防伪，人民银行主要通过对票据凭证的格式和印制进行统一管理，采取统一的安全防伪措施，并对银行、企业业务人员进行宣传培训来加以防范。收款人银行防范支票欺诈，首先要通过识别支票凭证的防伪点来辨别凭证的真伪，再审核出票人签章是否真实，以确定支票是否为出票人真实意思表示。在目前纸基支票流通的环境下，银行将出票人在支票上的签章与其预留银行签章进行人工折角比对或利用印鉴核验系统比对，是鉴别签章真伪的主要手段。

《票据法》第八十七条规定：“支票的出票人所签发的支票金额不得超过其付款时在付款人处实有的存款金额。”签发空头支票行为即指出票人签发的支票金额超过其付款时在付款人处实有的存款金额的行为，是市场经济中较为典型的一种失信行为。无论出票人主观状态是出于故意还是过失，签发空头支票行为在破坏支票流通秩序的同时，直接损害了持票人的利益。出票人所签发的空头支票之所以能为持票人所接受，是因为出票人与持票人之间存在信息不对称，即持票人在接受出票人所签发的票据时，无法判断其是否为空头支票。

支票圈存业务能够解决这种信息不对称的问题，帮助收款人实时查验支票是否为变造支票或空头支票，尽可能减少收款人的风险。同时，为提高支票信用、减少支票失信行为，中国人民银行于2005年制定了《关于对签发空头支票行为实施行政处罚有关问题的通知》（以下简称《通知》），在《票据法》的基础上进一步细化了针对签发空头支票、签发与预留银行签章不符支票的行政处罚制度。同时，《通知》还建立了空头支票黑名单制度，目的是为了加大出票人签发空头支票的违规成本。数据显示，近两年来，空头支票的数量呈现逐渐下降的趋势。2009 年第四季度，全国共查处违规支票 5.42 万笔，金额 66.91 亿元，笔数、金额同比分别下降 31.9% 和 2.3%，分别占同期支票业务量的 0.2‰和 0.1‰。另一方面，由于人民银行对于签发空头支票行为的处罚并无强制执行权且申请执行成本较高、立案难等问题的存在，空头支票的实际处罚力度较弱，如 2009 年第四季度实际处罚支票违规笔数仅为 2.64 万笔，金额 0.69 亿元。另外，支票授信业务的开展，也有利于减少空头支票的发生。

四、对规范和促进支票业务发展的思考

（一）提升票据防伪技术，防范支票欺诈风险

随着犯罪手段的不断翻新，伪造票据和伪造签章的逼真度越来越高，传统的安全管理机制面临挑战。为防范支票付款风险，人民银行近年来不断地研究运用新的科技手段，改进票据印制的防伪措施，提高票证本身和处理确认环节的技术含量，从物理防伪向信息防伪转化，以防范金融票证犯罪。如明确银行可以与出票人约定使用支付密码，作为银行审核支付支票金额的条件。在支票上运用支付密码后，出票人开户银行付款时不仅要审核签章的真实性，还要审核支付密码的正确性，从而有效地防范了支票的变造，提高了支票付款的安全性，较好地弥补了传统印鉴审核的缺陷。另外，近期人民银行正在研究拟订票据凭证的改版方案，拟对包括支票在内的票据凭证的版式、底纹、纸张、票面要素和防伪点等进行调整和提升，以进一步保障支票等票据的流通性。

（二）提高支票影像交换系统的利用率

目前，支票影像交换系统的业务办理成功率和业务办理量均有待提高，系统的效用未得以充分发挥。尽管目前 8% 左右的退票率，比支票影像交换系统运行初期有较大的降幅，但较之于同城票据交换仍处于较高水平；而且系统业务量占比较小，系统的资源效用未得到充分发挥。这主要是由于支票影像的法律地位仍未明确，宣传不够，社会公众对业务认知度

不高，支票跨地区使用较少，商业银行从业人员操作不熟练等多方面原因造成的。

人民银行正积极协调最高人民法院出台司法解释，明确支票影像的法律地位及支票电子影像作为支票付款依据的合法性。各商业银行应进一步规范业务处理流程，加强行内系统基础设施建设，提高核验付款通过率，降低支票影像业务退票率；加大宣传力度，切实采取措施，扩大系统业务处理量。

（三）进一步完善空头支票行政处罚制度

从实际情况看，不少空头支票是由于开户单位的疏忽造成的，并不存在真正“失信”或欺骗。针对这种情况，行政处罚作用是有限的，而行政处罚成本以及商业银行的退票操作，出票人与收款人重新结清债权债务的社会交易成本却比较高。另外，现有的处罚标准过于刚性，容易引发行政复议和行政诉讼。为此，中国人民银行于 2010 年印发《关于对违法签发支票行为行政处罚若干问题的实施意见（试行）》，依据行政处罚法“处罚与教育相结合”的原则，明确了对签发空头支票、签发与预留印鉴不符的支票行为不予行政处罚，减轻行政处罚，以及不得给予行政处罚的情形。这些措施能够有效增加行政处罚的灵活性与合理性，减少行政复议和行政诉讼，实现空头支票行政处罚制度社会效用的最大化。

（四）推广支票授信业务

支票授信业务是指根据开户单位与其开户银行的协议，在约定条件成熟时，由开户银行以约定透支额度或剩余透支额度为限，提供用于弥补支票提示付款时资金缺口的结算垫款，以确保开户单位支票结算正常进行的新型结算服务。

支票授信实质上是银行将授信业务与支付结算业务相结合的一种创新业务，有利于优化支票流通环境、提高支票结算效率；有利于增强中小企业的支付能力，促进国民经济发展；有利于增强商业银行支付结算业务的盈利能力；有利于降低空头支票发生数，减少空头支票带来的行政处罚成本和社会交易成本。该业务最先于 2008 年年底在上海的两家商业银行试行，受到企业的广泛欢迎。2009 年，个别省市的人民银行分支行在辖内组织商业银行开办该业务，也取得了较好的效果。未来，可在全国范围内推广支票授信业务。

（五）将支票违规信息录入信用信息基础数据库

人民银行行政处罚执行难度大以及空头支票违规成本低使得个别企业和自然人对于签发空头支票行为“屡罚屡签”，甚至以销户或提空存款来规避处罚，损害了社会诚信环境，影响支票的推广应用。为此，要考虑将签发空头支票以及不履行行政处罚义务的信息纳入征信体系征集内容，增加出票人失信成本，最大程度净化支票市场。如银行在向客户出售支票时，可先登录征信系统查询其是否存在签发空头支票行为，视情况决定是否向其出售支票，通过这种市场自主选择方式来建立支票准入退出机制。同时，收款人也可通过查询来决定是否接受出票人的支票付款。这种以市场机制实现对支票市场中失信主体的淘汰，能够最大限度地增加违规支票的失信成本，相对于单纯罚款处罚（现实中许多罚款处罚是无法最终实现）对于出票人的制约效果应当更有效。

（六）加强支票业务的宣传

除了完善制度，加大社会诚信建设力度等以外，我们要大力传播支票的相关法律知识和业务知识，广泛宣传中央银行推动支票业务发展的各项政策，提高社会公众对支票的认知度，鼓励和引导社会企业和居民个人使用支票。

推广支票授信 服务中小企业*

近年来，随着支付体系不断完善，非现金支付工具日益普及，支票业务量呈稳步增长趋势，相关制度逐步完善，清算机制不断优化，业务创新有所突破。目前，支票已成为银行票据业务的主体，是单位最常用的非现金支付工具之一，在经济交易活动中发挥着极为重要的作用。但是，企业有意或无意签发空头支票的行为一定程度上影响了支票的流通与应用。为打击和遏制空头支票行为，长期以来，人民银行和商业银行在广泛宣传教育的同时，以行政处罚作为主要手段。人民银行积极推动和鼓励商业银行票据业务创新，其中支票授信业务服务中小企业、抑制空头支票行为成效显著。

一、支票业务发展的现状和问题

《票据法》规定："支票是出票人签发的，委托办理支票存款业务的银行或者其他金融机构在见票时无条件支付确定的金额给收款人或持票人的票据。"由此可见，支票首先是一种结算工具。与其他票据结算方式相比，支票具有使用广泛、手续简便、方便灵活的业务特点和优点。具体说，一是可在企事业单位之间、单位与个人之间和个人与个人之间进行商品或劳务的支付；二是相对成本较低，不受时间、地点和受理机具的限制；三是见票即付、灵活方便，既可当做零售支付工具，也适用于大额交易；四是具有一定的私密性，收款人无须将自己的银行账号等个人信息告知付款人；五是随着支票影像交换系统的建成，支票清算不再受地域限制，50万元以下的支票全国通用，大大提高了结算效率。

从使用情况看，支票已成为目前我国使用最普遍的非现金支付工具之一，在支付工具体系中占据重要地位。据统计，2009年全国支票的签发量达到8.5亿笔，金额达248.6万亿元，分别占2009年全国票据业务签发量的97.5%，金额的92%。支票单笔业务金额呈稳定的增长趋势，从2006年第一季度的14.93万元增长到2009年年底的29.4万元。支票使用主体

* 本文原载于2010年12月9日《金融时报》，收录时略有删节。

以企事业单位，特别是中小企业居多。个人签发支票较少，个人支票的签发量和签发金额仅占支票业务的1%和0.1%。

尽管支票应用广泛，广大企事业单位有较强的认同感和使用习惯，但仍存在着两方面的主要问题，影响了支票流通和进一步推广：一是支票的伪造、变造导致的欺诈风险；二是出票人签发空头支票引起的信用风险。对于支票防伪，人民银行主要通过对票据凭证的格式和印制进行统一管理，采取统一的安全防伪措施，并对银行、企业业务人员进行宣传培训，提高银行从业人员业务技能等手段进行防范。

形成空头支票的主要原因可以归纳为三大类：一是出票人管理上的疏忽，如单位印鉴变更的，未及时相应变更在银行的预留印鉴，导致支票上的签章与预留印鉴不符；资金管理水平欠缺或财务管理松散致使账户存款不足等。二是不可预见的情况，如因司法机关冻结或扣划账户存款，以及金融机构业务操作或差错，致使出票人存款余额不足。三是出票人恶意签发空头支票，即明知或已预见无法及时足额支付支票金额仍签发支票。

签发空头支票行为在破坏支票流通秩序的同时，直接损害了持票人的合法权益。出票人所签发的空头支票之所以能为持票人所接受，是因为出票人与持票人之间存在信息不对称，即持票人在接受出票人所签发的票据时，无法判断其是否为空头支票。另外，确有不少空头支票是由于出票人财务管理和人员疏忽造成的，并不存在“失信”或欺骗。这种情况下，行政处罚作用有限。相应的行政处罚成本和商业银行的退票操作、出票人与收款人重新结清债权债务的社会交易成本却比较高。为从源头上减少空头支票的发生，尊重银企长期战略合作需要，缓解中小企业临时融资困难，支票授信业务应运而生。

二、支票授信业务的开展情况和积极意义

2008年，经人民银行总行批准，人民银行上海总部组织辖内两家商业银行试点支票授信业务，受到企业的广泛欢迎。此后，浙江、江苏和山西等省市的人民银行分支行在辖内组织商业银行试办该业务，也取得了较好的效果。推广支票授信业务重要意义主要体现在以下几方面：

（一）有利于优化支票流通环境、提高支票结算效率

针对空头支票屡有发生，危害性大，且空头支票行政处罚制度过于刚性的问题，2010年年初，中国人民银行下发了《中国人民银行印发〈关于

对违法签发支票行为行政处罚若干问题的实施意见（试行）〉的通知》（银发［2010］88号），但并不能从源头上减少空头支票行为的发生。而支票授信业务却可在一定程度上从源头上减少空头支票行为的发生，保证票据流通，维护持票人合法权益。

（二）有利于增强中小企业的支付能力，促进国民经济发展

中小企业因短期资金流转困难或财务管理疏忽等非主观恶意导致空头支票的情况占比较大，不仅影响了其生产经营效率，也不利于其树立诚信形象。支票授信业务的签约客户多为中小企业，支票授信业务可通过银行为中小企业提供短期流动性支持，满足其临时性资金需求，减少空头支票，树立诚信形象，促进银企长期战略合作。

（三）有利于增强商业银行支付结算业务的服务水平和盈利能力

支票授信业务兼具支付结算业务和信贷业务的特点，开展该业务有利于银行提升支付结算服务水平、细分支付服务市场、丰富支付结算产品、密切银企关系。从银行结算手续费收入角度来看，签约客户需支付业务承诺费，针对每笔实际透支业务还需支付手续费收入和按贷款利率计算的授信资金利息，平均每笔业务的收费标准远高于传统支付结算服务的收费标准。而且，从目前相关客户均能及时补足垫款余额，业务试点行尚未发生逾期垫款损失来看，支票授信业务风险可控。

（四）有利于降低空头支票发生数，减少空头支票带来的行政处罚成本和社会交易成本

以一家业务试点行的数据为例，支票授信业务签约客户约占该行全部账户数量的0.78%，但因使用支票授信业务减少的空头支票行政处罚的笔数约占该行同期空头支票总数的2.68%。该比例远高于业务签约客户数量占比。从行政处罚损失减免的情况来看，企业使用支票授信业务的承诺费和手续费支出远低于因空头支票引起的行政处罚金额以及再次支付款项的交易成本，同时还节约了人民银行的行政处罚执法资源。

三、《关于推广支票授信业务的指导意见》主要内容

为支持商业银行开展支票授信业务，同时对商业银行开办该业务进行

必要指导，保证业务开办的规范、有序，中国人民银行下发了《中国人民银行关于推广支票授信业务的指导意见》（以下简称《指导意见》）。

（一）本着银行和存款人自愿原则，稳妥、有序开展支票授信业务

中国人民银行决定在上海、浙江、江苏和山西等省市开展支票授信业务试点的基础上，本着银行和存款人自愿原则，在全国推广支票授信业务。支票授信业务突破了原有传统支付结算业务的范畴，其开办的必要性和可行性取决于地区经济发展的整体情况，支票使用的广泛程度，以及商业银行的服务能力和服务意愿。因此，中国人民银行选择以指导意见的形式对商业银行开展支票授信业务予以指导和规范，由商业银行自主选择是否开办该业务，这是立足实际、尊重市场的要求和体现。

（二）明确支票授信业务的基本要求

为保障支票授信业务顺利开展，《指导意见》规范了支票授信业务的适用条件、客户选择标准和管理原则。支票授信业务仅限于支票持票人提示付款时，存款人在其开户银行的存款余额不足以支付其签发的支票金额，且在退票截止时间内未能及时补足相应资金的情形。明确业务的适用条件，是为防止该业务被用于其他结算类业务的授信或垫款。银行对客户的支票授信应纳入对该客户的统一授信额度内，但对办理支票授信业务的账户个数不做限制。《指导意见》要求银行制定支票授信业务的客户选择标准，该业务的目标客户应主要为日常经营活动中支票使用较为频繁、资信状况良好、历史结算交易正常，但有临时性资金周转需求的中小企业。《指导意见》对业务目标客户给予明确的定位，在于保证业务能充分发挥促进支票流通、支持中小企业发展的积极作用。《指导意见》强调了业务办理过程中应遵循诚实守信原则，自愿、平等、互利的原则，并应以书面协议形式明确双方的权利义务、业务开办和终止的条件、收费项目和收费标准等。

（三）加强管理，防范风险，确保支票授信业务的规范开展

为确保支票授信业务的规范开展，《指导意见》首先明确中国人民银行各分支机构对支票授信业务负有指导和监督的责任，并应承担信息收集和风险提示的义务。

《指导意见》还进一步提出业务开办银行应履行相应要求，一是报告

义务，即应及时向人民银行提交相关制度和报送业务开展信息；二是授信管理要求，应将支票授信额度纳入本行对该企业授信总额内统一管理。同时，鉴于授信业务是减少非恶意空头支票的补救措施，不是常规手段，《指导意见》明确单个企业的使用频率原则上不得超过每季度1次，还款期限原则上不得超过10天，且不得展期；三是明确支票审核责任，防范伪造、变造支票的风险；四是征信管理义务，银行应将存款人的支票授信业务相关信息报送人民银行征信系统。

《指导意见》对企业使用支票授信业务也提出了相应要求，要求存款人应加强财务管理，合理使用支票授信，避免空头支票造成的支票失信和行政处罚，但不得滥用支票授信业务，不得恶意透支、占用银行资金。

推广应用 2010 版票据　防范票据欺诈风险*

票据是企业支付和融资的重要工具，是商业银行提供支付结算服务、调整资产结构、实现利润的核心业务之一，是中央银行实施货币信贷政策、加强宏观调控的重要方式。

2010 年，我国支付体系继续保持安全平稳运行，全国各类支付清算系统共处理支付业务 117 亿笔，金额约 1 680 万亿元，同比分别增长 32.4% 和 39%。2010 年，全国共发生票据业务 8.97 亿笔，金额 284 万亿元，笔数与上年基本持平，金额小幅增长。其中，支票业务 8.7 亿笔，金额 261 万亿元，笔均 29.9 万元；银行汇票业务 679 万笔，金额 4 万亿元，笔均 58.9 万元；商业汇票业务 937 万笔，金额 10.8 万亿元，笔均 115.8 万元；银行本票业务 786 万笔，金额 8.6 万亿元，笔均 109.5 万元。从以上数据可以看出票据业务的部分特点：一是票据笔数少、金额大，与银行卡的笔数大、金额小形成鲜明对比；二是票据业务以支票为主，并主要用于企事业单位日常支付；三是商业汇票兼具支付和融资功能，对缓解中小企业融资难题、提高直接融资比例发挥了积极作用。

一、票据凭证改版的必要性

为促进票据的使用和流通，保障票据的安全，贯彻落实《票据法》，中国人民银行于 1996 年统一了票据印制标准，统一了票据的格式、联次、颜色、规格和防伪措施。票据印制标准的统一对提升票据整体形象、保障票据流通性、防范票据风险起到了积极作用。

自 1996 年起，票据凭证经历了 3 次改版，但主要改动是票据凭证要素和格式，票据凭证的印制标准和防伪技术调整较少。犯罪分子伪造、变造、“克隆”票据进行诈骗的案件时有发生，在一定程度上损害了票据的声誉。同时，我们还应看到票据欺诈风险所隐含的更深层次的危害。社会公众对非现金支付结算的信心来源于支付工具本身及其使用过程中的便利性和安全性。如果票据本身容易被伪造、变造，票据的声望和信誉就会受

* 本文原载于 2011 年 2 月 6 日《金融时报》，收录时略有删节。

到影响，欺诈风险就会加大，各类经济主体对票据的接受程度就会下降，由此将造成各方对货币转移机制和支付体系信心的不足。

为防范票据风险，中国人民银行决定对票据进行改版，以提升票据防伪水平。同时，为有利于票据业务操作和管理，对票面要素和格式做了进一步调整和优化。2010 版银行票据凭证于 2011 年 3 月 1 日起正式启用，同时废止旧版票据。

二、票据改版遵循的原则及调整优化的主要内容

本次票据改版主要遵循以下四个原则：

一是安全原则。2010 版银行票据凭证在纸张、油墨和印刷技术等方面均采用了多项新技术，其防伪造、防变造的功能更强。如票据纸张使用新型专用水印纸，纸张中增加了新型荧光纤维。同时还借鉴了人民币防伪技术，在部分票据纸张中增加了安全线。在印刷技术上则采用了双色底纹印制工艺等。

二是统一原则。2010 版银行票据凭证在票据版面设计、票据号码编制等方面均实现了统一，不同票据的格式和要素的差异性进一步减少。如将所有票据的号码由 8 位调整为 16 位，前 8 位数字所含信息相对固定，包括了行别代码、省别地区代码、票据种类等相对固定信息；后 8 位数字为流水号，一票一号，便于管理。

三是简洁原则。所有票据均使用相同的底纹颜色，将原有票据的 29 种底纹颜色统一为一种底纹颜色和四种花卉图案，简单明了，有利于广大企事业单位财务人员和银行工作人员辨识。

四是实用原则。为了便于票据的电子化处理，2010 版银行票据凭证新增或改进了行号、密押、密码的记载位置。

三、高度重视、齐心协力，共同防范票据欺诈风险

票据的风险可分为信用风险、法律风险、市场风险、欺诈风险和操作风险。改进票据防伪技术，是防范票据欺诈风险的重要前提。

（一）努力提高票据反假能力，防范欺诈风险

一是要不断向客户宣传票据知识，提高假票防范意识和防范能力，提高票据真伪辨别的专业知识和技能。二是要改善票据审核的技术手段，

增强操作的准确性。有条件的营业网点尽可能配备先进的防假、辨假、识假的专用设备，实现人工辨别和仪器辨别的双保险。三是要严格操作环节，加强内控。要加强空白凭证管理，从源头上控制欺诈风险；要严格执行票据“双审”和“双查”制度，对票据的真实性和规范性进行认真审查。要加大监督检查力度，及时发现风险隐患点，防止内外勾结。四是要建立反假信息交换机制。各地各行应及时搜集掌握假票案件信息、特点和趋势，通报假票信息，交流反假经验，提升整个金融系统的票据反假防假能力。

（二）大力推广电子商业汇票应用，从根本上革新商业汇票的运作模式

电子票据是票据业务未来发展的主要方向，是票据业务创新的重要内容。电子商业汇票系统通过安全可靠的认证和数字签名技术保证票据和签章的真实性，基本上杜绝了票据伪造、变造和克隆案件的发生。2010 年，电子商业汇票系统在全国范围内推广运行。自系统上线至 2011 年 1 月 31 日，电子商业汇票系统共处理电子商业汇票业务总数为 33.7 万笔，金额 1.14 万亿元。我们要继续推进电子商业汇票的应用。尤其是部分中、小银行，有的还不能提供电子商业汇票业务，有的才刚刚起步，我们要抓住契机，大力推广电子商业汇票业务，提高本行金融服务水平和综合竞争力。

（三）严密票据业务处理环节，加强对票据交换所的监督管理

在我国票据业务中，支票业务占据票据业务的绝大部分。从签发笔数看，支票业务量占 97%；从签发金额看，支票业务量占 92%。在我国支票业务中，绝大多数需要跨行处理，须经过票据交换所的交换。我国的票据交换所在组织形式、系统模式、技术手段、收费方式等方面存在较大的差异。在票据交换所从业人员中，也存在素质有待提高、责任意识不强等问题。下一步，应在机构设置、制度管理、人员配备、硬件配置等方面加强对票据交换所的统一管理，防范票据交换过程中可能出现的风险，保证票据交换过程中万无一失。

（四）加强票据知识宣传培训，提高从业人员素质

在激烈的同业竞争中，商业银行既要重视业务拓展，更要重视风险防范。商业银行必须牢固树立风险意识，坚持以审慎、稳健、规范为原则，

建立健全各项规章制度，改变粗放式经营管理模式，善于甄别票据业务所隐含的各类风险，并防范和化解。要提升票据从业人员的综合素质。加强对票据从业人员的法律法规教育和风险意识培养，大力开展关于票据业务知识、票据防伪知识、票据鉴别方法等方面的专业培训。要杜绝因为行内从业人员思想素质不过关、票据专业知识欠缺，审票、验票能力不到位等原因造成的风险。

推进信用证业务　服务贸易经济*

国际金融危机的影响虽然余波未平，但世界经济正逐渐好转，特别是新兴经济体，较发达经济体复苏势头更为强劲。我国作为新兴经济体之一，2010 年进出口贸易总额 2.97 万亿美元，同比增长 34.7%，进出口规模均已超过 2008 年同期水平，呈现了恢复性较快增长态势。从国内情况看，同期国内生产总值 39.8 万亿元，同比实际增长 10.3%。我国经济总量不断增加，与国际联系越发紧密，正成为拉动全球经济增长的“火车头”。

2010 年，我国社会消费品零售总额 15.70 万亿元，比上年增长 18.3%，扣除价格因素，实际增长 14.8%，比 2006 年翻了近一番。国内经济的活跃，从非现金支付工具使用量的增加上可以窥见一斑。2010 年，全国共办理非现金支付业务 277.04 亿笔，金额 905.18 万亿元，同比分别增长了 29.4% 和 26.5%，笔数和金额均是 2006 年的两倍多。非现金支付工具的使用，加速了社会资金的周转，促进了贸易的发展。据统计，2006 年，流通中现金占当年 GDP 的 12.8%，到 2010 年，这一比例已经下降为 11.2%，为历史最低。说明近年来非现金支付工具对现金的替代作用愈加明显。

信用证，作为非现金支付融资工具之一，在我国国内贸易中并未得到有效的发展。2010 年，国内信用证业务 6.12 万笔，金额 5 573.16 亿元，相比其他非现金支付工具比重极低。在我国现阶段信用体系还不完善，商业信用还有待增强的情况下，推动国内信用证业务发展，对进一步促进国内贸易增长，服务社会经济发展具有重要的现实意义。

一、信用证基本功能

信用证是开证行依照申请人的申请向受益人开出的，在一定期限内凭符合信用证条款的单据支付的付款承诺。

信用证将银行信用与商业信用相结合，能有效消除交易双方货物、资

* 本文根据作者在中国工商银行等六家商业银行“国内信用证业务合作签字仪式”上的讲话整理。

金控制和信息不对称的问题，有利于互不熟悉的交易双方进行贸易往来。选择信用证结算时，交易双方都要受到信用证条款的约束。卖方不能在规定期间内提供规定的单据将不获付款，买方不能如期付款，开证银行也会对其进行信用制裁。

信用证除了是支付工具，还兼具了融资功能。对于买方来说，银行在开立信用证时，可以不执行全额保证金，而是授信开证，或在收到卖方交寄的相符单据后对买方进行进口押汇（国际贸易时）；对于卖方来说，银行可在信用证项下对其提供打包贷款、议付或出口押汇（国际贸易时）等方式的融资。

信用证的结算金额具有灵活性。与商业汇票、本票、支票相比，信用证可在交易双方协商一致的情况下对包括原开证金额在内的条款进行修改。此外，交易双方也可在不超过信用证金额的范围内结清交易。

二、国内信用证业务变迁

信用证是一种较为成熟的结算方式。新中国成立初期，我国借鉴前苏联经验，确立的八种结算方式中就包括信用证，比我们熟知的汇票、本票的使用还早几十年。1977 年，中国人民银行颁布《中国人民银行结算办法》，将信用证纳入了三种异地结算方式中予以保留。

1988 年，人民银行发布了新的《银行结算办法》，取消了国内信用证（国际信用证除外）等六种结算方式。1997 年，随着改革开放的不断深入，中国经济内外联系不断加强，为适应这一形势，促进内外贸易融合，人民银行制订颁布了《国内信用证结算办法》，恢复了国内信用证结算方式。不过由于种种原因，在之后的一段时间里，国内信用证并没有能够大范围地推广，仅停留在商业银行的业务介绍中。

从 2002 年起，国内信用证开始真正得到应用，最近几年呈现规模化发展的趋势。2006 年，国内信用证业务 4. 69 万笔，金额 802. 81 亿元，2010 年为 6. 12 万笔，金额 5 573. 16 亿元。五年间，国内信用证开证金额增长了近 6 倍。

纵向看，2010 年，国内信用证结算的笔数和金额分别是 2008 年、2009 年的 1. 41 倍和 1. 61 倍，增长非常迅速。横向比较，2010 年，银行汇票笔均 59 万元，商业汇票笔均 116 万元，银行本票笔均 110 万元，支票笔均 30 万元，银行卡刷卡消费笔均 2 150 元，而国内信用证平均单笔开证金额高达 910 万元。由此可见，国内信用证业务明显呈现笔数少、单笔金额

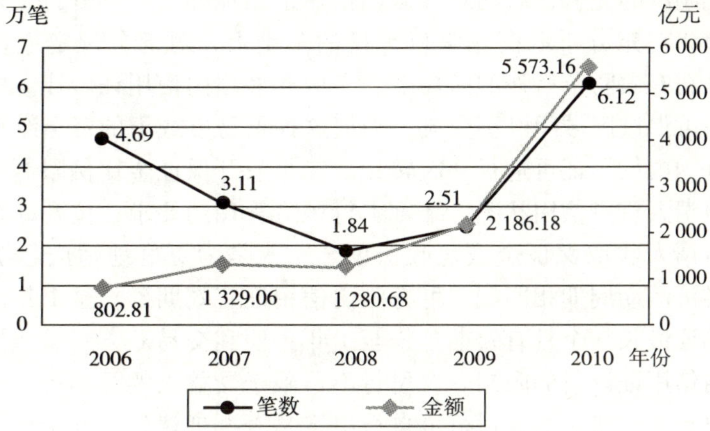

国内信用证业务量统计图

大、发展迅猛等特点。

国内信用证能有效补充其他非现金支付工具的不足。使用纸质票据，存在被伪造、变造和克隆的风险；使用银行卡，会受到银行卡账户余额或授信额度和期限等限制、存在遗失或遭盗抢的风险。使用国内信用证，开证金额根据贸易标的的价值而定，信用证在银行体系内流转，安全性较高，且交易双方可在国内信用证项下获得贸易融资，减少资金占用，扩大生产能力。

三、发展国内信用证业务

国内信用证有其先天的优势，将其充分发挥出来，有利于支付融资手段的丰富，有利于国内贸易的发展，有利于国内国际市场的衔接。发展国内信用证业务，应该从以下几个方面入手：

（一）顺应形势，修改完善国内信用证制度办法

应该说，1997 年颁布的《国内信用证结算办法》，对银行加强管理、规范操作及防范风险等发挥了重要作用。例如，“国内信用证不可转让”、“保证金比例不低于 20%”、“国内信用证只能用于商品交易结算”等规定，有利于防止滥用银行信用，确保银行在信用体系还不健全、内部风险控制水平还不高的情形下，方便、安全地开展信用证业务。

随着经济形势变化，《国内信用证结算办法》的某些规定已不适应，甚至在一定程度上制约国内信用证业务的发展。为此，人民银行应加快国

内信用证制度的完善，启动对《国内信用证结算办法》的修订工作，立足我国国情，在充分听取商业银行意见的基础上，对部分规定进行调整修改。一是在有效防范欺诈的前提下，考虑允许国内信用证转让。中间商市场的存在可促进区域间经济交流，为使这种贸易方式下的资金结算更加便利，允许国内信用证可进行一次转让。二是放开保证金比例限制。开证行可根据申请人资产信用状况，结合本行风险管理的要求，按开证金额一定比例向申请人收取保证金或免收保证金。三是为更好地适应经济活动需要，与经济活动周期相匹配，可将国内信用证有效期延长至1年。将现行国内信用证最长6个月有效期延长至1年，便利交易双方贸易融资。四是取消国内信用证议付的限制。议付行不再限于受益人的开户行，开证行可指定议付行。被指定的议付行可自行决定是否办理议付。五是扩展国内信用证使用范围。境内主体除商品交易外，在服务贸易中也可使用国内信用证结算。

（二）积极探索，建立国内信用证跨行电子处理系统

经过十几年的发展，商业银行行内系统电子化处理水平都很高，这有助于银行降低成本，减少差错，提高业务处理效率。近几年，人民银行相继建设完成了大小额支付系统、支票影像交换系统、境内外币支付系统、电子商业汇票系统、网上支付跨行清算系统等一系列跨行业务处理系统，与商业银行行内系统一道构建起了我国现代化支付体系。

目前，我国还没有专门的国内信用证业务处理系统，国内信用证业务采用“信开＋证实电”的方式，手续和流程较为繁琐。可以研究依托人民银行现有跨行业务处理系统，增加国内信用证业务处理功能模块，实现电开国内信用证及跨行电子化处理。

（三）打通渠道，促进国内国际信用证业务融合

2010年，我国进出口总值为2.97万亿美元，同比增长34.7%。在外部环境复杂多变的情况下，我国对外贸易呈现较快的恢复性增长，说明我国在国际市场中的地位日益重要。推动国内国际两个市场衔接，对促进我国经济纵深发展有积极作用。打通内外贸易结算融资渠道，推进贸易便利化，一个有效的途径就是促进国内国际信用证业务的融合。

信用证结合了结算、担保、融资等多重功能，在国际贸易中，不仅是被广泛接受的支付结算工具，更是重要的融资方式。信用证及其项下贸易融资主要包括议付、打包贷款及买方融资、保理、订单融资、应付款融

资、商品融资等。从贸易融资的角度，在内外贸易中，将国内国际信用证紧密结合可以借鉴国际惯例及成熟的经验，最大限度保持国内国际信用证规则的一致性。有条件的商业银行，可以在国内贸易中推出循环信用证、背对背信用证、同业代理等业务，解决企业在内外贸易中不得不使用多种结算工具的问题，在供应链中为企业提供标准化的融资服务。

（四）加强合作，推动国内信用证规范化发展

近段时间，许多银行加大了对国内信用证业务的推广力度，相继举办了不同形式的宣传推介活动，营造了良好的氛围。中国工商银行、中国农业银行、中国银行、中国建设银行、交通银行和招商银行还共同签订国内信用证业务合作协议。这对国内信用证业务发展有着重要的示范作用。

现阶段，加强商业银行间的合作显得尤为重要。通过合作，各银行可以发挥各自优势，对国内信用证跨行业务处理、单证要求、审单规则等进行有益探索，建立协商处理机制，共同解决实践中存在的问题。这些工作，对我们不断完善相关制度，探索建立国内信用证业务规则的制定方法和机制必将发挥积极作用，同时也能提高各银行业务发展能力和风险防控水平。

第三章　以持卡人为本

- 依法打击银行卡犯罪　切实维护持卡人权益
- 深入贯彻落实十七届五中全会精神
  进一步推动银行卡产业发展
- 鼓励银行卡业务创新　加强信用卡风险管理

依法打击银行卡犯罪　切实维护持卡人权益*

2009年12月15日，最高人民法院、最高人民检察院共同发布了《关于办理妨害信用卡管理刑事案件具体应用法律若干问题的解释》（以下简称《解释》），并于次日起施行。这是我国银行卡市场法制建设的一件大事，是迄今为止惩治妨害信用卡管理犯罪活动、维护信用卡管理秩序和持卡人合法权益的最详细、最具操作性的法律依据。我们应充分认识《解释》实施的重大意义，广泛宣传有关条款，并以此为契机，有针对性地预防和打击银行卡犯罪，净化用卡环境，切实维护持卡人合法权益，营造“放心用卡、安全用卡”的氛围。

一、充分认识《解释》颁布实施的重大意义

《解释》一共有8条，解决了办理妨害信用卡管理刑事案件法律适用中的一系列疑难问题，规定了8类犯罪的定罪量刑标准。分别是：1. 伪造、变造信用卡；2. 持有、运输伪卡；3. 虚假申领信用卡，包括盗用身份证明和伪造身份证明申领信用卡；4. 窃取、收买、非法提供他人信用卡信息资料；5. 为信用卡申请人制作、提供虚假印章、虚假证明；6. 使用伪造卡、骗领卡、作废卡、冒用卡进行诈骗活动；7. 恶意透支；8. 套现。这8类犯罪也是目前高发案件类型。

银行卡监管机构、经营部门和广大持卡人都要充分认识《解释》的重大意义：

（一）《解释》充分体现了各界对银行卡安全问题的重视

我国银行卡产业在短短24年内，实现了跨越式发展。发卡量超过20亿张，居全球第一位。银行卡消费交易金额占社会消费品零售总额的比重达到34.7%，对现金在零售消费市场的主导地位形成有力替代。银行卡已成为我国居民个人使用最频繁的大众化的非现金支付工具，成为商业银行中间业务的重要载体和个人金融业务综合平台，其作用和影响已深入到经

---

* 本文原载于《中国信用卡》2010年4月下半月。

济生活的各个领域、各个方面，与老百姓的关系越来越密切。

与此同时，对银行卡风险不容忽视。市场竞争的加剧、联网通用在全国范围内的快速实施、创新的不断加快等都使得银行卡面临的不确定性因素增多，再加上国际金融危机的影响，使得信贷风险、欺诈风险等问题日益突出，并以各种新的形态出现，成为制约银行卡长期健康发展的重要因素，也引发了大量的客户投诉和诉讼纠纷。其中信贷风险主要表现为信用卡逾期半年未偿信贷总额持续增加，隐藏着坏账风险。截至 2009 年年底，信用卡逾期半年未偿信贷总额 77 亿元，较 2008 年增长 127.9%。欺诈风险表现为各发卡机构报送银联的欺诈交易损失持续增加，2009 年达到 3.41 亿元，同比增长 98%。欺诈损失季度平均环比增幅达 31%，远高于同期银行卡跨行交易量 5.6% 的季度环比平均增幅。在这两种风险中，欺诈风险尤为突出，我国银行卡以借记卡为主、信用卡为辅的产品结构以及中国人普遍具有量入为出的消费习惯，透支规模还很小，透支收入还未成为信用卡最主要收入来源等特点，使得信贷风险总体上来看并不高。而欺诈风险却由于银行卡越来越成为资金载体以及银行卡犯罪手段日益专业、隐蔽而越来越突出。党和国家领导人多次就防范和打击银行卡欺诈风险作出重要批示和指示，对银行卡风险管理工作提出明确要求，我们必须认真落实。

在此背景下，最高人民法院、最高人民检察院联合发布《解释》，针对银行卡市场存在的较为突出的欺诈风险，作出了明确的规定，这是“两高”贯彻落实中央部署，从司法工作实际出发，依法惩治银行卡犯罪活动的重要举措，充分体现了司法部门对加强银行卡安全、打击银行卡犯罪的重视。《解释》的出台有利于建立健全银行卡风险联合防控制度，整合各方资源，共同为实现银行卡市场秩序的根本好转作出不懈的努力。

（二）《解释》填补了我国银行卡刑事法律制度的某些空白，为打击银行卡犯罪提供了更加明确、详细和可操作性的法律保障

《解释》发布前，我国的银行卡惩治法律制度主要包括行政处罚和刑事处罚两个层次。行政处罚主要由行业监管法律规章所规定，处罚对象主要为违反行业监管法律规章的银行卡业务经营机构。包括《反洗钱法》（对在银行卡开户过程中不严格履行客户身份识别制度的处罚，包括限期改正、罚款、纪律处分等）、《人民币银行结算账户管理办法》（对开立、使用、变更、撤销银行卡结算账户，不符合办法规定的给予处罚，包括警告、罚款、纪律处分等）、《银行卡业务管理办法》（对不遵守有关发卡、收单规则的，给予通报批评、罚款、追究行政责任、限期改正、取缔业务

等行政处罚）。刑事处罚制度，主要为《刑法》以及《刑法修正案（五）》，针对的是不法犯罪分子。《刑法》第一百七十七条和第一百九十六条分别规定了“伪造、变造金融票证罪”以及“信用卡诈骗罪”。《刑法修正案（五）》增加规定了“妨害信用卡管理罪”和“窃取、收买、非法提供信用卡信息罪”，还修改了信用卡诈骗罪的规定。

随着银行卡使用范围的不断扩大，银行卡犯罪类型也不断细化，手段不断向高科技、集团化、专业化、规模化发展，案件实施过程更为隐蔽，手法不断翻新，信用卡虚假申请、黑中介、伪卡欺诈、信用卡套现等风险案件屡有发生，且有愈演愈烈的倾向。依靠行政处罚手段无法对不法分子进行制裁，而《刑法》和《刑法修正案（五）》有关刑事法律制度明显无法对这些风险案件进行准确的定罪量刑，致使对这些犯罪行为的惩处存在法律空白，为犯罪分子提供了可乘之机。为了有效惩治这些犯罪活动，维护持卡人和银行资金安全，亟须对相关信用卡犯罪案件中的法律适用问题制定司法解释。为此，“两高”对信用卡犯罪刑事案件中的法律适用问题出台了专门司法解释，为打击相关信用卡犯罪提供了明确具体的适用法律依据，有利于司法机关及时援引相应的罪名惩治信用卡犯罪行为，加大对信用卡犯罪特别是欺诈犯罪的打击力度。

例如，《解释》对业界反响非常强烈的不法中介及商户信用套现问题进行了法律定性。不法中介及商户套现是当前信用卡市场最突出的风险形式，已蔓延至全国，呈现有组织、公开化趋势，扰乱了信用卡发卡和受理市场，加大了银行经营风险，破坏了社会诚信环境，对经济金融秩序造成了不利的影响。不法中介和商户套现的频繁发生，与市场环境变化、中小企业和个人融资需求难以满足等客观因素有关，还与发卡机构和收单机构风险管控不到位有关，也与法律法规不完善、信用卡套现违法成本低、未形成防范和打击合力等有关。完善法律制度，加大对信用卡套现的打击力度已经成为遏止信用卡套现行为继续蔓延的当务之急。《解释》第四条和第七条分别对中介机构和POS套现商户的行为进行了定性，可以说是非常及时、非常必要的。中介组织帮助实施信用卡套现的行为主要有两种：一种是对为信用卡申请人制作、提供虚假的财产状况、收入、职务等资信证明材料，涉及伪造、变造、买卖国家机关公文、证件、印章，或者涉及伪造公司、企业、事业单位、人民团体印章，应当追究刑事责任的，分别以伪造、变造、买卖国家机关公文、证件、印章罪和伪造公司、企业、事业单位、人民团体印章罪定罪处罚。另一种是承担资产评估、验资、会计、审计、法律服务等职责的中介组织或其人员，为信用卡申请人提供虚假的财产状况、收入、职务等资信证明材料，应当追究刑事责任的，分别以提供虚假证明文件罪和出具证明文件重大失实罪定罪处罚。而第七条明确了使用 POS 机等方法进行信用卡套现行为如何定性处理，规定套现行为达到司法解释规定的三个犯罪数额之一的，就要依据《刑法》第二百二十五条的规定，以非法经营罪定罪处罚。

（三）《解释》明确了相关信用卡犯罪的定罪量刑标准，有利于统一司法认定标准，规范执法行为

刑事司法活动中，由于相关信用卡犯罪的刑法规定比较原则抽象，缺乏定罪量刑的标准，司法机关在理解适用时存在不少问题，不同的司法机关对同一性质的案件作出不同判决的事情时有发生。而《解释》的出台使得信用卡犯罪的量刑标准具体化，有利于统一执法尺度，方便司法操作，发挥震慑和遏制犯罪的功能。

例如，对伪造信用卡行为的司法执行问题。《解释》出台前，司法机关在认定“伪造信用卡”的刑事案件时，没有明确的量刑标准。2001 年最高人民检察院、公安部《关于经济犯罪案件追诉标准》规定伪造 10 张以上才予追诉。但实际情况是，信用卡无确定面额只能以张数计算，但 1 张信用卡往往可能造成数万元的损失，10 张以上的追诉标准对于伪造信用卡犯罪明显偏高，这导致各地公安机关在立案和认定上产生分歧。此次《解释》第一条对“伪造信用卡”的量刑标准进行量化，从涉案信用卡数量、透支金额、诈骗数额等方面，确定相应信用卡犯罪行为的量刑轻重。具体包括：（1）复制他人信用卡、盗取他人信用卡信息资料伪造信用卡 1 张以上的，即认定为“伪造信用卡”，以伪造金融票证罪定罪处罚；（2）伪造空白信用卡 10 张以上的，也可认定为“伪造信用卡”，以伪造金融票证罪定罪处罚；（3）伪造信用卡 5 张以上不满 25 张的，伪造信用卡卡内存款余额、透支额度单独或合计 20 万元以上 100 万元以下的，伪造空白信用卡 50 张以上不满 250 张的，称为伪造信用卡“情节严重”的情形；（4）伪造信用卡 25 张以上，伪造信用卡卡内存款余额、透支额度单独或合计 100 万元以上的，伪造空白信用卡 250 张以上的，称为伪造信用卡“情节特别严重”的情形。

再如，对恶意透支的司法执行问题。《解释》在以下四个方面突出了可操作性：一是明确了“以非法占有为目的”以及“经发卡银行催收后仍不归还”的具体认定问题。根据《刑法》第一百九十六条第四款规定，认定持卡人恶意透支犯罪，除了具备一定金额要件外，还必须具备“以非法

占有为目的”以及“经发卡银行催收后仍不归还”这两个要件。实践中，如何判断“以非法占有为目的”，以及“经催收后仍不归还”，不好把握，导致无法追究行为人法律责任的情况时有发生。而《解释》列举了“以非法占有为目的”的六种情形，并将“经发卡银行催收后仍不归还”进一步细化为“经发卡银行两次催收后超过3个月仍不归还”。这样可操作性就大大增强了。二是明确了立案金额是以持卡人透支总额度为计算方式。根据2001年最高人民检察院、公安部《关于经济犯罪案件追诉标准》，恶意透支的追诉标准是5 000元，但并没有明确5 000元是单张信用卡透支本金单独计算认定，还是同一账户下信用卡透支本金的累加。这样一些地方在侦办审理恶意透支案件时，涉案金额采用单张信用卡透支本金方式，即使同一持卡人以同一账户向同一银行领取了多张信用卡，共用一个信用额度，公安机关立案时也按单张卡的消费金额作为立案标准，一些不法分子利用此缺陷，同时向多家银行申请多张信用卡，每张透支额度都控制在5 000元以下，从而逃脱法律制裁。此次《解释》明确规定，“恶意透支的数额，是指持卡人拒不归还的数额或者尚未归还的数额，不包括复利、滞纳金、手续费等发卡行收取的费用”。这就明确了恶意透支的数额是以“持卡人”为单位，避免了以单张卡的透支额度作为立案标准带来的弊端。三是对公安机关立案后法院判决前，恶意透支人的归还行为进行了明确。根据《刑法》规定，公安机关对恶意透支立案后法院判决宣告前，持卡人有归还行为的，即可从轻处罚。一些地方公安机关在立案中对于归还行为的认定标准是，只要有归还行为，即使归还极小的一部分，也认为持卡人已归还，不构成犯罪，致使一些恶意持卡人在使用信用卡大肆消费后，只象征性地归还少量金额，以此逃避债务。而《解释》明确，只有在公安机关立案后法院判决宣告前偿还全部透支款息的，才可以从轻处罚。既严格控制刑事打击面，又突出刑事打击重点，充分贯彻宽严相济的刑事政策。四是《解释》对“恶意透支”型信用卡诈骗犯罪“数额较大”、“数额巨大”、“数额特别巨大”规定了具体定罪量刑标准。

（四）《解释》体现了“维护持卡人合法权益”这一银行卡风险管理核心理念

银行卡产业是由发卡机构、收单机构、信息转接机构、特约商户和持卡人等五个当事人构成的产业链条，银行卡产业能否健康发展取决于能否对五个当事人的利益进行平衡，也就是正确求解这个“五元方程”。五个当事人中，持卡人相对处于弱势，利益诉求易于被忽视，过去一些法律制度对持卡人权益的保障力度也不够，由于银行卡收费政策不透明、持卡人信息和资金保护不力、客户投诉处理不及时等引发的诉讼问题不断增加，不仅损害了银行卡经营机构的信誉和形象，而且影响了持卡人对银行卡支付的信心，一些持卡人宁愿选择“现金”也不愿使用银行卡，不利于银行卡产业的良性发展。实际上，随着银行卡日益成为一种大众化的非现金支付工具，社会性、敏感度不断提高，“维护持卡人合法权益”应成为银行卡产业发展的出发点和落脚点。此次《解释》有关条款正体现了这一点。《解释》对有关信用卡犯罪行为的遏制可以从以下方面保护持卡人权益：一是有利于保护持卡人信息和资金安全，防止持卡人身份资料信息被盗用、伪造、窃取；二是创造安全、和谐的用卡环境，使持卡人放心用卡；三是区分恶意透支和一般透支，防止刑事打击面过宽，保护一般透支人的利益。可以说，对《解释》落实的过程也是对“维护持卡人合法权益”的银行卡风险管理核心理念落实的过程。

二、加强对《解释》的学习、宣传，并以《解释》出台为契机，有针对性地加大预防和打击银行卡犯罪的力度

对于银行卡产业而言，2009年是不寻常的一年，是风险监管年，是业务调整年，是更加注重银行卡发展质量的一年。人民银行会同有关部门采取了一系列措施和行动，不断加大预防和打击银行卡违法犯罪活动的力度，充分发挥银行卡刺激消费、扩大内需、促进经济增长的作用。一是于2009年4月会同银监会、公安部、工商总局联合发布了《关于加强银行卡风险管理、预防和打击银行卡犯罪的通知》，针对银行卡风险案件反映出的银行卡制度、业务和技术方面的风险点，从发卡、交易、使用和受理各环节，全面、系统地提出了风险防控要求。同年8月，人民银行发布了落实四部委文件的具体实施意见，增强四部委文件的针对性和可操作性。二是建立跨部门联合防控机制，于2009年6月会同公安部牵头成立了长期性的联合整治银行卡违法犯罪办公室，畅通情报信息渠道，加强案情分析和通报。三是敦促、指导银行卡经营机构全面自查业务流程，排查漏洞，完善各项内部安全管理规定，提升风险管理和合规经营能力。四是举办了一系列形式多样的安全用卡宣传活动。指导各地人民银行分支机构、商业银行和中国银联发放超过1 000万份的宣传手册、宣传画、折页等各类宣传材料。而2009年年末出台的《解释》作为专为打击信用卡犯罪提供司法

保障的刑事法律制度，无疑将为下一步银行卡风险管理工作提供有利、有力的法律保障。各有关方面应加大对《解释》的学习、宣传，要以《解释》颁布实施为契机，结合贯彻落实人民银行等四部委文件的要求，加强银行卡风险管理，严厉打击信用卡虚假申请、伪卡欺诈、信用卡套现等犯罪活动，以此促进建立银行卡市场发展的长效机制，全面增强银行卡服务经济、服务社会、服务大众的能力。

（一）深入学习、广泛宣传《解释》

《解释》是信用卡犯罪刑事处罚的制度安排，也是协助银行卡经营机构和持卡人维护自身利益的法律保障。人民银行将组织银行卡经营机构认真学习领会《解释》的精神实质，进一步增强银行卡经营机构预防和抵制犯罪、保护持卡人权益、维护市场秩序的责任意识。一方面，银行卡经营机构要善于利用《解释》维护自身利益，加强举证、案件报送工作，认真支持和配合公安、司法机关加大对信用卡犯罪行为的打击力度；另一方面，银行卡经营机构也要加强自律，完善相关制度，切实提高规范运作水平，特别要加强透明度建设，不能出现诱导办卡、消费的行为，有关信用卡产品设计、描述以及信用卡协议的拟订必须简明、通俗易懂，并要向客户全面、充分、及时揭示和预警相关风险，尊重客户的选择自由权，增强客户规避风险、合理消费的能力。

在组织银行卡经营机构学习、宣传贯彻《解释》的同时，人民银行也将向社会公众和商户开展大规模的宣传工作，加强公众安全用卡知识培训，增强公众防范信用卡套现风险的自觉性和主动性，为《解释》的执行创造良好的舆论环境。

（二）加强银行卡发卡和收单业务管理，完善安全措施，堵塞安全漏洞

针对银行卡市场开展一次大规模的检查和整治行动，全面排查发卡和受理市场存在的隐患和不规范行为，重点是银行卡账户实名制、特约商户和银行卡受理机具管理、银行卡市场秩序规范等方面，充分发挥“以查促防”的工作职能。

（三）加强与相关部门的协作、沟通，加大打击力度

一是与公安部一起开展为期10个月的银行卡犯罪专项打击行动。根据《刑法》、《刑法修正案（五）》以及《解释》，结合目前银行卡市场高发风

险案件，将重点打击以下几类犯罪；伪造银行卡犯罪；银行卡诈骗犯罪；妨害银行卡管理犯罪；窃取、收买、非法提供他人银行卡信息资料犯罪；非法中介及信用卡套现犯罪，以电话、短信、信件等方式实施银行卡诈骗犯罪。二是与工商总局、工业和信息化部加强协调沟通，加大对平面媒体和网络媒体发布信用卡广告行为的清理、查处力度。三是加强与最高人民法院、最高人民检察院等司法部门的合作，积极为司法机关的调查取证等执法行为提供便利，确保《解释》有效实施。

深入贯彻落实十七届五中全会精神 进一步推动银行卡产业发展*

2010年，受益于中国国民经济的良好发展势头，中国银行卡产业继续快速发展，市场规模持续扩大，产品和服务创新层出不穷。与此同时，银行卡风险形势仍很严峻。人民银行按照贯彻实施科学发展观和建设社会主义和谐社会的要求，切实履行行业监管职责，不断加大银行卡产业发展力度，深化银行卡行业应用，支持银行卡创新发展，并在防范银行卡风险、打击银行卡犯罪方面做了大量卓有成效的工作。2011年，中国银行卡产业界应按照十七届五中全会精神，抓住中国经济社会迅速发展的战略机遇期，与时俱进，开拓创新，强化风险防控，不断推动银行卡工作再上新台阶，全面增强银行卡服务经济、服务社会、服务大众的能力。

一、2010年中国银行卡在创新、规范中继续快速发展

随着国民经济的持续快速发展，我国银行卡发卡量快速增加，持卡人用卡意识不断提高，银行卡业务的应用更加广泛、业务更加丰富、创新更加多样，银行卡支付在促进国民经济发展、提高社会便利程度、增进社会文明等方面发挥了积极作用。截至2010年年底，全国累计发卡量近25亿张，特约商户200多万户，POS超过310万台，ATM超过25万台，刷卡消费额占社会消费品零售总额的比重达到35%，对现金在个人消费领域的替代效应明显。2010年银行卡市场发展出现的主要变化有以下几点。

（一）银行卡创新（包括支付终端、支付模式和技术创新）呈现新变化

一是支付终端多元化，从传统的POS、ATM向互联网、手机、电话、机顶盒等不同类型终端延伸。在网上支付领域，据艾瑞咨询统计，2010年中国网上支付交易额超过6 000亿元，相比2005年增长30倍（同期传统银行卡业务增长7倍），估计未来3~5年还将保持80%以上的年均增长速

* 本文原载于《中国信用卡》2011年1月。

度，2014 年交易规模将达到 6 万亿元。在手机支付领域，截至 2010 年年末，手机支付累计用户已超过 2 500 万户，比 2006 年增长 3 倍多；2010 年手机支付交易笔数达 1.3 多亿笔，交易金额近 400 亿元，分别比 2006 年增长 5 倍和 45 倍。二是新支付模式不断出现，自助支付、电话订购、代收代付等新的支付模式进一步促进了银行卡支付在与人民生活密切相关的话费缴纳、公用事业缴费、彩票投注、机票酒店预定等领域的业务应用。三是支付技术创新日新月异，突出表现在互联网支付技术和手机支付技术两方面，在互联网支付领域，基于网上银行系统开展的银行支付业务已成为互联网支付市场主流模式，并在此基础上产生了虚拟账户支付等创新支付模式。在手机支付领域，目前存在 NFC 定制手机、智能 SD 卡、双界面电信卡、贴膜卡四种手机支付技术，产品形态覆盖了远程支付和现场支付两种服务，支持银行独立发卡及与电信运营商联合发卡两种模式，以满足用户在手机支付业务上的不同需求。

（二）银行卡行业应用不断深入，银行卡在支持政府监管、促进行业发展方面的作用不断增强

一是公务卡业务快速发展，以银行卡为载体的现代财政支付管理制度基本建立。自 2007 年公务卡改革试点工作启动以来，人民银行组织和指导各家商业银行积极推动公务卡改革，在公务卡推广发行方面取得明显成效。截至 2010 年年底，全国 31 个省（自治区、直辖市）全部启动了公务卡试点推广，68 家商业银行正式发行了公务卡，累计发卡突破 400 万张。公务卡活跃率明显高于一般信用卡，对于加强财政资金预算管理，深化财政国库集中支付改革，促进银行卡应用发展发挥了积极作用。二是在全国推行中职学生资助卡，全面加强中职国家助学金发放监管工作。为进一步落实国家中等职业教育学生资助政策，规范中职国家助学金发放管理工作，防范利用注册虚假信息、流失学生信息等手段套取、骗取国家助学金等违规行为，促进中等职业教育科学发展，2010 年 7 月，人民银行会同财政部、教育部、人力资源和社会保障部经充分调研、论证，在全国推广中职学生资助卡，将银行卡的独特优势与中职国家助学金发放监管工作的目标要求相结合，促进实现国家助学金的及时、真实、准确发放。为体现国家对家庭经济困难学生的关怀，该卡在开卡手续费、年费和小额账户管理费以及助学金入账短信通知费用方面，均为免费。三是推动银行卡在交通运输、旅游行业应用。餐饮、酒店、百货行业是银行卡使用较多的传统领域，而交通运输、学校、医院、旅游等与人民群众生活同样密切相关的领

域，现金使用偏高。2010 年，人民银行加大了与这些领域的主管部门的沟通，借助世博会、亚运会举办的契机，积极协调交通运输部、国家旅游局出台了相关银行卡受理政策，改善了银行卡使用薄弱行业的支付环境，缓解了铁路和旅游行业客流压力大的瓶颈问题，提升了高速公路收费、铁路售票、旅游门票购买等领域的服务水平，也对其他行业接受银行卡起到了示范效应。

（三）农村用卡环境不断改善，农民逐步享受到电子支付发展的成果

2010 年，银行卡受理网络进一步加速向中西部地区、中小城市和广大农村地区延伸，银行卡支持“三农”、服务“三农”的功能不断增强。一是农民工银行卡特色服务快速发展。截至 2010 年年底，全国共有 195 家发卡行开通了发卡方业务，贵州、湖南、河南等 24 个农民工输出大省的 7.2 万个营业网点开通了受理业务，农民工银行卡特色服务实现交易超过 3 000 万笔，金额 400 亿元，满足了绝大多数外出农民工的异地汇款需求。二是开展了 POS 小额取现试点，满足无金融机构网点地区的金融服务需要。从 2010 年 3 月起，人民银行在重庆市、山东青岛、浙江丽水、湖南凤凰县和湘阴县、陕西延安和铜川等金融网点空白乡镇组织尝试 POS 小额取现业务，通过银行卡收单机构在金融机构网点空白乡镇选定商户布放 POS 机，向农民提供借记卡小额取款、补贴款查询等服务，将现代化支付便利延伸到广大偏远乡村，使农民足不出村就能及时、便捷地拿到补贴和取到现金。截至 2010 年 11 月底，试点地区共布放 POS 机 3 158 台，交易 10.3 万笔、金额 7 150 万元，笔均交易 693 元。三是积极支持农业银行惠农卡业务发展，在惠农卡发行和受理、信用卡利率优惠等方面出台了相关支持措施，批复同意农业银行在八个“三农”金融事业部开展 POS 小额取现和汽车移动金融服务，深化了农业银行“服务‘三农’”的经营理念，促进了以惠农卡为载体的农村金融产品的完善。

（四）银联卡进一步国际化

为满足中国人日益增长的境外商务、旅游、学习的用卡需要，以及把境内商业银行的服务通过银联网络延伸到境外，人民银行积极支持中国银联拓展国际受理网络建设。自 2004 年银联从香港市场起步来，围绕着“中国人走到哪里，银联卡用到哪里”的目标，银联境外受理网络迅速向中国人经常到访的重点国家、重点城市、重点商户延伸。截至目前，银联

卡可在境外98个国家和地区、部分商户和ATM实现受理，同时，银联卡本地化业务也快速发展，15个国家发行了银联标准卡，银联品牌得到越来越多国家和地区商业银行和持卡人的认同。

（五）银行卡风险防范能力和案件打击水平全面提升

为切实保护广大老百姓的切身利益，维护经济金融秩序，人民银行会同有关部门从技防、人防和物防入手，从组织上、机制上认真防范银行卡风险，并配合公安机关不断加大预防和打击银行卡违法犯罪活动的力度。主要措施包括：一是组织商业银行和中国银联贯彻落实人民银行等四部委文件，要求其从发卡、交易、使用和受理各环节，全面、系统地自查整改。商业银行和中国银联认真梳理银行卡业务流程和防范机制，主动防堵银行卡安全漏洞，银行卡风险防范业务和技术能力持续提高。二是加强对银行卡市场的检查监督和约束。从2010年4月起，人民银行、公安部组成联合检查组，对上海、浙江、江苏、山东、广东等与世博会、亚运会举办相关及银行卡案件高发地区的银行卡风险管理情况进行了检查督导，敦促商业银行清理了一批不合格持卡人和特约商户。针对专项行动中发现的部分套现、欺诈等典型案例，以及由此暴露出的部分经营机构管理不善、未尽职责等违规行为，进行了通报批评，有效发挥了以查促防、警示告诫的作用。三是配合公安机关开展为期10个月的专项打击银行卡犯罪活动。专项行动期间，全国共破获银行卡犯罪案件1.9万起，抓获犯罪嫌疑人2 320名，捣毁各类银行卡犯罪窝点1 000多个，一大批银行卡大案要案得到查处，初步遏制了银行卡犯罪猖獗蔓延态势。四是大力开展安全用卡宣传活动。据不完全统计，2010年以来，人民银行各分支机构、公安机关、商业银行和中国银联共发放宣传画、折页等安全用卡宣传材料超过5万份，接受公众咨询8万余人次。自2010年6月起，人民银行总行在全国统一组织开展以“安全用卡、预防犯罪”为主题的安全用卡宣传活动，提升持卡人和特约商户风险防范意识和能力。

二、深入贯彻落实十七届五中全会精神，全面做好2011年银行卡工作

党的十七届五中全会，是在我国即将完成“十一五”规划，进入全面建设小康社会的关键时期召开的一次重要会议，对于继续抓住和用好我国发展的重要战略机遇期，巩固和扩大应对国际金融危机冲击成果，促进经

济长期平稳较快发展，夺取全面建设小康社会新胜利，推进中国特色社会主义伟大事业，都具有十分重要的意义。会议审议通过了《中共中央关于制定国民经济和社会发展第十二个五年规划的建议》，描绘了我国在21世纪第三个五年经济社会发展的宏伟蓝图，也是指导我们做好“十二五”期间金融支付工作的纲领性文件。做好新时期、新形势下的银行卡工作，必须深入学习实践科学发展观、认真贯彻落实党的十七届五中全会精神，按照国民经济和社会发展“十二五”规划的要求，促进消费、扩大内需，坚持规模扩张和风险控制并重、创新发展与业务规范并重、市场竞争与政府引导并重的原则，通过切实有效的措施，促进银行卡产业科学、和谐发展。

（一）继续加大工作力度，努力扩大银行卡使用，进一步促进银行卡“下乡”和“出境”

大力加强银行卡受理市场建设，努力改善用卡环境。扩大受理范围，在继续深化银行卡在传统消费行业使用的同时，重点拓展银行卡在水、电、气等公用事业单位以及学校、医院、公路、保险等与人民群众密切相关且现金使用量大的行业的应用。借鉴韩国、阿根廷等国发展银行卡产业的经验，推动财税部门研究出台相关支持政策，调动各参与方特别是商户受卡的积极性。适应信用卡金额小、笔数多的特点，完善信用卡呆坏账核销政策，增强信用卡风险管理能力。

进一步扩大农村地区银行卡应用，充分发挥银行卡支农惠农作用。不断拓展农民工银行卡特色服务的广度和深度，最大限度便利农民工异地存取款。制订POS小额取现业务全国推广方案，明确POS小额取现业务的业务规则、收费政策和推广步骤。继续支持农业银行惠农卡业务发展，促进银行卡和农户小额贷款相结合，积极探索“大银行服务小农户”的有效发展模式。

从政策上鼓励和引导银联卡国际化和银联品牌国际化。在互利共赢的前提下，鼓励银行卡行业加大国际合作的力度，积极引导和推动银行卡行业参与全球竞争，加快银行卡境外受理网络的建设，积极开拓境外发卡市场。

（二）鼓励和规范银行卡创新，深化银行卡行业合作

当前我国银行卡创新市场还存在不少问题：一是部分业务不规范。部分创新业务存在业务规则和标准不规范问题，如仿POS消费、套用公益类

或低扣率特约商户类别码（MCC）等，损害相关方的合理利益，挫伤其他主体参与银行卡市场的积极性。二是受理市场建设整体落后。特别是中小城市和农村的受理环境较差。三是第三方支付机构如何参与银行卡支付市场尚无规范的模式。人民银行于2010年6月颁布的《非金融机构支付服务管理办法》将网络支付、预付卡及银行卡收单市场纳入监管范围，如何规范和引导此类机构的业务行为，是下一阶段银行卡支付创新及监管工作的重点之一。四是预付卡不断向传统银行卡支付领域渗透，直接与银行卡形成竞争。针对以上问题，银行卡业界要在坚持对新的业务模式、创新支付技术和支付终端予以鼓励和支持的同时，加强创新管理，消除风险隐患，特别要对责任界定、风险控制等问题进行探讨，确保业务的健康发展，避免恶性竞争和盲目发展，切实保护账户和交易信息安全，防范银行卡信息泄露，严厉打击套现、伪卡欺诈、ATM盗刷等不法活动。

要进一步推动银行卡行业合作。根据“2011年在一级、二级、三级财政预算单位全面推行公务卡”的既定目标，充分发挥好组织、协调和指导职能，不断扩大公务卡的发卡规模，提升公务卡刷卡消费量，加快公务消费定点商户发展，完善公务卡产品服务，为持卡人和财政预算单位提供更加便利、优惠的用卡服务。深入开展中职学生资助卡业务，拓展中职卡的各项业务功能，实现发卡行和教育部、社保部有关系统对接，为有效执行中职国家助学金发放政策提供强有力的支持。促进银行卡在铁路、高速公路购票以及公共事业缴费方面的应用。

（三）依法加强对银行卡市场的监管，切实增强有关银行卡风险政策制度的执行力，提升合规经营意识

加强银行卡市场监管已成为国际趋势，美国在次贷危机发生后，迅速出台了相关信用卡法案，强化美联储对发卡机构的监管权和对消费者权益的保护义务。目前，中国银行卡市场已进入快速发展期，必须强化监管，加大对各类风险行为的控制力度。2011年，人民银行将按照国务院领导的重要批示精神，主动加强与公安部门和监管部门的协调配合，进一步加大对市场的监管力度，强化银行卡市场现场检查和非现场监测，开展综合执法检查，健全对市场违规行为的快速反应机制，做到早发现、早介入，确定信用卡合理的损失额，以此落实责任制，不断增强监管的有效性。同时，将制定专门的银行卡业务考核管理办法，将各银行卡经营机构遵守有关政策制度、维护受理市场秩序、风险管理、配合公安机关打击银行卡犯罪等情况纳入考评范畴，并定期通报。

商业银行和中国银联要按照“打防结合、重在预防”的原则，以提高制度执行力为重点，切实深入贯彻银发［2009］142号文、银办发［2009］149号文。要抓好银行卡安全管理的关键环节，严格发卡账户实名制和授信管理，健全商户准入和收单业务管理制度，提升交易监测的业务、技术水平。特别要结合前期有关案件反映出的问题，举一反三，防微杜渐，全面排查和消除风险漏洞，不留死角。要坚决制止单纯追求业务规模、盲目经营、有章不循、违规操作、逃避监管等孕育案件温床的行为，维护制度的严肃性、权威性和约束力。

（四）加强协作，继续配合公安部门做好打击银行卡犯罪行动

认真总结2010年1～10月打击银行卡犯罪专项行动的经验，强化人民银行、公安部联合整治银行卡违法犯罪办公室在加强警银协作、疏通情报信息中的桥梁枢纽作用，将好的做法制度化、经常化，不断拓展联合整治银行卡违法犯罪的广度和深度，研究建立全国统一的银行卡违法犯罪信息数据库。加强对风险案件的分析和宣传工作，对一些已经立案的犯罪案例，及时分析研究其形成原因、交易脉络、资金往来流向，适时进行通报，提升商业银行堵截风险案件的能力。协调公安部门简化持卡人报案程序，改进报案流程，建立快速处理机制。各商业银行、中国银联要进一步巩固完善与公安部门的警银合作机制，加强可疑案件线索信息的移送，协助公安部门做好案情分析，按规定做好涉案账户的快速查询冻结。同时，进一步研究加强警银信息沟通交流、跨地区银行卡案件侦办协作、银行卡案例收集与分析等方面的措施。

（五）不断完善银行卡业务监督管理体制，保护消费者权益，加大宣传力度

要推动《银行卡条例》尽快出台，为银行卡产业发展提供基本的法律保障，明确各银行卡经营机构的权责利，约束银行卡市场经营的不规范行为，提升银行卡监管效率。要在银行卡市场监管中，突出“持卡人权益保护”这一核心理念，抑制由于收费政策不透明、对持卡人信息和资金保护不力、客户投诉处理不及时等引发的诉讼问题不断增加的趋势，维护持卡人对银行卡支付的信心。要深入开展银行卡安全用卡宣传活动，充分利用各种宣传渠道加大宣传力度，重点加强对信息泄露、ATM资金诈骗、短信和电话转账诈骗、信用卡套现等案件手法和危害性的宣传力度，切实提高持卡人、特约商户的安全用卡意识和依法经营意识。要进一步加强与公

安、工商、信息产业部门的交流合作，切实发挥相关部门在打击犯罪、查处套现和信息买卖等不法广告、防范 POS 移机方面的职能，形成促进银行卡发展的合力。要建立健全市场机制和政府管理相结合，并辅之以行业自律的银行卡发展机制，充分发挥支付业协会在促进银行卡行业自律、自约方面的作用。

（六）坚持零售支付市场的对内对外开放，提升竞争力

改革开放是我国的基本国策。胡锦涛同志在十七大报告中指出“事实雄辩地证明，改革开放是决定当代中国命运的关键选择，是发展中国特色社会主义、实现中华民族伟大复兴的必由之路；只有社会主义才能救中国，只有改革开放才能发展中国、发展社会主义、发展马克思主义”。银行卡等零售支付市场的繁荣和发展也依赖于改革开放。正是坚持了改革，一大批真正以市场需求为导向、具有巨大创新意识和能力的民间企业才脱颖而出，促进我国零售支付市场的市场化、多元化发展，满足社会公众对便捷、快速支付的需要。同时，正是坚持了开放，越来越多的外资机构参与到银行卡支付市场的发卡、收单、相关外包等细分市场以及网络支付、预付卡等非金融支付服务市场，促进了银行卡市场的专业化发展、银行卡产业链条的快速形成以及非金融支付市场的繁荣昌盛。这些民间企业和外资机构在中国境内零售业务的发展，在对商业银行和本土机构形成竞争压力的同时，也激发了市场的整体创新愿望，提升了市场的竞争效率。

今后，中国银行卡等零售支付市场要继续坚持改革开放策略，鼓励更多符合条件的机构参与到零售支付市场的建设中，促进零售支付市场的市场化水平，不断强化支付经营机构以客户为中心、以市场需求为导向的创新意识，全面提升银行卡等零售支付市场的创新能力和服务水平。

鼓励银行卡业务创新　加强信用卡风险管理*

——答《中国金融家》记者问

自中国第一张信用卡诞生以来，中国的信用卡产业便踏上了从无到有、从小到大、从懵懂到逐步成熟的发展历程。银行卡业务不断发展壮大，为广大消费者提供了方便、快捷的金融服务，大大缩短了金融消费者与银行的距离，改变了人们的生活，提高了人们的生活质量。现在信用卡作为一种银行信用工具，已成为提高社会支付效率、降低交易成本、提高交易安全的重要支付工具。

然而，与欧美发达国家相比，我国的信用卡产业发展水平还存在很多不足，信用卡产业发展还不是很成熟，人们的用卡意识有待进一步加强，用卡环境有待进一步改善。尤其进入2010年以来，中国信用卡行业迎来机遇与挑战并存的局面。因此，剖析我国信用卡行业市场，探索我国信用卡产业如何创新，无论是对于中国信用卡行业的长远发展，还是对信用卡行业在具体工作中的突破都具有积极的指导作用。

围绕“我国信用卡如何创新”的问题，《中国金融家》记者采访了中国人民银行支付结算司司长欧阳卫民。

《中国金融家》：我国信用卡产业经过多年发展，自身具备了哪些特色？尤其是近几年在创新上取得了哪些成果？

欧阳卫民：我国第一张信用卡是1985年中国银行珠海分行发行的，但随后信用卡发展相对停滞，直到2003年，商业银行进行信用卡经营管理体制改革，纷纷成立信用卡中心才进入快速发展阶段。经过7年多的发展，我国信用卡产业已形成自己的特色，在便利支付、刺激消费、扩大内需、促进经济增长方面发挥了积极作用。

首先，从管理体制上看，信用卡行业普遍采用事业部制，成立相对独立的“信用卡中心”进行运作，而在资金来源、客户资源、营销渠道等方面又借助于总行，节约了成本、降低了风险。其次，信用卡发展虽然绝对量远不及借记卡，但发展增速超过借记卡。2003—2007年信用卡发卡量年均增速70%，而借记卡仅为33%。2007年以来，即使受国际金融危机、

---

* 本文原载于《中国金融家》2010年第12期。

国内监管力度加大等因素的影响，信用卡发卡增速仍高于借记卡的增速。最后是风险水平相对低。受我国居民消费习惯及大量信用卡开通了与借记卡捆绑定时还款功能等因素的影响，信用卡信用风险相对低，坏账率稳定在3%~3.5%，信用卡欺诈风险虽有增加，但与国外信用卡欺诈率相比仍较低。

近年来，随着我国市场化改革的深入，商业银行以客户为中心、以市场需求为导向的创新意识不断加强，信用卡创新能力和服务能力全面提升。主要体现在以下几个方面：

从支付渠道看，信用卡的使用和受理已从传统的ATM、POS机具向电话、手机、网络等新兴渠道发展，不断为支付服务市场注入新的活力。

从地域看，信用卡服务范围已从全国大中城市扩大到二级地市和中小城市，并进一步发展到县城和农村。农业银行和部分农村信用社开发的多种惠农、便农特色信用卡有效提升了农村地区的金融服务质量。

从商户看，受理商户从商业流通企业扩大到公共事业缴费以及医院、交通、学校等与公众生活密切相关领域，并涵盖包括大型商户和中小商户在内的各类商户。

从服务功能方面看，信用卡使用已从传统的消费支付扩展到信用卡还款、公共事业费缴纳、订购业务等多种业务，覆盖居民生活的方方面面。

《中国金融家》：我国信用卡产业发展目前还存在哪些瓶颈？制约其创新发展的因素有哪些？您认为国家及其相关部门在政策和制度上如何为信用卡发展创造更好的条件？银行自身有哪些需要改善和提升之处？

欧阳卫民：我国信用卡产业发展很快，但也面临着一些制约因素，主要体现在：

法律制度滞后。目前，我国银行卡法律规章仍沿用人民银行1999年颁布的《银行卡业务管理办法》。该办法存在法律层级偏低、调整范围偏窄、有关规定过时的问题，特别是无法对银行卡市场出现的一些新情况、新问题和新现象进行定性和规范，影响了信用卡进一步市场化和规范化。

信用卡风险形势日益严峻。市场竞争的加剧、联网通用在全国范围内的快速实施、创新的不断加快也使得信用卡面临的不确定性因素增多，风险问题日益突出，信用卡套现、伪卡欺诈、ATM资金诈骗、短信和电话转账等风险案件不断增加，对银行和持卡人的资金安全构成威胁。

手续费定价机制需要改进、完善。银行卡现行手续费定价机制和方法沿用的是人民银行2003年出台的126号文，该文确立的刷卡消费收费政策基本符合当时我国银行卡产业状况，也发挥了积极作用。但随着银行卡市场的快速发展，126 号文的局限性也日益显现，加上违规套用 MCC、移机套用、虚假资料申请等行为已客观上较大幅度地降低了刷卡手续费标准，需考虑对 126 号文规定的手续费分配比例进行调整。

缺乏财税扶持政策。信用卡产业发展不仅需要各市场参与主体的积极参与和支持，还需要国家产业政策的扶持。在商户使用现金结算情况下，看似无须付出结算手续费，实际上有包括现金保管、运输、清点等在内很大的隐性成本，同时，商户采用现金结算，为逃税、漏税提供了可乘之机，整个社会也为现金结算付出巨大成本。为鼓励信用卡产业发展，韩国、阿根廷等国家都制定了财税支持政策，而我国目前信用卡业务的各项投入都由银行卡经营机构、商户和持卡人承担，这在一定程度上影响了行业的发展。

信用卡创新水平偏低，存在论证不充分、动力不足、创新层次不够深入等问题。

为此，建议有关政府部门要完善相关法律政策，创造有利于信用卡创新的环境。尽快制定、出台《银行卡条例》，为信用卡发展提供基本的法律保障；加强信用卡安全管理，严厉打击信用卡犯罪；认真研究建立科学、合理的信用卡定价机制，积极拓展信用卡业务空间和利润创造空间，优化、完善信用卡交易结构；借鉴国际经验，结合我国实际，研究实施对信用卡刷卡消费的财税支持政策；鼓励信用卡经营机构进行创新，特别是鼓励创新能力强、风险管控好的经营机构在信用卡产品创新上先行先试，同时，也要加强对创新活动的审慎监管。

商业银行要优化自身的信用卡创新机制。坚持在稳健经营原则下进行创新活动，突出安全性原则，坚持稳健创新的风险管控文化，积极稳妥地推进创新工作；优化创新的激励约束机制，兼顾短期与长期、风险与收益、规模与结构，避免盲目性、短期化、不顾风险和片面追求规模的创新行为；提升创新的专业水平，创新要建立在对经济金融运行规律的认知、对市场需求和客户特质的把握以及对创新的风险、成本、收益综合权衡的基础上，避免浅层次创新；加强创新人才培养，为创新提供智力支持。

《中国金融家》：请您谈谈我国信用卡在产品设计、营销等方面如何创新？如何实现差异化、特色化发展？

欧阳卫民：我国信用卡在产品设计方面的创新主要体现在便民实用、安全高效、民族时代文化以及降低社会总成本等几方面。

首先，信用卡产品的设计，应以便利百姓生活为出发点。信用卡除能用于一般性商业消费支付外，还要从支持百姓日常水电煤费用缴纳、跨境消费支付等民生消费出发，设计出既能降低百姓消费支付成本，又非常便利的信用卡，使百姓可以非常便捷地使用信用卡消费。

其次，信用卡产品设计要重点考虑安全性。信用卡作为一种电子支付工具，易受到不法分子伪造、变造等风险问题困扰。所以，信用卡产品在设计时，应根据持卡人用卡习惯，结合我国行业特点，采用先进技术，设计出既便利又安全的卡片。

最后，信用卡产品设计创新应树立“绿色”概念，降低社会成本投入。目前一些银行为追求数量，在发行信用卡时，推出一种套卡，而很多消费者并不需要这么多卡，也未必都去使用。这不仅造成空卡多，也无形中增加了银行成本、提升了社会资源的投入，造成浪费。所以，如何能够从消费者生活的需要来整合信用卡的服务，让一张信用卡承载更多的交易功能和消费功能，是信用卡产品设计创新的关键点。

此外，信用卡产品设计创新应体现我国的民族时代文化。信用卡产品创新必须深入了解消费者的生活方式、价值观，应与我国历史文化特色相结合。

在信用卡营销方面，要根据我国国情和百姓用卡消费习惯，结合我国信用卡产品的功能设计定位，促进信用卡消费，拉动内需。可以从以下几方面考虑：采取差异化的产品定位，形成差异化营销，避免同质化；提升服务水平，以优质服务作为营销创新的重点，以服务促进卡量及交易量上升，形成以服务优势竞争的良好局面；促进活卡率，避免空卡过多、资源浪费；加强信用卡的营销辅导，适当鼓励持卡人负债消费习惯。目前信用卡贷款余额占授信额度在20%左右，太低。

《中国金融家》：您如何看待我国信用卡风险形势，如何防控？

欧阳卫民：目前，我国信用卡风险管理存在的主要问题：一是风险意识薄弱，部分机构风险意识不强，认为风险管理会影响业务发展，存在重规模扩张、轻风险防控的现象。二是法律政策不完善，有关信用卡呆坏账核销方面的依据欠缺或不适应。三是银行卡风险管理的协调机制有待加强。四是内控机制较薄弱。有的机构的内控制度设计没有体现风险管理的要求，对员工业绩考核主要是发卡量，未与风险责任挂钩，有的机构不重视风险管理文化建设，员工的敬业精神和责任意识薄弱，甚至内外勾结作案。五是技术手段落后，银行卡支付渠道，如ATM、互联网和手机在安全防护方面存在技术薄弱点，致使受理环节成为不法分子盗取资金的重要途径。六是银行卡外包服务管理存在空白，外包服务商因缺乏责任约束和风险管理措施，而导致客户信息和交易信息泄露甚至商户资金不到位的事件时有发生。

针对以上风险问题，要按照“防打并举，重在预防”的原则进行预防和打击。首先，从技防、人防和物防入手，从组织上、机制上予以防范：在技防方面，要提高防范银行卡风险的技术水平，对银行卡业务处理系统的物理设施、内外网络连接方式、应用软件、系统维护方式等各方面进行经常性检查，及时消除技术上的安全漏洞。要加强对 ATM、POS 供应商的管理。在人防方面，要加强风险管理队伍建设，提高全体人员的整体风险管理素质。在物防方面，要强化制度建设，并增加执行力。其次，重拳出击银行卡犯罪，保持打击犯罪的高压态势。充分依靠联合整治银行卡违法犯罪办公室在加强警银协作、疏通情报信息中的桥梁枢纽作用，建立畅通高效的风险事件报告与快速反应机制，降低风险事件带来的损失和负面影响。最后，建立健全内控机制，克服“重市场、轻风险”的倾向，改变单纯以业务量、市场份额为考核指标的激励机制，建立业务发展和风险管理并重的科学的考核机制。强化从业人员的诚信品质和职业操守，防止由于内部人员的不道德行为造成银行卡风险，形成防范风险的第一道屏障。加强对外包服务商的管理，特别是要对银行数据信息保密等关键内容与外包服务商进行风险责任约定，防范信息泄露。

《中国金融家》：国外信用卡产业创新发展有哪些值得我们借鉴？

欧阳卫民：根据国外信用卡创新发展的经验，结合我国信用卡业务发展现状，我觉得有如下几方面值得我们借鉴：

信用卡产业发展创新，政府的作用不可替代。以美国为例，美国是全球信用卡市场最发达的国家，这与美国政府的积极引导和努力是分不开的，通过政府的监管与扶持，既培育了良好的信用卡市场，又加强了社会公众对信用卡消费的认同感，促进了信用卡行业的成熟。我国目前还处在信用卡发展初期，信用卡创新必须接受市场考验、政府监管。

鼓励刷卡，促进消费。持卡消费是信用卡产业发展的重点环节，连接着发卡和受理市场，促进持卡消费是加快信用卡产业发展的关键，而随着刷卡消费在我国零售消费中占比越来越高，促进刷卡消费必将成为拉动内需的重要手段之一。

建立健全征信体系。国外的信用卡业务创新依赖其强大的征信系统，持卡消费者的任何行为都将记录到个人征信记录。我国在征信系统建设方面起步较晚，现在还无法将银行、证券、保险、公安、工商、税务、交通、海关、法院等各相关部门涉及个人信用的数据集中起来，不利于我国信用卡的发展。我们需要借鉴国外的征信建设和信用管理经验，培育自身的诚信文化。

加强创新监管。国外信用卡业务创新方面比较活跃，特别是2008年金融危机前，银行的信用卡创新业务层出不穷，有些业务创新规避了政府主管部门的监管，使许多不符合办卡条件的消费者获得了信用卡，虽然这部分持卡人可能为银行带来高额收入，但也为商业银行贷款埋下风险隐患。我国目前正面临信用卡业务快速发展期，必须加强信用卡业务监管，既鼓励创新，又防范风险，既要吸取国外的经验教训，又要充分考虑中国实际情况，采取有效措施把信用卡业务做大做强、做精做细。

第四章 略论电子支付

- 电子支付时代的安全与效率
- 加快电子支付国际化进程　便利境内居民跨境支付
- 鼓励创新清算业务　防止滥用网络平台
- 畅通网上跨行支付　推动低碳经济发展
- 支付让生活更轻松
- “三网”融合背景下的电视支付业务发展

电子支付时代的安全与效率*

——答《金融博览·银行客户》记者问

记者：如今，我国已进入电子支付时代。电子支付的出现使人们的支付变得十分便捷。您能否向《银行客户》的读者介绍一下电子支付以及我国电子支付目前的发展情况？

欧阳卫民：改革开放三十多年，中国支付体系取得了重大进展，对经济金融社会的影响日益显著。

近年来，伴随电子信息技术快速发展，电子支付已逐渐成为现代支付体系中最活跃、最具市场经济特点的一股力量。广义的电子支付主要包括三层含义：一是电子支付业务处理系统，包括支付系统等基础设施；二是电子支付工具，包括各类卡基支付工具、电子票据，以及在电子商务中应用较为广泛的网络货币等新型支付工具；三是电子支付渠道，包括 ATM、POS、手机、电话等自助终端以及互联网等支付。

这三者有机结合，构成了整个电子支付形态，从而改变了支付信息和支付业务的处理方式，从最初的面对面发展到现在的远程支付，从手工操作到电子化自动处理。

作为中国支付体系的组织者、监督者、管理者和推动者，人民银行积极顺应经济金融社会发展的要求和信息技术的发展潮流，以构建“安全、高效、方便、经济”的支付体系为己任，推动支付体系电子化、信息化、现代化。

在电子支付业务处理系统方面，人民银行相继建成了中国大、小额支付系统、支票影像交换系统、境内外币清算系统、电子商业汇票系统等应用系统，为社会经济活动及其资金运行提供了“大动脉”，促进了各银行机构支付渠道的互联互通，为支付业务创新提供了公共平台。商业银行行内支付系统不断完善，银行卡跨行支付网络也已覆盖全国。这从根本上改变了过去资金清算特别是跨行、跨地区支付清算的低效率状态。

2010 年第一季度，各类支付系统共处理业务 24.8 亿笔，金额 355 万亿元，是同期 GDP 的 44 倍。其中人民银行运行的大额实时支付系统处理

---

* 本文原载于 2010 年 6 月《金融博览·银行客户》。

业务 6 721 万笔，金额 234 万亿元，日均处理业务 112 万笔。小额批量支付系统共处理业务 6 766 万笔，金额 3.8 万亿元，日均处理业务 81 万笔。2009 年 10 月 28 日，人民银行组织建设的电子商业汇票系统正式开通运行，开创了中国票据发展史上的新时代，标志着我国进入商业汇票电子化时代。2010 年第一季度，电子商业汇票系统完成出票信息登记 4 803 笔，金额 256.82 亿元；承兑业务 4 477 笔，金额 240.7 亿元。

在电子支付工具方面，人民银行积极鼓励商业银行和其他支付服务组织开展支付创新，基本建立了适应多种经济活动和居民居家服务需要的，以电子票据、银行卡和新兴电子支付方式为主要内容的非现金支付工具体系。这其中，银行卡的发展尤为突出。银行卡已成为个人使用最为频繁的非现金支付工具，成为集储蓄、消费、投资、理财等各种金融活动于一体的重要载体，便利了民生，推动了经济发展，为网上支付、移动支付等新兴支付方式发展奠定了基础。

截至 2010 年第一季度，全国累计发行银行卡 21.7 亿张，银行卡联网商户 167 万户，联网 POS 机具 258.7 万台，ATM22.16 万台。第一季度，银行卡业务量近 55 亿笔，金额 53 万亿元。其中消费业务 10 亿笔，金额 2.1 万亿元，银行卡渗透率达到 32.0%。

在支付渠道方面，人民银行积极支持支付渠道从传统的 ATM、POS 机具向电话、手机、网络等新兴渠道发展，不断为支付服务市场注入新的活力，并辐射到更多的地域和商户。从地域看，电子支付服务范围已从全国大中城市扩大到二级地市和中小城市，并进一步发展到县城和农村，丽江旅游市场、杭州义乌批发市场、深圳电子批发市场、山东寿光蔬菜批发市场等小商品市场相继引入银行卡、网银结算。从商户看，受理商户从商业流通企业扩大到公共事业缴费以及医院、交通、学校等与公众生活密切相关领域，并涵盖包括大型商户和中小商户在内的各类商户。

记者：电子支付方式发展很快，哪些方式发展最突出，最为现代人接受，目前发展的特点是什么？相互之间是怎样的关系？

欧阳卫民：我国电子支付发展总体处于初级阶段，创新方兴未艾，发展空间广阔。最为突出的支付方式有三类：银行卡、网络支付和手机支付。

银行卡的发展是我国电子支付的主流，无论是监管制度、发展模式还是技术标准都较为成熟。银行卡联网通用工程的实施使我国形成了统一的银行卡市场，为银行卡产业的快速发展奠定了良好的基础，在此基础上，银行卡还实现了出境和下乡。持卡人可以在境外 90 多个国家和地区使用人民币银联卡进行支付。

同时，专为解决农民工汇款问题而组织实施的农民工银行卡特色服务发展也十分迅速。

截至2010年第一季度，包括贵州、湖南、河南在内的25个农民工输出省（市、自治区）开通了特色服务，涉及5.2万个县及县以下的农村合作金融机构营业网点及2万个中国邮政储蓄银行营业网点。第一季度，农民工银行卡特色服务取款业务347万笔，金额52亿元，同比增长25%和30%，意味着越来越多的农民工享受到电子支付发展的成果，其意义不亚于将通信网络、电力设施铺设到农村。

主要服务于电子商务发展的网络支付具有贴近市场、适应市场、开拓市场的鲜明特征，其改变了支付信息和支付业务的传统处理方式，较好地契合了电子商务关于网络化、多元化、个性化的发展需求，有力推进了电子商务的快速发展。实践证明，航空客票业、保险业、连锁业、物流业等电子商务化进程相对较快的行业，同时也是网络支付应用广泛的行业。

在这方面，尤以非金融性质的第三方支付企业从事电子支付活动为突出，其与商业银行优势互补，主要体现在三个方面。

第一，商业银行的优势在于为B2B业务模式提供支付服务。但是，随着B2C特别是C2C的发展，大量的中小商户进入电子商务领域，商业银行不可能与如此众多的中小商户一一进行谈判合作，这为第三方企业的生存和发展提供了巨大的空间。第三方支付企业可以通过对中小商户的专业化、个性化、集中化服务，形成规模效益，降低成本；商业银行则通过与第三方支付企业合作的方式，为中小商户提供最终的资金结算服务。

第二，基于严格审慎的监管要求，商业银行更偏好相对安全、稳定、成熟的服务和市场。第三方支付企业则更注重在线支付服务的多元化特点，较好地适应了网络购物不断变化的支付服务需求和不断提高的支付服务要求。

第三，随着金融信息化和数据大集中趋势的加强，商业银行通过综合业务系统建设实现业务系统的整合，有效减少重复建设、提高管理效率、防范金融风险，同时也在一定程度上降低了系统的灵活性。因此，针对网络购物提出的在线支付技术解决方案可能影响商业银行的综合业务系统，导致商业银行承担较高的成本，第三方支付企业在这一方面则更具灵活性。

移动支付在我国尚处于初级阶段，但发展势头很旺。移动支付可分为远程支付和现场支付，前者如一些商业银行推出的手机银行产品，客户可以通过手机银行方式办理账务信息查询、交费、转账、投资等各类金融服务。后者主要是通信商、中国银联以及第三方公司推动的通过“刷”手机或者芯片卡实现公交、门票、话费充值等小额支付。随着3G、4G网络的成熟、发展以及相关服务商进一步完善产品、优化服务、强化管理，移动支付的发展潜力很大。

记者：电子支付丰富了人们的支付方式，同时增加了支付的风险，央行对电子支付的安全性怎么看？如何来监管？

欧阳卫民：创新和风险是相伴而生的，创新事物的风险管理问题尤其复杂。对于电子支付的风险，首先要承认这种风险是客观存在的，也是可以化解和防范的。为此，我们要鼓励电子支付业务从业者不断地探索和创新，创造条件引导和推动他们充分发挥自主创新意识，积极进行制度、机制、技术和流程创新。

但另一方面，人民银行作为支付体系的监督者，也要加强对这些从业者的管理，维护支付市场参与者的合法权益。要逐步建立和完善有效的、科学的业务规则和技术标准，加强风险管理、维护市场公平竞争和保护消费者权益。

当前，在相关制度和管理机制尚未建立的情况下，各非金融组织一定要强化自律，树立依法经营意识，不得为谋取经济利益而为网络赌博等犯罪活动提供支付便利。

要严格按照人民银行发布的《支付清算组织反洗钱和反恐怖融资指引》的有关规定，认真做好大额和可疑交易监测与报告工作。

要积极协助国家行政、司法部门做好打击各类网络犯罪工作，不得弄虚作假，更不得与涉嫌从事网络犯罪活动的机构和个人串通妨碍调查。

要加强对客户的管理，比照商业银行“了解你的客户”的原则，对客户的资信状况、业务范围等进行必要的了解。

记者：目前，我国已将促进电子支付发展列入经济发展战略，那么电子支付发展在目前还存在哪些问题？主要表现是什么？

欧阳卫民：电子支付代表着中国支付体系的方向，未来随着计算机通信技术以及电子商务的快速发展、电子支付将会有大的发展，而且其优势非常明显。

但另一方面，电子支付特别是移动支付、网络支付等新兴电子支付也在安全、监管等方面存在不少问题。突出表现在以下几个方面。

一是缺乏统一的监管制度。在准入管理、沉淀资金管理、客户权益保护等方面存在问题，带来比较大的风险隐患，影响支付体系的安全性。其中尤以沉淀资金的问题最为突出。由于缺乏必要的法律约束，一些第三方支付企业利用沉淀资金进行投资获取利益。一旦投资出现巨额亏损，势必损害社会公众的利益，影响社会稳定。

二是电子支付发展的商业模式尚在探索中。如手机支付，涉及金融机构、运营商、第三方支付平台、商户等多个环节，与移动支付发展比较早的日本、韩国相比，移动支付发展模式尚在探索中，未形成主导模式格局，几种商业模式并存，容易引发恶性竞争。

三是技术标准不统一，多种技术标准并存且不兼容，无法形成发展合力，也会造成重复建设和资源浪费。例如，目前普遍使用的金融 POS 机等终端大都基于13. 56MHz 标准，而中国移动正在全国主推2. 4GHz 标准，彼此不兼容。无论是更换或改造这些终端，还是另行布放终端，都将造成严重的社会资源浪费。

四是安全性问题。缺乏强制性的技术安全标准，在先进技术的采用、安全管理机制的建立、应急处置预案制定和应急演练、定期风险评估、灾备系统建设等方面存在不足。

针对以上问题，人民银行已经在认真研究，并努力从制度和体制上加以解决完善。

一是制定有关管理办法，对包括移动支付、网络支付在内的支付服务商从事相关支付清算业务提供统一的监管政策，引导其规范、健康发展。该办法对沉淀资金的管理作出了严格规定。

二是推动建立全国性的支付服务行业协会，在服务标准、价格、技术安全、风险防范等方面加强企业协作和自律。

三是强化社会责任。第三方企业不仅是商品生产经营者，不仅要追求利润最大化，还应承担相应的社会责任。

加快电子支付国际化进程 便利境内居民跨境支付*

——答《中国信用卡》记者问

记者：伴随着出境旅游的持续增长，境内持卡人对银行卡跨境支付的需求日益强烈，越来越多的中国居民出境旅行，由此带来跨境支付快速增长。近年来，人民银行采取了哪些措施积极推动跨境支付业务的发展？

欧阳卫民：近年来，随着我国综合国力的持续增强和居民收入的不断提高，我国居民出境旅游持续高速增长。从2009年看，虽受金融危机、国际局部地区政治动荡等多重因素交织影响，但出境旅游仍然保持良好发展势头，为我国乃至世界旅游业复苏作出了突出贡献。据国家旅游局统计，2009年出境旅游人次数4 765.63万人次，同比增长3.95%，与世界旅游业下滑4%形成强烈反差。这其中，因私出境旅游占了绝大部分比重，2009年我国因私出境4 220.97万人次，占出境总人数比例上升至88.6%。

为满足境内居民出境旅游和商务消费需要，人民银行积极组织、鼓励和支持跨境支付业务，特别是银行卡跨境支付业务的发展。2004年1月18日，人民银行支持中国银联开通了香港受理业务，迈出了国际化的第一步。随后支持中国银联相继开通了新加坡、韩国、日本、美国、澳大利亚等90个国家和地区的受理业务，遍布亚洲、欧洲、大洋洲、美洲、非洲等五大洲，覆盖中国人经常到达的主要国家和地区。2009年，银联卡境外交易量总额达人民币1 083亿元，比2008年增长62%。同时，继2004年4月中银香港发行境外第一张银联标准卡以来，银联卡境外发卡量也增加很快，目前境外已有13个国家和地区的51家境外机构开始发行银联标准卡。银联品牌在国际上的影响力与日俱增。根据《尼尔森报告》，2009年，银联品牌已升至国际第三，亚太地区第二。银联卡境外业务的快速发展对于便利中国境内居民出境旅游消费、提高跨境支付服务水平、创建中国银行卡品牌发挥了积极作用。

记者：银联卡国际化受理网络建设主要采取哪些方式？

欧阳卫民：从实际做法看，银联卡国际化模式主要包括以下四种。一

---

* 本文原载于2010年8月下半月《中国信用卡》。

是与当地市场主流的收单或发卡机构合作，这是银联卡国际化的主要模式。二是与当地或区域性的清算网络开展合作，如新加坡当地网络 NETS、韩国的 BC 卡、加拿大借记卡网络 Interac、美国发现卡公司以及欧洲区域性网络 Trionis 都是银联的重要合作伙伴。三是与走出去的中国金融企业加强合作。银联先后与中国工商银行和中国银行建立国际业务战略合作关系，在境外多个市场开展受理或发卡业务，取得了良好的效果。四是与全球性的大机构密切合作。花旗银行在全球范围开通 ATM 网络受理银联卡。汇丰银行和渣打银行在亚太和中东等多个市场向银联开通收单业务，并已经在香港市场发行银联卡。Global Payments 在全球多个市场开通了银联卡收单业务。

记者：目前，跨境网络购物吸引了很多持卡人。一些专业支付机构通过与境外机构合作开展跨境网上支付服务。您如何看待这一问题?

欧阳卫民：随着网络信息、通信技术的快速发展和支付服务的不断分工细化，越来越多的非金融机构借助互联网、手机等信息技术广泛参与支付业务。非金融机构提供支付服务、与银行业既合作又竞争，已经成为一支重要的力量。传统的支付服务一般由银行部门承担，如现金服务、票据交换服务、直接转账服务等，而新兴的非金融机构介入到支付服务领域，运用互联网和电子化手段为市场交易者提供前台支付或后台操作服务。随着跨境购物需求的快速增长，国内一些专业支付公司，通过与境外机构合作开展跨境网上支付服务，包括境外收单业务和线下统一购汇支付两种模式。这种创新性支付是国内网上支付蓬勃发展势头向境外的延伸，充分体现了以服务电子商务发展为目标的网络支付在贴近市场、适应市场、开拓市场方面的优势，不仅使境内企业和个人足不出户就可以满足境外支付需要，而且对于推进电子商务的快速发展、拓展银行业金融机构支付业务的广度和深度，缓解因银行业金融机构网点不足等产生的排队等待、找零难等社会问题发挥了积极作用。

记者：专业支付公司在为消费者提供便利的跨境支付服务的同时，也暴露出一些问题，请问人民银行是否出台了相关的管理办法?

欧阳卫民：网上跨境支付业务在安全、监管等方面还需完善。主要表现在：一是从事跨境支付的专业支付公司在资质管理、备付金管理、客户权益保护等方面存在问题，带来较大的风险隐患。一旦挪用备付金投资出现巨额亏损，势必损害客户的利益，影响社会稳定。跨境支付交易中，由于物流环节多，时间长，国际结算账户的结算周期加长，资金风险更为突出。如果支付服务商的服务领域扩大到一定程度，交易客户和备付金达到一定规模，就很有可能引发系统性支付风险。二是资金非法流入和洗钱风险。网上支付大多通过电话、计算机网络进行，银行和客户、买卖双方很少见面，这给了解客户带来了很大难度，也成为信用风险和洗钱风险的易发、高发领域。同时，网上交易的虚拟性容易被不法分子利用，欺诈、赌博等违法交易很容易在网上进行。三是对专业支付公司的外汇监管问题。相比于一般的进出口贸易，网上跨境交易的真实性更加难以把握，由支付公司代理交易方办理购汇、结汇业务，银行对境内外交易双方的情况并不了解，无法直接进行相关审核，这为资本项目混入经常项目办理网上跨境收支提供了途径，也为非法资金流出入提供了可能。

党中央、国务院领导同志高度重视专业支付公司的监管问题，多次作出重要批示。人民银行作为我国支付体系的法定监督管理者，认真贯彻落实党中央、国务院关于“大力发展金融市场，鼓励金融创新”、“加强风险管理，提高金融监管有效性”的要求，在鼓励各类支付服务主体通过业务创新不断丰富支付方式、提高支付服务效率、顺应社会公众不断发展变化的支付服务需求的同时，大力推进支付服务市场相关制度建设，强化对非金融机构支付服务的监督管理，防范各类金融风险。在组织开展非金融机构支付服务登记、征求社会各方面意见和建议、学习借鉴国际经验的基础上，制定并发布了《非金融机构支付服务管理办法》(人民银行［2010］2号令，以下简称《办法》)，从市场准入、业务管理、资金安全、系统运行等方面提出了明确的要求。特别是在备付金管理方面，《办法》规定支付公司接受的客户备付金余额不得超过资本金的10倍，备付金不属于支付机构的自有财产，支付公司只能根据客户发起的支付指令转移备付金，不得以任何形式挪用客户备付金。支付公司必须选择商业银行作为备付金存管银行，专户存放客户备付金，并要接受存管银行对备付金使用情况的监督。支付公司和备付金存管银行应分别按规定向人民银行报送备付金存管协议、备付金专用存款账户及备付金的存管、使用情况等。人民银行将依法对支付公司的客户备付金专用存款账户及相关账户等进行现场检查。

《办法》的发布有利于规范支付公司的一般经营行为，但对于支付公司从事跨境交易时的外汇管理行为，还需另行作出规定。相信外汇管理部门会对支付公司的代理结汇购汇的资格、真实性审核职责、外汇资金交易性质、外汇账户的开立和使用、外汇数据管理、外汇收支统计等方面作出统一明确的管理规定。建议要求支付公司的跨境外汇收支限制在贸易和服务贸易收支范围，禁止资本项目外汇通过支付公司流出、流入；支付公司办理的跨境支付业务应单独进行国际收支统计申报，以便于日后监管核查；加强与海关、税务和公安部门的沟通、联系，强化物流与资金流的匹配管理，定期将支付公司跨境支付交易数据通报给税务部门，协助加强税收征管，防止限额以下服务贸易逃税以及拆分付汇，逃避税收监管，与公安部门共同打击非法外汇交易和走私骗税等违法犯罪行为。

记者：人民银行在防范银行卡跨境支付领域的违法犯罪活动方面采取了哪些有力措施？

欧阳卫民：随着银行卡跨境支付的快速发展，跨境欺诈风险也日益显现。从 VISA、万事达等美国信用卡公司的经验看，跨境交易欺诈水平往往高于境内欺诈水平。原因在于跨境交易往往涉及多个具有不同风险环境的市场，其风险形式更为复杂，监控、处置的难度更大，危害性也更大。随着银联卡境外业务的不断发展，银行卡跨境风险在一些地区已经开始显现出来。突出表现为两类：一类是银行卡被用于赌博、洗钱、套现等违法犯罪行为，例如在我国云南边境和我国澳门地区都发生了此类风险案件；另一类是银行卡在境外 ATM 或特约商户使用时，被侧录导致信息泄露风险，泄露的信息被不法分子用来制造伪卡，进行伪卡诈骗。

对于前一类风险案件的防范，主要是加强对境外特约商户的管理，防止特约商户为持卡人提供赌博、洗钱、套现等违法犯罪场所和机会。人民银行一直高度重视并积极开展防范银行卡被用于境外赌博的相关工作。2004 年，针对云南边境地区出现的 POS 机被用在缅甸赌博的情况，人民银行发布了《中国人民银行关于边境地区受理和使用人民币银行卡有关问题的通知》（银发［2004］219 号），并组织对边境地区 POS 机布放的违规行为进行了清理检查，遏制了云南边境地区通过银行卡进行赌博。2006 年，人民银行和银监会联合发布了《关于防范信用卡业务风险有关问题的通知》（银发［2006］84 号），从加强账户管理和商户审核、规范商户签约和机具布放行为、强化“银联”标识管理、加强交易预警和监控、建立日常监控和风险防范合作机制、履行大额可疑资金交易信息报告义务等各方面进一步提出了要求。2008 年，人民银行组织有关部门对澳门银行卡受理市场进行深入考察和分析，特别是对珠宝、钟表类商户中交易异常的特约商户通过明查、暗访、巡检等方式进行调查。根据调查情况，发布了《中国人民银行关于加强境外受理市场规范管理的通知》，建立了对银行卡境外大额、可疑交易的监控机制。2009 年 4 月，人民银行会同银监会、公安部、工商总局发布了《关于加强银行卡安全管理、预防和打击银行卡犯罪的通知》（银发［2009］142号），并于2009年8月下发《中国人民银行办公厅关于贯彻落实〈中国人民银行　中国银行业监督管理委员会　公安部　国家工商总局关于加强银行卡安全管理、预防和打击银行卡犯罪的通知〉的意见》（银办发［2009］149号），从发卡、受理、交易、终端管理、风险防范等方面对银行卡参与各方提出规范性要求。此外，人民银行于2009年12月推动最高人民法院、最高人民检察院发布了《关于妨害信用卡管理刑事案件具体应用法律若干问题的解释》，进一步明确了相关银行卡刑事案件中的法律适用问题。

通过以上法律制度和安排，人民银行基本建立起了有利于防范银行卡被用于境外赌博的相关机制。一是建立了特约商户的定期巡查机制。要求收单机构定期巡查全部商户，对于使用移动POS的商户以及月交易量超过50万元的大交易量商户应重点检查。要求银联加强与澳门收单机构和商户的日常联系，至少每2个月一次对当地银联卡特约商户，特别是奢侈品类商户实施巡检。二是建立了对可疑、异常交易的连续监控制度。要求收单机构对具有异常可疑交易特征的商户，其交易金额、频率和跨境交易情况实施持续性的监控，如确认属问题商户，要采取终止交易等措施，并迅速向相关行政管理部门报告。三是针对移动POS机制定专门的风险管理措施。要求无物流配送要求的行业要布放有线POS机，在中国银联的商户风险监控系统中对移动POS机设置更为严格的监控指标。四是研究实行大额资金交易身份证核验制度和大额交易预约制度。即银联卡云南境内和澳门单笔交易超过10万元的交易，要求商户核查持卡人身份证件，并复印留存备查。超过20万元的交易，持卡人应至少提前1天通知发卡行大额交易的发生地、用途，未预约和资料不真实的将被拒绝交易。五是利用中国银联银行卡商户风险监控系统，加强对异常交易的监控、预警和分析。要求中国银联在目前已有的全国性商户风险监控系统中，针对云南边境地区的跨行交易和澳门交易设置专门的监控程序，加大对高风险区域的银行卡商户日常交易监控的力度。六是利用中国银联的银行卡风险信息共享系统，加大商户风险审核力度。要求收单机构拓展新商户前，统一查询“银行卡风险信息共享系统”，对于商户或其负责人已列入黑名单的，不得拓展为特约商户。对于确认有违法欺诈情况的商户，收单机构在终止其银联卡交易的同时，应及时将商户信息报送至银行卡风险信息共享系统，以实现不良商户信息共享。七是要求中国银联在系统上对完全禁止类商户和金额限制类商户类别码的交易进行限制。在与收单机构的合作协议中明确要求不发展禁止类包括资本项目下的商户类型并明确违约责任。八是针对中国电信和移动网络在边境地区覆盖，可能为违法犯罪分子利用POS机具进行赌博、洗钱等活动提供了可乘之机的实际情况，积极协调电信部门采取相应的技术手段，如将POS机与电话号码绑定并在每笔跨行交易的计算机日志中增加POS机交易所在地的地址识别等信息（如电话号码、电信部门的无线基站地址），一旦该POS机电信信息变动但未履行重新申请入网手续，该POS机具将被停止交易。

第二类伪卡欺诈案件在国际上都具有普遍性，主要依靠收单机构自身加强对特约商户和POS机具的管理以及加强对ATM的管理、巡查和监控，及时发现和消除各类风险隐患。为此，中国人民银行在前述的一系列文件中都对此提出了要求。同时，还推动中国银联针对澳门地区伪卡欺诈风险状况及特点，制定了《澳门地区银联卡收单风险管理试行规则》，在制度规范上全面加强了对澳门地区收单机构和商户的风险管控，主动监控、识别了2起涉及伪卡欺诈案件，为持卡人直接挽回经济损失271万元。建立并完善境外风险信息共享和协作机制。与香港信用卡中心授权中心委员会（PRC组织）、马来西亚主要发卡、收单机构、德国B+C公司以及美国国际金融犯罪调查协会（IAFCI）等机构建立了交流共享风险信息、共同打击银行卡跨境犯罪的合作机制。

记者：您认为未来电子支付跨境支付业务的发展将呈现哪些特点？人民银行将如何引导业务的健康有序发展？

欧阳卫民：随着我国经济的迅速发展、人民生活水平的提高、国际交流合作的加强，电子支付跨境支付将呈现蓬勃发展的势头，以及更加市场化、专业化、多元化的趋势。在支付渠道方面，将呈现ATM、POS机等传统渠道和电话、手机、网络等新兴渠道并行发展的局面，境外支付服务市场的活力不断增强。从区域范围看，电子支付境外发展将随着银联卡境外发卡的发展，将支付服务范围从中国人常去的国家和地区进一步发展到国际游客常去的国家和地区，持卡人服务群体也将在满足“中国人走到哪里，银联卡用到哪里”的基础上，不仅服务于中国持卡人，而且服务于越来越多国家和地区的持卡人。

人民银行将在充分保证持卡人合法利益以及防范风险的前提下，积极加强监管和服务，维护市场公平竞争，引导电子支付跨境支付行业健康发展。特别要强化专业支付公司从事跨境支付的风险监管，要求其树立依法经营意识，不得为谋取经济利益而为网络赌博等犯罪活动提供支付便利；严格按照人民银行发布的《支付清算组织反洗钱和反恐怖融资指引》的有关规定，认真做好大额和可疑交易监测与报告工作；积极协助国家行政、司法部门做好打击各类网络犯罪工作，不得弄虚作假，更不得与涉嫌从事网络犯罪活动的机构和个人串通妨碍调查；加强对客户的管理，比照商业银行“了解你的客户”的原则，对客户的资信状况、业务范围等进行必要的了解。

鼓励创新清算业务　防止滥用网络平台*

改革开放三十多年来，特别是进入21世纪，中国的国民经济持续快速发展，取得了举世瞩目的成绩。社会经济活动总量和频率不断增强，人民生活水平总体上实现了由温饱到小康的历史性跨越。与此同时，金融体制改革向纵深发展，金融市场日趋完善，商业银行电子化水平迅速提高，以及电子商务在广度和深度上进一步拓展，使得中国支付业发展受到国内外有关各方越来越多的关注。这次中国支付业国际峰会，再一次为监管部门、商业银行和国内外支付行业提供了一个交流支付业发展的平台，这无疑对进一步推动我国支付业持续、健康、快速发展有着十分重要和积极的意义。

长期以来，为满足经济金融发展和人民日常生活需要，中国人民银行始终以构建“安全、高效、方便、经济”的支付体系为己任，加快我国支付体系建设，并取得明显成效。一是构建了以中国人民银行大、小额跨行支付系统为核心，银行业金融机构行内支付系统为基础，票据支付系统、银行卡支付系统、境内外币清算系统等为重要组成部分的支付清算网络体系。二是基本上建立了适应各类经济主体多种经济活动和居民居家服务需要的，以银行票据、银行卡和新兴电子支付方式为主要内容的非现金支付工具体系。三是形成了以中国人民银行为核心，银行业金融机构为主体，支付清算组织为补充的支付服务组织体系。四是初步建立了有利于促进支付创新和防范支付风险的支付监督管理体系。

创新是永恒的主题。支付业发展史，实际上也是一部不断创新的历史。没有支付创新，就没有支付业发展。没有支付创新，不可能建立起安全、高效的支付体系。当前，我们正面临支付业发展的大好时机。经济金融发展为支付创新发展提供了坚实的基础；社会生产力和科技进步为支付创新提供了必要的保障；日益增长的企事业单位和居民支付需求为支付创新提供了广阔的市场；电子商务的兴起为支付创新，特别是零售支付创新提供了宝贵的机遇。我相信，经过大家共同努力，伴随着方兴未艾的支付创新，未来的中国支付业一定能够实现更好更快发展，中国的支付服务市

---

* 本文根据作者在“第四届中国支付业国际峰会”上的演讲整理而成。

场将会迅速壮大，并充满生机，安全、高效的支付体系必将为经济金融发展发挥更大的促进作用。

在支付创新与发展的同时，我们必须高度重视使创新成果惠及民生和改善民生的问题。改善民生是发展经济的根本目的。社会主义市场经济就是要把发展经济与改善民生统一起来，始终坚持为民发展，使发展的成果更多地为人民群众带来实惠，并尽力让全体社会成员得以分享。当今社会，支付已经成为广大企事业单位、人民群众经济活动和日常生活不可或缺的一部分，并且在一定程度上影响着企事业单位经济活动的效率和成本，影响着人们的消费观念、消费习惯、消费方式和消费行为。因此，支付创新与发展必须真正体现到满足人民需要、实现人民利益、提高人民生活水平上。

中国人民银行作为中国支付体系的组织者、促进者和监督者，在中国支付体系建设、支付市场发展和支付创新等方面发挥着极为重要的作用。下面，我就支付创新、防范风险讲几点个人想法：

一、致力支付创新，畅通资金渠道，促进国民经济发展

人民银行积极鼓励商业银行和其他支付服务组织开展支付创新，同时充分发挥支付体系组织者的作用，通过改善跨行支付清算服务和支付制度创新，推动支付服务创新和支付业发展。近年来，人民银行相继建成了中国大、小额支付系统、支票影像交换系统、境内外币清算系统、电子商业汇票系统等应用系统，为商业银行、金融市场和其他支付服务组织提供了安全高效的支付清算服务，对加快社会资金周转、提高支付清算效率、畅通货币政策传导、促进国民经济健康发展发挥了重要作用，使支付创新发展由可能变为现实。另一方面，这些跨行支付清算系统的建成运行，也为商业银行和其他支付服务组织的发展与创新奠定了基础，起到了积极的推动作用。其中，大额支付系统通过与各银行机构、金融市场以及其他支付服务组织的业务系统连接，为各银行、广大企事业单位和金融市场提供了快速、高效、安全的支付清算服务，大大提高了社会资金流动速度，提高了交易效率和各清算系统的管理水平。小额支付系统集中为社会公众提供多种类、低成本、大业务量的零售支付清算服务，成为满足人民日常生活需要和商业银行进行跨行清算及业务创新的平台。支票影像交换系统使得支票这一传统的支付工具焕发出新的生机，得以在全国范围内流通使用。

电子商业汇票系统的建成运行，则为票据业务电子化发展、为商业汇票业务进一步创新和票据市场的形成，提供了有力保障。2009 年，人民银行运行的中国现代化支付系统及支票影像交换系统共处理业务 4.81 亿笔，金额 815.69 万亿元，同比分别增长 33.24%、26.34%。电子商业汇票系统正式运行不到半年，已经累计发生各项业务近 2 万笔，金额达 910 亿元。

与此同时，人民银行积极支持其他支付服务组织发展，先后批准成立了中国银联、城市商业银行资金清算中心和农信银资金清算中心，为支付服务市场注入了新的活力。他们作为支付体系的重要组成部分和中国现代化支付系统的特许参与者，在不同支付业务领域内发挥其特有的作用，已经成为我国支付市场的中坚力量。

未来，人民银行将在进一步完善金融基础设施的基础上，加强全国支付系统的统一规划和管理，统筹协调全国支付体系建设，不断促进中国支付体系的一体化发展；完善支付规则，优化资源配置，促进系统业务和技术标准逐步统一，采取有力措施防范支付风险在各系统间的传递和扩散；推动支付服务市场健康快速发展，规范支付服务组织，为支付业创新发展提供有效的、公平的外部竞争环境和制度保障。

二、鼓励支付创新，着力改善民生

作为中国支付体系的促进者，人民银行综合运用市场手段、法律手段和行政手段引导鼓励支付创新，使全国支付服务市场平衡发展，使支付创新成果惠及民生。在这一方面，我们已经取得了一定成绩，也积累了不少宝贵的经验，在以银行卡等为代表的零售支付发展上表现得尤为明显。二十多年来，在政府推动和市场机制相结合的发展模式下，中国银行卡产业取得了举世瞩目的成绩，市场规模持续扩大，产业链初步形成。不但建立了自主银行卡品牌，便利了公众日常消费需要，推动了经济发展，而且为网上支付、移动支付等新兴支付方式发展奠定了基础。截至 2009 年年底，加入银联网络的发卡机构达 261 家，全国累计发行银行卡 20.66 亿张，银行卡跨行交易联网商户近 157 万户，联网 POS 机具 241 万台，ATM21.5 万台。2009 年，银行卡业务量近 197 亿笔，金额超过 165 万亿元。银行卡卡均消费金额和笔均消费金额分别为 3 321 元和 1 965 元，银行卡渗透率达到 32%。银行卡产业的发展，使消费者真切地感受到支付创新和支付发展为日常生活带来的便利，使消费者足不出户就能够实现各种费用交纳和完成网上交易支付，成为生活品质提高的又一新的重要因素。

为贯彻党中央、国务院关于建设社会主义新农村的战略部署，切实改善中国广大农村地区的支付服务环境，使农民朋友能够直接感受到银行卡发展为他们带来的实实在在的便利和实惠，人民银行从2006年起就组织协调各商业银行、农村信用社和中国银联等，推出了农民工银行卡特色服务业务。利用银行卡跨行支付清算系统，有效地解决了农村地区金融服务设施不足，汇款体系不发达，难以满足数以亿计的农民工对方便、安全、快捷的资金转移服务需求的问题。这是一项银行卡业务创新的具体体现，也是支付服务创新惠及民生的成功案例。我认为，其意义不亚于把电力、电视信号和高速公路送到农村。2009年，农民工银行卡特色服务业务达220亿元，6.7万个农村信用社和邮政储蓄银行网点可以开办该项业务，覆盖了全国绝大部分农村地区。

随着计算机和现代网络、通信技术的快速发展，支付业正迅速步入电子化时代，支付组织创新、支付工具创新、支付服务创新方兴未艾。最为明显的是，近年来，主要服务于电子商务发展的非金融支付服务组织的产生和发展。他们以支付组织创新的形象逐步深入人心，以不断创新的支付方式影响着人们的日常支付活动，以方便灵活的支付服务内容推动着电子商务的发展，在支付服务市场上的影响力不断增强，成为促进支付业发展的一股新的创新力量，成为拾遗补阙、进一步完善我国支付体系的新兴力量。它们贴近市场、适应市场、开拓市场，在支持网上购物、机票销售、信用卡还款、公用事业缴费、金融产品销售等方面发挥着重要作用，并正在向传统的银行卡收单、移动支付等领域发展。非金融支付服务组织的出现，既是电子商务发展对支付服务市场的必然要求，也极大地推动了电子商务的迅速发展，但其中存在的资金沉淀、消费者权益保护、安全性与技术标准化等问题一直以来也备受争议。作为中国支付体系的监督者，人民银行对此给予了高度关注。为掌握非金融机构从事支付清算业务的情况，研究建立支付服务市场监督管理政策，维护社会公众合法权益，2009年4月，中国人民银行发布公告，要求从事支付清算业务的非金融机构进行登记。截至2009年年底，全国特定非金融机构的登记数量合计达338家，其中法人机构243家。面对数量如此众多的非金融支付服务组织，如何规范和促进其发展，使之充分发挥在构建安全、高效的支付体系中应有的积极作用，更好地满足日益增加的公众多样化的支付服务需求，是摆在我们面前的一个新课题。

三、两手抓、两手硬，在鼓励支付创新的同时，要坚决防止滥用支付平台，防止网络犯罪

面对蓬勃发展的非金融支付服务组织，作为支付服务组织创新的重要组成部分，人民银行已经清楚地认识到对其管理的复杂性。这种复杂性既表现在监督管理理念与传统金融行业监管的差异上，也表现在其业务内容、业务方式和业务模式的特殊性与新颖性上。许多东西是在电子化、网络化条件下生存的，传统支付服务所没有的，相应的监督管理方法也缺乏经验可循。套用原有的制度、方法和手段，显然行不通。因此，管理者本身就必须有创新的思维、创新的理念、创新的方法和创新的手段。

前面已提到，目前登记的有几百家支付服务组织，它们大多数是顺应市场发展需要，由特定的支付业务领域逐渐发展和壮大起来的，其背后基本上是由民间资本的力量推动。换句话说，它们的生存和发展是市场经济和电子商务发展的必然选择。作为支付业务管理者，人民银行首先要做的，就是要研究这种选择，承认这种选择，适应这种选择，完善和推动这种选择，允许它们不断地探索和创新，支持它们不断地探索和创新，创造条件引导和推动它们不断地探索和创新。

但是，另一方面，人民银行作为支付体系的监督者，也要加强对清算组织的管理，维护支付市场参与者的合法权益，防止滥用支付体系。首先人民银行要制定《支付清算组织管理办法》，将非金融支付服务组织纳入监管范围。人民银行要密切关注和研究非金融支付服务组织的业务模式、流程、方法和内容等，从维护支付体系安全、效率出发，逐步建立和完善有效的、科学的业务规则和技术标准，加强风险管理、维护市场公平竞争和保护消费者权益。既要鼓励、支持和引导非金融支付服务组织的创新发展，也要逐步建立和完善各项制度，防止可能出现的风险和为违法犯罪活动提供支付便利。当前，在相关制度和管理机制尚未建立的情况下，各非金融支付服务组织一定要强化自律，加强对员工的管理，树立依法经营意识，不得为谋取经济利益而为网络赌博等犯罪活动提供支付便利；要严格按照人民银行发布的《支付清算组织反洗钱和反恐怖融资指引》的有关规定，认真做好大额和可疑交易监测与报告工作；要积极协助国家行政、司法部门做好打击各类网络犯罪工作，不得弄虚作假，更不得与涉嫌从事网络犯罪活动的机构和个人串通妨碍调查；要加强对客户的管理，比照商业银行“了解你的客户”的原则，对客户的资信状况、业务范围等进行必要的了解。

畅通网上跨行支付　推动低碳经济发展

网上支付这个10年前仅是美好夙愿的支付方式，如今已悄然走入人们的生活。中国人民银行于2010年8月建设的网上支付清算系统（IBPS）推动我国网上支付迈上了新的台阶，人们足不出户即可通过网上银行随时、随心、随地办理各种行内甚至跨行的支付交易和账户查询。IBPS交易量的迅速递增，反映了市场的巨大潜力和旺盛的支付需求。IBPS建成的意义，不仅在于它响应了时代的召唤，促进了先进支付工具的发展，方便了百姓的日常生活；更在于它加速了商业银行从粗放式经营向集约式经营方式的转变，促进了电子商务的发展，探索了低碳经济的新路径。如何充分利用这一平台，促进网上支付的健康和持续发展值得我们深入思考。

一、IBPS的主要功能和业务发展

IBPS是中国人民银行支付清算系统的重要组成部分，通过连接各银行业金融机构和专业支付组织的业务处理系统，实时处理客户在线提交的跨行零售支付业务，实现跨行支付的实时到账和跨行账户的实时查询。目前，有120家商业银行法人机构接入该系统办理业务，基本覆盖我国已开通网上银行的商业银行。2010年8月至2011年3月，IBPS共处理业务近1 500万笔，金额达1 745亿元，业务量和交易金额的月均增长幅度分别达24.65%和33.85%，业务规模不断扩大。其中，2011年3月，系统日均受理业务12.38万笔，金额15.35亿元。IBPS是人民银行提升履职能力、服务国计民生的重要举措，满足了社会公众全天候居家支付需求，大大提升了网上银行服务水平。

二、建设IBPS的重要意义

（一）商业银行运营成本大幅降低，有利于促进金融服务模式转变

与传统银行柜台相比，网上银行运营成本极大降低。据统计，传统银

行柜台业务的经营成本占经营收入的60%以上，而网上银行的经营成本只占经营收入的15% ~20%。以工商银行为例，传统银行柜台的交易成本为3.06元/笔，网上银行的交易成本仅为0.49元/笔，不到柜台的1/6[①]；按2009年该行电子银行业务量推算，相对柜面操作，可节约成本199亿元[②]。2010年，商业银行柜台替代率平均达50%。网上银行已逐渐成为商业银行实现自身盈利与履行社会责任的最佳结合点，被公认为助力绿色金融发展、促进金融服务模式转变的重要举措。IBPS是打通各商业银行网上银行的桥梁，它不仅方便了社会公众，还有利于商业银行网上银行业务的开展和创新。商业银行可以跨越行别和地域营销网银产品，因此拥有了更为广阔的市场和更为宽泛的客户群，开辟了金融服务的新领域。IBPS平台有助于商业银行不断完善以网上银行为主的现代化服务渠道，全面提升网上银行服务质量，打造全新的惠民电子支付平台，有效促进商业银行金融服务模式由粗放经营向集约经营的转变。

（二）客户居家支付需求有效满足，切实推动低碳金融发展

IBPS为推广低碳金融奠定了坚实的基础。如果客户到银行柜台办理业务，需消耗大量的纸张和燃油；如果客户通过网上银行办理业务，可以有效避免纸张的使用，减少二氧化碳的排放和燃油的消耗，符合低碳生活、低碳金融的需要，有利于降低物质资源和能源的消耗，减少环境污染，发展绿色经济。在IBPS的支撑下，客户可通过商业银行的网上银行在任何时候、足不出户办理5万元[③]以下的跨行转账和网上支付等业务，并及时获知业务处理最终结果，提升了客户在线体验，突破了柜台网点的时空限制，解决了多年以来的银行网点排队困扰；此外，客户登录一家银行的网上银行，即可查询和管理本人在其他银行开立的账户信息，办理各种公用事业缴费业务，真正实现“一站式”财富管理，极大便利了日常经济活动。

（三）专业支付组织清算渠道得以畅通，极大促进电子商务发展

市场经济和网络的发展催化了支付服务领域的分工协作。近年来，一些专业化支付组织如雨后春笋般孕育而生，迅猛发展。它们针对银行服务

---

① 资料来源：中国工商银行电子银行部。
② 资料来源：中国工商银行2009年度《社会责任报告》。
③ 目前IBPS跨行贷记、借记和第三方贷记支付指令金额上限为5万元（含）。

的空白或薄弱领域大展其才，更好地将电子商务和客户银行账户支付结合，在银行、客户与网上商城之间搭起了桥梁，满足了电子商务企业和个人的多样化支付需求，有力支撑了我国电子商务的发展。IBPS 为专业支付组织提供了专门的接入渠道，符合条件的专业支付组织接入 IBPS 后，无须"多头开户"，只要在一家银行开立结算账户即可开展各类业务，其经营管理成本显著降低，社会资源配置明显优化；各商业银行的网上银行用户也将成为其潜在客户，市场空间快速拓展；同时，中央银行通过将专业支付组织纳入参与者进行规范和管理，采用统一的业务和技术标准，统一的安全认证管理，可以引导其规范发展，避免恶性竞争，切实维护金融消费者的合法权益，促进支付行业的健康和可持续发展。

三、采取多项措施推动网上银行业务的健康发展

随着电子商务的蓬勃发展，IBPS 的业务量将逐步攀升，服务范围也将不断延伸。作为 IBPS 的重要参与者和网上银行服务的主要提供者，商业银行要切实采取有效措施，大力推动网上银行业务的健康发展。

（一）严格遵守支付清算纪律，切实改善客户体验

商业银行应严格按照中国人民银行的有关规定办理各项业务，提升系统硬件设备及通信网络的性能，实现跨行网上银行业务的直通式处理，提高业务处理效率；应建立完备的客户账户信息检查及反馈机制，收到 IBPS 发送的已轧差通知后，立即贷记收款人账户，切实维护客户合法权益；还应建立对 IBPS 业务的专人监控机制，一旦出现业务超时、差错等异常情况，立即解决，并认真做好对客户的操作指导和解释服务工作。

（二）强化维护管理和服务意识，保障业务连续处理

商业银行应加强对自身网上银行系统的运行维护管理，通过实时监控、建立备份系统等措施，确保各类业务的不间断处理，为客户提供高质量、全天候的支付服务。商业银行对网上银行系统进行维护和升级时，应及时与人民银行分支机构沟通，可能影响客户支付处理时应提前告知客户。

（三）加大业务宣传力度，促进业务健康发展

商业银行应加大对网上银行业务尤其是跨行网上银行业务的宣传力

度，采取多种形式宣传业务的特点和优势，正确引导客户。要拓宽业务宣传培训范围，既要面向分支机构网点柜员，又要面向客户服务中心的相关人员，以便客户及时、准确掌握网上银行业务相关知识。

（四）加强安全体系建设，切实防范网上银行风险

商业银行应通过强化身份认证、更新安全防护技术、健全安全管理体系等措施，增强网上银行系统的信息安全防范能力，保障网上银行的先进性和安全性，为网上银行客户提供安全可靠的服务环境，树立公众对网上银行的信心。

（五）合理收费，促进网上支付业务发展

网上支付的收费标准直接关系支付服务市场的利益格局，影响客户选择网上银行渠道办理业务的积极性和电子商务的推广发展。人民银行将尽快确定 IBPS 对商业银行的业务收费标准，发挥中央银行结算收费的基础价格作用。商业银行应据此合理制定对客户的收费标准，争取以低于同类业务柜台服务收费标准，吸引客户，促进网上支付业务快速发展。

支付让生活更轻松*

移动支付具有随身、随时、随地支付的特性，近年来已成为零售支付体系重要创新之一和新兴电子支付的主要表现形式，成为业界关注的热点。世界银行支付体系发展工作组（PSDG）和国际清算银行支付结算体系委员会（CPSS）对各国支付结算系统的调研中，已将移动支付列为零售支付的创新产品予以重点关注。下面，我就移动支付在中国的发展谈几点看法：

一、当前我国金融和支付服务存在的不足

（一）金融服务资源相对不足，便捷性也不够

2009年年末，中国人口超过13.3亿，银行业法人机构达3 857家，营业网点近19.3万个，从业人员约284.5万人①。但从人均银行服务资源看仍是不足，平均一个网点对应7 000人左右，一个银行从业人员对应490人，如果仅算柜面服务人员的话，平均一个柜员至少要对应1 000个客户左右。在广大农村地区和贫困地区，金融服务资源更有限甚至为零，我国目前仍有2 000多个乡镇没有金融机构网点，属于金融服务的空白地带。银行网点服务不仅资源有限，在时间便利性上也有限，不是全天24小时服务，通常是上午9点到下午5点。当然，有自助设施，主要是ATM和网上银行，但这方面的资源也相对有限。2009年年末，全国ATM约21.49万台，平均每台ATM对应6 210个人。截至2008年年末，我国个人网银客户近1.5亿户，超过1/10的中国人已开通网上银行，城镇人口中，个人网银用户的比例为20.9%，但基于对个人电脑终端和操作技术的依赖，实际使用网上银行服务的客户比例要低得多。

---

* 本文原载于《金融电子化》2010年第12期。

① 数据来源：《中国银行业监督管理委员会2009年年报》。

（二）现代支付系统成功解决了大额和小额支付问题，但对更小金额支付或微支付关注不够

2009 年，全国各支付清算系统共处理业务 112.63 亿笔，金额1 208.06 万亿元，平均每笔金额为 10.73 万元。其中，大额支付系统和小额支付系统处理的业务平均每笔金额分别为 324.17 万元和 5.07 万元，银行卡跨行支付系统 ATM 交易每笔 400 元，POS 交易每笔 1 800 元。从非现金支付工具看，票据的平均每笔交易金额为 30.83 万元，银行卡的平均每笔交易金额为 8 400 元。可见，现有的支付系统和非现金支付工具主要替代了现金在单位支付和个人大额支付中的使用，与居民生活密切相关的更小金额支付或微支付，仍然以现金方式完成，事实上这部分支付具有频率极高、金额很小的特点。当然，一部分微支付已得到了很好的解决，如北京市的交通一卡通，每天交易达 1 600 万人次，每次地铁票价 2 元，公交更便宜。这确实是便民、惠民的大好事。但绝大部分日常生活中的微支付没有得到解决，如超市、便利店、停车场、小商品市场、菜市场的支付等。

（三）零钞、硬币大量使用，社会成本较高

2009 年，流通中现金与 GDP 的比值为 11.4%，现金支付量占整个社会支付金额的 3‰。截至 2010 年上半年，流通中现金（M_0）余额 3.89 万亿元，同比增长 15.7%。上半年净投放现金 658 亿元，同比多投放 1 236 亿元。前面说到大额支付主要是通过非现金支付的方式和工具完成，显然，现金投放主要解决零售小额支付和日常生活中发生的微支付。可想而知，市场上大量流通零钞、硬币必然会增加货币的印制铸造、运输、保管、残破币兑换以及反假币等多个环节的成本。根据麦肯锡的研究报告，目前全球每年处理现金所花费的费用约在 3 000 亿美元。欧洲支付委员会研究指出，欧洲的现金处理成本是每年 500 亿欧元，单个国家的现金处理成本约占所在国 GDP 的 4‰～6‰。从目前我国现金支付量占比来看，我国的现金处理成本占 GDP 的比例可能更高。

（四）非现金支付给社会管理提供的便利未能触及更小金额及微支付领域

非现金支付较之于传统的现金支付在社会效益层面上的优越性，主要体现在为社会管理提供了便利，换句话说，支付的金融功能与社会管理功能相结合。如以实名开立银行账户，凭单位信用开具票据，用银行卡进行

日常消费，不仅提高了全社会的资金清算效率，而且实现了对客户身份确认和交易处理的信息化、集约化管理，节约了社会管理成本，提高了社会管理效率。虽然网上支付发展迅速，实现了电子商务和网络购物的非现金支付，但在面对面地近场微支付领域中，现金仍被大量、广泛使用，非现金支付的社会功能在微支付领域没有得到充分的发挥。公交一卡通是比较成功的例外，但应用范围还不够广，中小城市有待拓展，功能单一，也没有实行实名制的意向和可能。

二、发展移动支付的重要性

移动支付业务最早出现于20世纪90年代初的美国，随后在韩国和日本出现并迅速发展。中国的移动支付最早出现在1999年，由中国移动与中国工商银行、招商银行等金融部门合作，在广东等一些省市开始进行移动支付业务试点。经过近10年的发展，中国的移动支付市场应该说初具规模。就中国社会环境、经济发展等具体国情，以及支付体系目前的发展阶段而言，推广与发展移动支付，将其作为支付服务方式的重要创新和传统金融服务的有益补充有着十分重要的意义。

（一）拓展金融服务空间

移动支付在印度、拉美和非洲地区发展得较快，主要得益于移动支付对传统银行业务的有益补充。巴西和肯尼亚则明确将手机转账服务作为扩展金融服务的政策措施。生活在银行网点覆盖不到的农村地区和贫困地区的居民，以前无法直接享受银行网点的服务，有了移动支付，不用车马劳顿就可以直接用手机完成货物买卖、借贷款等支付。在中国发展移动支付同样可以解决银行金融服务资源有限且分布不均的问题，尤其是在广大的农村地区，传统金融服务未覆盖到的边远山区和贫困地区，移动支付能有所作为。与传统银行服务模式相比，移动支付依靠较少的基础设施投入，能够充分利用现有的通信网络和设施终端，从而以较低的成本拓展支付服务，为手机用户提供便捷的支付服务，促进金融全面普及，达到广泛的便民和惠民效果。

（二）为微支付提供有效的解决方案

便捷性是移动支付的第一特征，甚至可以说是移动支付产生与发展的最根本原因。只要有一部手机、只要有通信网络，便可进行支付，不受银行网点的限制、不受营业时间的限制、不需高成本的终端设备投入。这种随时随地的便捷性，以及手机在普通民众中的广泛普及，使得移动支付能够成为解决微支付的最佳选择。移动支付的近场应用最适宜于高频率、金额小的快速支付，能够满足消费者随时随地消费、面对面交易、账物实时核对、避免个人信息泄露等多种需求。可以肯定地说，微支付将成为移动支付最大的应用领域，如超市、快餐店、电影院、公园、公共交通和出租车、农贸市场和早市等需要快速、小额支付的场所。同时，手机的远程支付功能也能为电子商务、网络购物以及公用事业费等资金转账的支付提供可选方案。

（三）逐渐替代零钞和硬币

在日本，四成以上的人都使用了移动支付。2009 年，日本央行曾就包括移动支付在内的电子货币对流通中零钞和硬币的影响做过研究，数据显示电子货币主要用于千元以下的小额支付，随着电子货币的广泛使用，流通中的硬币，特别是小面额硬币总金额增速一直在下降。可见，移动支付对微支付中的零钞和硬币的替代作用是明显的。减少零钞和硬币的使用不仅能降低现金的生产和管理成本，也能降低现金的使用成本，比如说零钞清点费时费力和收付假钞伪币的风险，并顺应“循环经济”、“绿色经济”大趋势。

（四）进一步实现支付的社会功能

在微支付领域推广移动支付，能够提高微支付的资金算清效率，实现对交易的信息化和集约化管理。手机实名制的推广能实现微支付主体的身份确认，做到有据可查、有迹可循，还可以将具备支付功能的手机与医保卡、社保卡相结合，实现医疗保险、养老保险、住房公积金等政府公共信息管理功能，节约社会资源、服务社会建设。

三、在我国推广移动支付已具备条件

（一）有强大的、多元化的服务提供商

我国的移动支付服务可以由商业银行、移动运营商和第三方支付组织分别提供，也可以合作提供。银行的优势在于其账户结算功能，在于其完善的支付服务基础设施和庞大的客户群体的绝对信任。目前，我国的大中

型商业银行都有手机银行，可提供短信通知、账户查询、资金转账缴费等服务，并广泛与移动运营商合作开发手机近场支付。移动运营商则拥有安全的通信渠道，拥有庞大的手机用户资源和便捷的服务终端。近年来，中国电信、中国移动和中国联通在移动支付领域都有成功的实践，如中国移动的手机钱包业务，中国电信在浙江、四川试点的手机小额支付；中国联通和交通银行合作推出的联名 IC 借记卡，在上海世博园内实现机不离手、一刷即付。第三方支付组织则锐意进取，相对于前两者更具灵活性和想象力，是我国支付创新的生力军。除此之外，中国银联利用银行卡信息转接平台，充分发挥连接优势，与银行、移动运营商合作，对移动支付受理终端的布放和改造，在移动支付领域也发挥了积极作用。

（二）有广大的客户群

我国已成为世界第一大手机用户国，根据工信部的统计数据，截至 2010 年 9 月，国内手机用户达 8.33 亿户，普及率为 62.5%，并呈现不断上升的趋势，为移动支付业务发展奠定了良好基础。中国银联提供的数据显示，截至 2009 年年底，我国已发展移动支付用户 1.47 亿户，其中与银行卡关联的移动支付约 2 200 万户，剩余的 1.25 亿户则采用移动话费账户代扣的方式。随着人们对手机的依赖性和黏合度越来越高，移动支付必将更加普及。另外，非现金支付工具在微支付领域的缺位以及移动支付终端的低成本投入和处理环节的便利性都将成为客户选择移动支付的诱因。

（三）有较成熟的技术环境

移动支付产业属于金融与通信融合后出现的新兴产业。应该说，我国移动支付的发展已具备了较为成熟的技术环境。目前，移动通信网络已经非常成熟且覆盖面极广，中国银联的 POS 跨行网络体系也连接了各商业银行，金融与通信的融合已有经验和基础。

（四）逐步完善的法律框架

《电子签名法》、《电子支付指引》等法律规章早已发布，2010 年 6 月中国人民银行又发布了《非金融机构支付服务管理办法》（以下简称《办法》），《办法》对支付服务业设定了准入制度，并就申请人资质、备付金管理和合规经营等方面提出了相应要求。应该说，《办法》的发布为包括移动支付在内的各类新兴支付方式的健康发展提供了重要保障。《办法》的配套制度，以及移动支付的业务规则等，也正在研究拟订中。

四、大力发展移动支付

（一）积极的、正面的政策导向

中国人民银行作为我国支付体系的法定监督管理者，认真贯彻落实党中央、国务院关于“大力发展金融市场，鼓励金融创新”、“加强风险管理，提高金融监管有效性”的要求，对新兴支付方式的管理遵循“促进创新与规范发展并重”的原则，对于移动支付这一惠及民生、市场前景广阔的新兴支付产业，始终积极倡导、大力推动其应用与发展。下一步，人民银行将加强政策引导，进一步发挥市场主体的能动性；逐步完善移动支付相关法规制度，维护各参与主体的合法权益；将推广移动支付与普惠金融政策结合起来，进一步扩展金融服务覆盖面，推进中国金融服务现代化。

（二）鼓励多样化的业务模式

移动支付市场有众多的参与主体，在不同主体的推动下，产生了多种业务模式，不同业务模式各有千秋。日本的移动支付采用移动运营商主导模式，而韩国则为移动运营商与银行合作主导模式，虽然模式不同，但都十分成功。我国移动支付刚起步，业务模式的选择和发展，坚持市场原则，尊重已存在的多种业务模式。

（三）倡导统一的技术标准

目前，存在多种技术标准、缺乏统一明晰的业务规则，不利于移动支付业务发展和市场开拓，并可能造成未来移动支付领域的社会资源浪费。从技术实现、支付安全、用户体验等方面来看，13.56MHz 频率和 2.45GHz 频率这两种标准各有利弊，人民银行近期已启动标准统一工作，在充分研究目前已应用各类标准的优缺点，以及相关标准知识产权情况的基础上，明确我国移动支付将采用的技术标准，并尽快编制发布统一的移动支付行业标准或国家标准。

（四）加强安全管理与风险防范

支付系统处理的是货币财富的转移，是资金的收付，所以信息安全和系统安全显得尤为重要，要始终树立“安全是支付系统的生命”这一理念。移动支付平台的运营商首先要确保支付指令的不可篡改性、支付信息不被窃取和系统稳定安全运行，其次还要加强压力测试、应急演练、备份建设等方面的工作。近年的全球金融危机使得“链接过多不能倒闭”的概念出现，根据网络分析方法在支付领域的应用，非银行支付机构专门从事资金转移服务，作为核心支付系统的边缘链接，同样事关支付系统乃至整个金融机构的安全，是保证国民经济安全运行和金融稳定的关键因素，有必要对其加强监管，防范风险。

（五）防范和打击犯罪

随着非现金经济、非现金社会、非现金时代的逐步形成，犯罪分子也从现金犯罪转向了非现金犯罪。典型的例子是银行卡产业发展迅猛的同时，各类银行卡犯罪相伴而生，打击和防范犯罪成为目前银行卡经营和监管工作的重中之重。发展移动支付要吸取这方面的经验教训，要把工作做在前面，要充分研究伴随移动支付发展可能出现的新的违规犯罪形式，要做好预防工作，研究对策，防患于未然。

（六）发挥行业自律作用

移动支付市场的各参与主体要加强自律，树立“安全、高效、便捷、经济”的支付结算领域核心价值观念，强化自我约束，兼顾经济效益和社会效益。同时，支付服务机构之间的相互沟通、协调，以及自律公约，也有利于维护市场竞争秩序，促进支付市场不断发展。为此，人民银行正在抓紧筹建全国支付服务行业协会，建立和完善支付服务行业自律机制和协商机制，促进整个支付服务市场的有序健康发展。

总而言之，移动支付市场的发展任重而道远，需要参与各方通力合作。相信在不远的将来，经过大家的共同努力，我国的移动支付市场能取得又好又快的发展，成为现代金融服务和支付体系的重要组成部分，更好地服务民生、服务社会。

支付让生活更轻松。

“三网”融合背景下的电视支付业务发展*

电视支付是继线下支付、互联网支付、手机支付后出现的第四种新兴支付业务，是广播电视网、电信网和互联网三大网络加快融合背景下的产物。目前处于发展初期阶段，在商业模式、风险形态、消费者权益保护、监管取向等方面还存在诸多需要深入思索的问题。人民银行将加强与相关部门的合作，共同促进电视支付业务推广和规范管理，营造各方合作共赢的产业发展局面。

一、电视支付业务前景光明

三网融合是指广播电视网、电信网和互联网在演进过程中，其技术功能趋于一致，业务范围趋于相同，网络互联互通、资源共享，能为用户提供语音、数据和广播电视等多种服务。党中央、国务院高度重视三网融合推进工作，将其作为重要任务纳入国家发展战略。2010 年 1 月 13 日，温家宝总理主持召开国务院常务会议，提出了三网融合的阶段性目标和重点工作。2010 年 1 月 21 日，国务院颁布了《关于印发推进三网融合总体方案的通知》，2010 年 6 月 9 日和 6 月 30 日，国务院办公厅分别颁布了《关于印发三网融合试点方案的通知》和《关于印发第一批三网融合试点地区（城市）名单的通知》，三网融合进入了实质性阶段。

广播电视数字化和数字电视产业的快速发展为包括电视支付在内的三网融合业务发展奠定了基础。截至“十一五”期末，我国基于有线网络的数字电视用户和基于电信网络的 IPTV 用户分别达到近 8 800 万户和 800 万户。以有线网络为例，数字化使得网络质量和承载能力得到全面提升，节目的声音和图像质量显著提高，频率资源得到有效释放，传输容量从现在的数十套模拟频道扩展到 400 套左右的数字频道，正在建设中的下一代广播电视网带宽能级达到每户独享 30M。依托庞大的用户群和良好的网络基础，包括视频点播、回看/时移、卡拉硬盘录制回放等在内的互动电视功能，包括高速宽带、IP 电话在内的基于有线网络的电信服务，包括电视购

* 本文原载于《金融会计》2011 年第 8 期。

物、电视支付、电视证券、电视彩票、电视银行、电视教育、电视游戏等在内的有线数字电视增值服务等三网融合业务得到了快速发展。以电视购物为例，据统计，全球电视购物行业以每年超过20%的速度增长。美国电视购物行业年收入达千亿美元，占全国零售总额的8%，韩国电视购物销售额占全国零售总额的12%。2009年中国电视购物市场规模约为234亿元，仅占社会消费品零售总额的0.19%，拥有巨大的增长空间和潜力。据第三方机构预测，中国电视购物市场规模2020年有望达到5 000亿元。

三网融合业务的快速发展，迫切需要一种安全方便的支付手段，使用户足不出户就能享受到便利可靠的金融服务，这也为电视支付业务发展提供了巨大空间。

二、我国电视支付业务发展现状

一直以来，我国电视商务的支付手段较为欠缺，主要采取线下预付和账单缴费方式。在线下预付方式下，用户可到运营商或其合作银行选择约定的服务项目，并预存资金，省去了周期性支付的烦琐，但存在提前付费、服务项目不确定等缺点。在账单缴费模式下，运营商按账期以纸质或电子账单通知用户缴费项目清单和缴费金额，用户收到账单后在一定期限内到指定网点办理缴费，该种模式下，支付的便捷性较差。

电视支付是指通过交互数字电视（数字电视机顶盒、电视机屏幕、遥控器等），在线实时完成的支付行为。其作为一种创新支付应用，进一步丰富了支付方式，提升了消费体验和生活品质，使用户足不出户完成水电煤气费缴纳、票务购买、付费点播等便民支付，促进消费增长。作为金融资源和文化产业有效对接的结果，电视支付有利于进一步提升和改进对国家文化产业的金融服务，同时，也将吸引更多的内容提供商、网络运营商、广播电视台、终端厂商等向电视产业投入资源，推动三网融合战略的落实。

目前，商业银行、中国银联、第三方支付服务机构等抓住三网融合加快推进的有利时机，不同程度地介入了电视支付业务，推动支付创新。

（一）银联通过跨行业合作方式开展电视支付业务

2010年5月，银联与上海文广新闻传媒集团下属公司——百视通签署战略合作协议，在银行卡电视支付领域开展探索与合作，涵盖了互联网电视、IPTV、手机电视等多种数字电视平台。此外，银联与东方有线、上海东方亿付就银行卡在有线数字电视平台的电视支付应用和技术研究开展探讨与合作。在这类合作中，可采用金融 IC 卡和无卡交易模式。

（二）第三方支付服务机构开始涉足电视支付

三网融合模糊了互联网和广播电视网的界限，为传统互联网支付机构开拓电视支付业务提供了有利的环境。在此背景下，东方有线和上海东方亿付于 2010 年在全国首家推出了数字电视卡和电视支付平台。数字电视卡是一张实名制多功能支付卡，可以为东方有线数字电视用户提供身份认证、电视支付、有线账单代扣、POS 消费、电视彩票账户服务等多功能支付类应用，目前发卡量已超过 100 万张。电视支付平台的支付网关，可以为便民付费、电视商城、电视购物等多种电视商务应用提供支付通道，用户可以使用数字电视卡、银行卡或其他第三方支付卡完成支付。另外，支付宝联合淘宝、华数传媒于 2011 年 3 月在杭州推出“电视支付宝”，这是国内互联网支付机构首次进入电视支付领域。在该模式下，市民进入华数电视的淘宝页面，购买家庭消费品都可以在自家客厅里用遥控器完成，付款时可以使用支付宝支付账户完成支付。该交易模式主要采取支付账户交易模式，实际上是支付账户从互联网渠道向电视渠道的延伸。

（三）多地广电部门自发开展了与商业银行的业务合作

为提高用户粘性，解决支付瓶颈问题，上海、北京、广东、天津、湖北、江苏、浙江等多个省市广电部门与银行合作开展了电视支付业务，支付模式较为多样，但做法大相径庭。在上海，东方有线公司联合农行、浦发行、工行等开展电视银行业务，将个人银行业务系统延伸至家庭数字电视终端。杭州有线电视联合建行、农行和招行开展电视支付，江苏有线联合光大、招商等进行合作，合作模式分为有卡支付、无卡支付等不同模式。

三、我国电视支付业务存在的主要问题

（一）电视支付业务处于发展初期，业务模式仍不成熟

电视支付业务是近年来才兴起的一项创新支付业务，业务模式、流程均处于探索和完善阶段，且推动持卡人从“看电视”到“用电视”也面临一定挑战，这导致现有持卡人对电视支付业务的接受度仍较低。此外，现

有电视支付服务内容还不够丰富，主要为电视点播、便民支付如水电煤缴费等。

（二）电视支付业务产业链长，利益协调难度大

电视支付的产业链较长，包括银联、第三方支付机构、银行、广电运营商、内容提供商、服务提供商、电视机厂商、机顶盒厂商、中间件厂商等，其中，银联或第三方机构负责提供支付系统，广电提供内容播控，银行提供交易账务处理，服务提供商提供增值服务。因此，只有产业链上下游各环节紧密合作，用户才能获得便捷的在线消费新体验，并最终实现多方共赢。但目前由于市场仍不成熟，电视支付上下游产业链之间的关系未理顺，导致相关各方无法形成合力，电视支付业务难以大规模拓展。

（三）电视支付业务缺乏适当的政府引导

目前，我国电视支付业务主要靠市场自发进行，缺乏政府的合理引导，在各主体职责定位、业务定价、风险管理等方面存在空白。

四、支持电视支付业务发展，促进多方合作共赢

随着三网融合加快推进，电视支付业务也显示出快速发展势头。人民银行将按照“鼓励创新和防范风险并举”、“政府指导和市场推动相结合”的原则，加强电视支付业务推广和规范管理，通过政策法规约束、行业组织自律等方式加强业务指导，培育和建立健康的市场竞争环境，营造各方合作共赢的产业发展局面。

（一）加强与广电总局的沟通协调，研究建立跨部门日常联络机制，在起步阶段为电视支付打好基础

电视支付业务的发展，跨越了广播电视和金融支付两个行业，需要广播电视主管部门和金融支付行业主管部门通力合作，加强沟通交流，形成合力。为此，人民银行将加强与广电总局的沟通协调，研究建立日常工作机制，加强对电视支付业务的指导和政策支持，解决电视支付业务发展过程中出现的问题，为起步阶段的电视支付业务打好基础，避免创新业务恶性竞争和盲目发展。当前要重点关注：

一是对各方分工协作进行指导。明确界定参与各方职责定位，促使各方发挥自身优势，有效整合社会资源，减少掣肘，共同推进电视支付业务

发展。

二是探索建立满足各方利益诉求的、有利于业务持续发展的定价机制。电视支付业务涉及众多参与方和大量的资源投入，必须有合理的业务定价，建立共赢的商业模式，才能减少因争抢优质商户而开展恶性竞争引起的收益水平不断下降的现象，实现产业链各利益主体可持续发展。

三是加快制定适应电视支付业务发展的、兼顾便利性和安全性的风险防控措施。作为非面对面支付服务领域的新型业务品种，电视支付业务在信息安全、支付指令传输等方面还存在风险，需要我们进一步完善风险防范措施，建立敏感信息输入和信息传输的安全机制，保障业务真实性和完整性。

（二）选择城市进行试点，积累全国推广经验

为了稳妥推进电视支付业务的发展，人民银行将与广电总局选择在三网融合业务开展情况较好、在电视支付业务方面具备一定基础的城市，充分发挥政府的组织、协调作用，支持具有电视购物等产业资源支撑的专业化电视支付机构先试先行，积极探索好的业务模式，不断积累在全国推广的经验，加快培育电视支付市场。

（三）积极鼓励各机构创新积极性，及时总结好的做法

电视支付业务的发展，离不开市场化探索和创新。人民银行将支持参与各方按照市场需求，发展各类电视支付产品，迅速扩大市场规模，并建立完善对各地探索工作的跟踪机制，及时总结成功经验，做好做实前期准备工作，为下一步规范发展电视支付业务奠定坚实基础。

第五章 支付市场及其监管

- 农村支付环境建设的立足点
- 商业银行与非金融支付服务机构的竞争与合作
- 非金融机构支付服务的创新与监管
- 我国零售支付的创新与监管
- 非金融机构支付市场监管的基本原则
- 规范预付卡市场　创建清廉社会
- 加强支付体系建设　促进证券市场发展

农村支付环境建设的立足点*

——答《中国金融》记者问

主持人的话：农村支付服务环境建设工作是金融环境建设的重要组成部分。相对于城市而言，我国农村地区的支付结算体系发展整体滞后，尤其是在村镇一级，金融机构数量少，非现金支付工具品种少、结构单一，支付结算渠道不畅，一定程度上制约了农村经济的发展。2009 年中国人民银行印发《关于改善农村地区支付服务环境的指导意见》并确定了 145 个省级示范县开展试点工作。一年过去了，在示范县的积极努力下，探索了许多好的经验。本期一线话题选取了两家不同经济发展特色的示范县，希望通过与它们的交流，为其他农村地区开展农村支付环境建设提供参考。栏目邀请的嘉宾有：中国人民银行支付结算司司长欧阳卫民、中国人民银行阿荣旗支行行长王占军、中国人民银行海安县支行副行长丛勇。

“十二五”规划建议提出了“加强农村基础设施建设和公共服务”，逐步建立和完善农村金融体系成为构建社会主义新农村、实现城乡统筹发展的重要一环，而农村支付服务是农村金融服务乃至农村经济的基础，加强农村支付环境建设显得尤为重要和紧迫。

记者：请问欧阳司长，现阶段我国农村支付服务环境建设包括哪几个部分，工作的重点又在哪些方面？

欧阳卫民：我国支付结算体系，包括农村支付体系在内，大体上由银行账户体系、支付结算工具体系、支付清算系统和支付结算管理体系四个部分组成。支付结算体系的这四个组成部分是密不可分的有机整体：银行账户是办理支付结算业务的基础和门户；各种支付结算工具是转移资金的载体；支付清算系统是最终实现资金清算的渠道；统一的支付结算管理，是我国支付结算体系正常运行的重要保障。相对城市而言，我国农村地区的支付结算体系发展滞后，这种滞后不是局部的，而是整体的。开展农村支付服务环境建设，就是要从支付结算体系整体入手，建立有利于实施各项惠农政策的银行账户服务体系，发展适用于农村地区的支付工具体系，建设覆盖所有涉农金融机构的安全、高效的支付清算体系，健全既有利于

---

* 本文原载于《中国金融》2011 年第 1 期。

防范风险又有利于促进农村经济发展的支付结算管理体系，全面提升农村地区支付服务乃至整个金融服务水平。

围绕支付结算体系的四个部分，结合当前“三农”发展特点，2009年人民银行在广泛调研的基础上，印发了《关于改善农村地区支付服务环境的指导意见》，从账户管理、工具推广、系统覆盖、服务组织、风险防范、宣传培训和组织领导等七大方面提出了政策要求。这七个方面也就是我们当前推进农村支付服务环境建设的重点内容。

记者：刚才您讲到，我国农村支付结算体系发展整体滞后，具体表现在哪些方面？

欧阳卫民：从实践看，农村支付服务环境建设面临“四难”。

县域特别是乡村支付服务基础设施少，增加难。农村的支付服务基础设施少突出表现在两个方面。一是银行机构网点少，尤其是乡镇银行机构网点少。二是ATM、POS等受理终端少。由于布放ATM、POS等机具特别是新增营业网点的投入较高，而农村地区支付服务需求量及农民承受价格能力低，导致农村地区银行机构支付服务产出相对较低。这种高投入、低产出的局面使得银行机构增加县域尤其是乡镇的支付服务基础设施难。

农村支付结算收费相对较高，接受难。当前，支付服务收费城乡基本无差别，这与农村地区收入状况不匹配。由于农民收入低而支付结算服务有成本，金融机构要收费，这对农村居民而言是一笔不可忽视的成本负担。

农村现金交易意识根深蒂固，改变难。千百年来，农民基本都是采取“一手交钱、一手交货”的交易模式，现金交易根深蒂固。银行卡等非现金支付工具对于相对落后地区的农民而言仍然是一种新鲜事物，要使其接受需要一个长期过程。

农村支付服务从业人员业务素质偏低，提高难。农村支付结算从业人员日常以简单收付业务为主，对支付系统、票据和网上支付等业务使用较少、相关知识和技能掌握不够全面、更新不够及时，从而导致其偏好传统与熟知的业务品种，比如现金存取等。许多相对落后的农村地区金融机构支付结算服务人员对以前应用较少或并不熟练的新业务，尽量不推荐客户使用，制约了非现金支付工具的宣传、推广和应用。受制于培训费用和机会缺乏，农村支付结算从业人员业务素质提高难。

“四难”不是相互孤立的。由于支付服务基础设施少，农民享受不到先进支付工具带来的便利，现金交易的意识不会即刻改观；从业人员也没有机会向客户推荐新的交易工具和交易方式，从而不能提高自身对这些工具和方式的理解和操作能力。基于成本的考虑，降低农村结算收费又是作为商业主体的金融机构不愿自主实施的。因此，增加农村支付服务的硬件设施，解决村镇支付服务基础设施少的问题，成为现阶段农村支付服务环境建设的突破口和关键环节。

记者：现在很多农村地区存在这样的问题：金融机构网点少，而且在县和村镇两级分布不是很均衡，县一级的金融机构基本能够满足居民金融需要，村镇级银行的金融服务手段就相对少一些。海安县和阿荣旗的金融机构分布情况是怎样的？

从勇：海安县隶属江苏省南通市，位于长江三角洲经济区内，产业发展相对均衡，经济发达，金融环境较好。目前，海安县共有政策性银行、四大国有控股商业银行、股份制商业银行和农村合作银行、邮政储蓄银行等5类共11家金融机构，沿海村镇银行、中信银行、南京银行、招商银行等机构的支行也在积极筹备中，民生银行、浦发银行、外资金融机构如韩国友利银行、韩亚银行等都在我县拓展贷款业务，所以总体看金融机构类别还是比较齐全的。在村镇一级，主要是农村合作银行和邮储银行等网点，国有控股商业银行在原老三镇也有机构。虽然非涉农金融机构在村镇网点较少，但由于它们多与农村合作银行合作，开办了柜面通存通兑业务，其业务也延伸到了村镇，再加上ATM等自助设备在村镇的普及，两级金融机构差异性不明显。

王占军：阿荣旗位于内蒙古自治区呼伦贝尔市东南部，是内蒙古重要的产粮县，连续4年被评为“全国粮食生产先进县”。阿荣旗村镇一级的金融机构主要是农村信用社下设的分支机构，在全旗9个乡镇共设置了23家信用社，农业银行设置了1个营业所，邮政储蓄银行那吉镇支行设置了4个营业网点，基本实现了金融机构对乡镇的全覆盖。县级的金融机构除农业银行、农村信用社和邮政储蓄银行以外，工商银行和农业发展银行也设立了分支机构。在阿荣旗，两级金融机构差异不大，基本上县级享受的金融服务在乡镇一级也享受得到，诸如信用卡、ATM、POS和转账电话等新兴的支付工具也走进了农村百姓的日常生活。

记者：由海安县和阿荣旗的情况看，非现金支付工具的普及和使用一定程度上弥补了金融机构网点不足的问题，填补了村镇农民的金融需求缺口。

从勇：的确，多元化支付结算工具是支撑农村支付服务顺利运行的重要基础。在这方面我有几点体会。首先要大力发展符合农村情况的支付工具，海安县各银行在建立农户银行账户的基础上，积极开拓银行卡市场。

例如，农业银行向农户免费发放“惠农卡”并进行信贷授信，同时，发挥“惠农卡”一卡通的作用，帮助农民代扣水、电、气、话费，有效解决“三农”贷款难和支付结算难的问题。“惠农卡”和手机银行结合使用，农民持卡不但可以买到饲料、农药、化肥，而且出售农副产品也可以不拿现金，免受假币之苦，且不论卡上进出，都能有手机短信随时提醒，农民信任度较高。

在结算工具的选择上，转账电话这一形式很易被海安县的商户和农民接受。主要原因有以下几点：第一转账电话费用较低，商户只需每月支付10元费用，还赠送一部电话，系统内转账不需支付任何费用；第二转账电话不但可以办理转进业务，而且可以办理转出业务，在农村超市、农副产品收购加工点、农药化肥销售点均可使用。

网上银行在农副产品收购企业也非常受欢迎。不管出售农副产品的是农民还是农民经纪人、企业，不一定要有银行卡，只要在银行开立结算账户，农副产品收购企业就可以直接将款项打到出售人账户。这尤其适合外地的销售企业，原来现金交易的时候，为保证资金安全，老板要亲自送货，现在只要送货员直接将货送到，企业就可直接通过网上银行将款项打到老板账户，老板收到手机短信提醒，通知送货员返回即可。海安家惠油脂是一家规模较大的油菜籽收购加工企业，2010年前8个月收购总额4.8亿元，其中通过网上银行支付货款就有4.3亿元，原来收购旺季每天需数千万元现金，现在只要很少的现金应付门市。

王占军：在阿荣旗，网上银行业务也开始在部分粮食收购企业进行试点，并创新出农业发展银行和工商银行合作结算的新模式：粮食销售企业或农户和粮食收购企业均在工商银行开立账户并开通网上银行业务，农业发展银行向收购企业发放的收购贷款通过工商银行网上银行直接转账到粮食销售企业或农户的账户上，整个资金的流转都是通过网上银行进行的，实现了“农业发展银行—粮食收购企业—收购经纪人—卖粮农户”之间卡对卡的转账。而且农户不需要支付任何的费用，试点的效果还是很不错的。

针对各个村镇支付环境有差异的情况，阿荣旗还实施“一镇（乡）一品、一村一策”，即不同的乡镇使用不同的金融产品，不同的行政村采取不同的支付方式。例如在阿荣旗音河乡，卖粮农户散户多，金额小，且当地农民持有农业银行的信用卡较多，因此采取了转账电话的支付方式。而在地理位置较远但网络条件情况良好、粮食收购量大、农户持有农村信用社信用卡较多的行政村，使用农村信用社的移动POS机实现卖粮款的转账结算。这种灵活的结算方式扩大了非现金支付工具在农户中的使用范围，提高了农户非现金结算意识。

记者：据了解，为推动农村支付服务环境建设，海安县还创建了“快通工程”，请丛勇行长介绍一下这方面的举措。

丛勇：好的。人民银行海安县支行积极推动地方政府成立支付结算“快通工程”创建领导小组，在海安支行下设办公室，由分管行长具体负责全县支付结算“快通工程”各项工作。领导小组制定了《海安县支付结算“快通工程”建设规划》，迅速扩大了ATM和POS等自助设施的布放面，实现乡镇银行网点自助设备全覆盖。至2010年10月末，全县新增ATM 168台；向农户发放惠农卡7.7万余张，激活率达到100%；主要粮油收购企业安装转账电话22台；办理网上银行业务972 796笔，累计金额562.79亿元。

同时“快通工程”建设还建立考核机制，将支付服务环境建设纳入金融生态建设考核范畴，将自助银行、ATM、POS、转账电话、电话银行、手机银行等机具安装和业务发展纳入金融安全机构考核范畴，将农户信用体系建设、支付服务环境建设、公务卡使用等纳入信用乡镇、信用村和信用社区考核范畴，促进了支付服务建设与金融生态建设的同规划、同部署、同落实、同检查、同考核，推动支付服务环境建设向纵深推进。

欧阳卫民：在农村支付服务环境建设过程中，建立人民银行牵头、政府相关部门、涉农金融机构参与的领导小组是十分有效的方式，它能充分借助地方政府统揽全局、协调各方的优势，以政府名义印发工作方案甚至争取到地方财政的补贴或存款倾斜等优惠政策，从而有力推动工作的开展。

从2009年开始，中国人民银行在全国范围内遴选了145个省级改善农村支付服务环境示范县，一年多来，示范县建设取得明显成效。截至2010年10月末，示范县单位银行结算账户共99.67万户，较2009年年末增长14.15%，个人银行结算账户共1.55亿户，较2009年年末增长18.51%。人均持卡量达1.04张，持卡消费金额2 254.42亿元，较2009年年末增长20.5%，特约商户、ATM、POS（非电话POS）、转账电话分别为8万户、1.61万台、8.05万台、19.48万台，分别较2009年年末增长42.35%、19.51%、42.34%、64.46%。

记者：金融机构在支付结算网络建设方面，与以前相比，有哪些进步？

丛勇：在海安县，银行业金融机构加入人民银行支付结算系统的积极性明显提高，对公银行网点加入人民银行大、小额支付系统覆盖率达100%，加入南通同城实时清算系统覆盖率达100%，网上银行交易笔数和金额同比分别增长8倍和3倍。

特别是农村信用合作联社（农村合作银行），自从加入了大、小额支付系统、全国支票影像系统和南通同城清算系统，畅通了结算渠道，增强了竞争力。目前，海安县农村合作银行存、贷款总额在全县金融机构的份额分别达34%和43%。加之华东三省一市汇票、商业承兑汇票等新型结算工具和产品的推行，极大地加速了社会资金周转，提高了资金使用效益，节约企业资金成本50%以上，支撑了县域经济的跨越发展。

王占军：到2010年10月末，阿荣旗支付系统、账户管理系统、公民身份联网核查系统在农村乡镇以上对公业务网点覆盖率达到100%。金融机构共有27家营业网点加入大、小额支付系统，农村信用社除储蓄所外，均加入了大、小额支付系统，通过大、小额支付系统汇划的收购资金占到交易额的90%。除邮政储蓄和各机构的储蓄所外，其余金融机构全部加入账户管理系统。

记者：近些年来，人民银行在健全和延伸农村支付清算系统，畅通结算渠道方面，有哪些举措？

欧阳卫民：人民银行专门为农村信用社、村镇银行等机构提供了多种经济、灵活的接入方式，积极支持其接入现代化支付系统。同时，加快推进农村地区支付服务基础设施建设。一方面督促和指导农村信用社加快基层社和上级联社间网络建设；另一方面批复成立、积极指导、支持和鼓励农信银资金清算中心的发展。

人民银行在推动支付系统不断延伸的同时，进一步发挥支付系统尤其是人民银行小额支付系统的作用。各地人民银行积极协调财政、农委、商务部门、银行机构等相关单位，实现了依托小额支付系统办理各类财政涉农补贴资金直接划拨入户，进一步发挥了该系统的功能，为农户提供了便利。

记者：您刚才谈到了农信银支付清算系统，这个系统大家还不是很熟悉，请您简单介绍一下，它在农村支付服务环境建设中发挥什么作用？

欧阳卫民：农信银支付清算系统是由农信银资金清算中心于2006年组织建设，服务于全国农村信用社、农村信用联社、农村合作银行、农村商业银行的集资金清算和信息服务为一体的支付清算平台，是农村地区支付服务的重要基础设施。该系统架构划分为三层。第一层为农信银资金清算中心，实现各成员机构的数据转接和资金清算功能；第二层为成员机构，即各省级农村合作金融机构，实现成员机构相关业务系统的接入，以及相应支付结算业务资金清算数据的转发功能；第三层为成员机构所属营业网点，主要实现相关支付结算业务数据的录入、发送和业务接收。

批准成立农信银资金清算中心并由其组织建设农信银支付清算系统，是人民银行统筹城乡发展、改善农村地区支付服务环境的一个重要举措。该系统参与机构网点多、覆盖面广，连通城乡支付清算网络的独特发展优势明显。目前，该系统基本覆盖了全国所有农村合作金融机构网点，覆盖了全国从最发达地区到最不发达地区的所有城乡村镇。可以办理农村合作金融机构网点之间的汇兑、银行汇票、个人通存通兑等多种业务。

截至2010年9月底，全国共有27 529家农村信用社、1 231家农村合作银行、1 066家农村商业银行、211家村镇银行接入人民银行支付系统，有效地畅通了农村地区异地汇划渠道。截至2010年10月末，农信银支付清算系统共成功办理各类支付结算业务3 275.22万笔，金额6 607.77亿元，分别比2009年同期增长77.51%和110.51%。

记者：最近几年，农村一直是国家政策扶持的重点。各部门的惠农支农政策大部分需要通过人民银行支付系统得以实现。您能不能谈谈农村支付服务在其中发挥的作用？

欧阳卫民：就人民银行自身而言，自2004年以来，几乎每年都有支农惠农、改善农村支付服务环境的政策措施出台，政策力度逐年加强。不仅如此，人民银行还主动推动改善农村支付服务环境政策措施与其他部门出台的支农惠农政策对接，在配合、支持、促进这些相关政策落实的同时促进自身政策目标的实现，取得了相互促进、相得益彰的效果。这种结合主要有三类：一是结合种粮直补、良种补贴、农机具购置补贴等农业生产补贴政策，二是结合万村千乡、家电下乡、汽车下乡、建材下乡等农民消费促进政策，三是结合新型农村合作医疗、养老保险、生活救助、“五保户”供养等农村社会保障政策。这种结合便利了农民，改善了民生；支持了相应政府部门支农政策的落实，优化了其补贴资金管理；促进了银行结算账户的开立、银行卡的发行与使用以及受理终端的布设。

记者：“十二五”规划建议指出，要实现刺激消费拉动经济增长，在农村支付服务环境建设方面，我们还有哪些需要重点关注和抓紧实施？

欧阳卫民：要落实“十二五”规划建议的政策要求，发挥改善农村支付服务环境的刺激消费作用，需重点关注以下几个方面并抓紧实施：

促进农村地区银行结算账户的开立和使用。一是提高农村地区银行结算账户的普及率，研究农户和农村个体经济组织开立单位银行结算账户的惠农措施。二是加强农村地区银行结算账户管理，防范资金风险。支持符合条件的农村地区银行机构加入人民币银行结算账户管理系统和联网核查公民身份信息系统，实现对农村地区银行机构银行结算账户的非现场监管。

改进农村地区各类专业批发集贸市场的非现金支付方式。在充分尊重原有的交易支付模式的情况下，结合市场发展的实际特点，探索更加高效、更加安全的非现金支付解决方案，有利于促进农产品、农用生产资料、农民生活资料等的交易流通，从而刺激农村居民特别是农民消费。

鼓励农村地区银行卡的发放。在农村地区推广使用银行卡，有利于促进农村消费。特别鼓励发放具有小额融资功能的银行卡，如惠农卡。这类银行卡不仅具有普通银行卡各项功能，还可以满足农民小额资金需求，有利于鼓励农户的生产经营，带动农民增收，进而促进消费。要大力协调相关部门，结合其支农惠农政策推动银行卡的发放。

进一步拓展支付清算网络覆盖面。继续引导农村地区银行机构采取灵活多样的方式接入人民银行现代化支付系统，同时有效推进银行卡的联网通用。根据农村地区的有效需求，合理推进 ATM、POS 机具的布放。鼓励中国银联向农村地区银行机构延伸服务。完善农村地区银行机构内部清算网络建设。鼓励新型农村地区银行机构通过代理方式办理支付结算业务，允许符合条件的新型农村地区银行机构接入人民银行支付系统。

加强银行卡受理市场建设，助力“万村千乡”工程。银行卡受理市场建设，是实现银行卡促进农村消费的关键环节。要通过深化农民工银行卡特色服务、创建“刷卡无障碍示范区”、推动出台农民接受且各方认可的银行卡收费策略等措施加强银行卡受理市场建设。鼓励引导银行机构在“万村千乡”农家店布放电话 POS 等银行卡受理机具，对“万村千乡”工程进而对刺激农村消费形成了有力支持。

进一步加强宣传和培训工作。采取群众喜闻乐见、灵活多样的方式，大力开展宣传工作，真正使支付服务宣传走进千家万户，深入民心。加强对农村金融机构网点人员的培训和辅导，通过不定期举办知识竞赛、开展业务技能考试与岗位练兵等形式，不断提高农村地区金融机构网点人员的宣传和服务水平。加强对村镇银行支付从业人员的业务辅导，促进其支付清算业务的规范发展。

同时还要清醒地认识到，改善农村地区支付服务环境是一个长期、艰巨的任务。当前，要更好地克服困难，加快推进农村支付服务环境建设，还需要进一步健全政策扶持体系，特别是需要财税部门给予更多的支持。

首先，针对农村支付服务基础设施增加难问题，希望财政部门通过适当补贴引导金融机构增加农村支付服务基础设施，发挥财政杠杆作用。其次，针对支付结算业务收费农民接受难问题，希望税务部门通过税收减免或抵扣促使金融机构调低农村支付结算收费，通过将农村特约商户支出的刷卡交易扣费在其税前列支，从而提升特约商户接收银行卡的主动性，促进银行卡的推广使用。最后，也希望金融企业树立全局意识，努力改善农村支付金融服务环境。

中国人民银行《关于改善农村地区支付服务环境的指导意见》明确了农村地区支付服务环境建设的总体量化目标：力争到2012年，农村地区非现金支付量比2009年增长20%，农村地区银行机构建成内部清算网络，能够以电子方式办理跨行支付业务；农村地区人均持卡量1张，持卡消费额占社会零售商品总额达到10%；受理银行卡的商户增长10%；ATM、POS机具在农村地区的布放数量分别达到6万台和24万台，在较贫困的县实现ATM、POS机具布放零突破。我们期望在示范县的带动下，积极稳妥改善农村支付服务环境，尽早实现既定目标。

商业银行与非金融支付服务机构的竞争与合作*

传统的支付服务一般由银行提供，如账户服务、汇款服务、票据交换服务、直接转账服务等。但随着网络信息、通信技术的快速发展和支付服务的不断分工细化，越来越多的非金融机构借助互联网、手机、电视、自助终端等信息技术广泛参与支付业务，提供前端支付、后台操作甚至全过程的支付服务。目前，非金融机构已经成为我国支付服务市场的一支新兴力量，与银行业金融机构形成既合作又竞争的关系，这一关系已经成为影响支付服务市场健康有序发展的重要因素。

第一，非金融机构支付服务拓展了传统支付业务的广度和深度。

互联网产业的发展历史短暂，建立在互联网技术基础上的非金融支付行业发展时间则更短。2004 年，国内各大银行纷纷推出网上银行系统，为电子商务提供网上支付服务，然而市场发现，在网上银行和电子商务之间，还需要一个专门的第三方支付服务环节，以解决网络商户与消费者的网上银行难以对接的矛盾，由此促成了非金融支付服务的迅猛发展。尽管我国第一家非金融支付服务机构最早创立于 1998 年，但真正意义上呈规模增长的非金融支付服务始于 2005 年，其发展到目前不过短短 6 年。

最初出现的非金融支付服务机构大多数是凭借独特的技术专长来延伸银行的网上支付，通过与各家银行合作提供网关接入，实现网络商户与消费者的网银链接。这种模式较为简单，随着服务提供者增多，产品同质化日益严重，且随着网上银行互联互通的实现，非金融支付服务机构也逐渐发现，单纯提供链接的价值空间日渐缩小，支付服务在建关搭网辅助交易之外还具有自身独立的巨大商业价值，从而纷纷开始了支付行业的深耕细作。一方面，在服务电子商务的同时，也大力开拓公用事业、电信、航空、教育、网游产品、保险、基金等行业的支付服务，不断地拓展行业应用；另一方面，在继续拓展在线支付的同时，也不断地开发线下支付。其创新重点不在于创造新的支付形式，而在于解决企业、公众日常支付行为中的不便之处，为效率低下的支付链条提供“断点”续传服务。从而使得现代支付服务的广度和深度得以不断地延伸，有力地推进了各种支付领域

* 根据作者 2011 年 4 月 22 日在“人民银行和商业银行支付服务与政策协商第十次会议”上的讲话整理而成。

的电子化水平，大大方便了人们的生产生活。实践证明，非金融支付服务机构运用电子化手段提供支付服务，大大丰富了服务方式，拓展了银行业金融机构支付业务的广度和深度，提高了支付服务的效率，有效缓解了因银行业金融机构网点不足等产生的排队等待、找零难等社会问题，更好地满足了企业和个人的支付需求。

第二，积极引导银行与非金融支付服务机构开展有序竞争。

非金融支付服务机构进入支付服务市场，增加了服务主体和支付渠道，打破了银行业金融机构专营支付服务的局面，引入了竞争。这种竞争涵盖两个层面。一是非金融支付服务机构特别是第三方的网络支付平台通过向客户提供账户，可以在局部领域完全摆脱银行业金融机构，独立完成了基于其自身账户体系的一个完整支付过程，从而在个别领域形成了对银行业金融机构支付服务的完全替代。二是非金融支付服务机构通过设置网关、布放 POS 机具或其他自助终端等方式接入到银行业金融机构的支付网络中，延伸、细化和承接了部分传统支付业务环节，从而在与某些银行机构合作完成支付的同时，在这些环节上构成了对其他银行机构的业务竞争。

竞争的引入带来了支付服务市场的不断创新。目前，这种创新主要表现在支付渠道、支付媒介和产品服务等三个方面。在支付渠道创新方面，非金融支付服务机构主要依托互联网、移动通信网、广播电视网等网络提供支付服务，从而在中央银行和银行机构专用网络之外，提供了新的支付渠道和网络。在支付工具的创新方面，非金融支付服务机构除了使用银行存款作为支付媒介之外，还推出一种新的支付媒介，即人们通常说的预付价值，从而大大推动了我国支付工具向无形化、电子化方向发展。在支付服务产品方面，非金融支付服务机构借助开放的支付网络、创新的支付媒介不断进行支付服务产品创新，为客户提供了多样化、差异化和个性化的支付服务，更好地契合了信息时代各类企业和社会公众的多样化、专业化、高效率的资金收付及归集管理需求。

良性的市场竞争会带来服务质量和效率的提升，但是，无序的竞争却会导致市场的混乱和畸形，最终损害服务质量和效率。当前，影响竞争秩序的关键问题是支付服务价格。就目前政策来看，支付结算类的收费，除了几类基本业务属于政府指导价外，绝大多数项目是市场调节价。但是市场化并不等于滥收费和不收费。当前，个别支付服务项目收费过高，用户有意见；但也有个别服务机构收费过低，甚至免费，同行有意见。这些所谓的“市场化”服务收费，尤其是免费政策违背了基本的成本收益原则，不是真正的市场行为，是不公平的竞争策略，也不利于整个支付行业的可持续发展。因此，各类支付服务机构应本着覆盖成本原则，合理定价，要充分尊重市场规律，积极、有序地开展市场竞争。

第三，进一步深化银行与非金融支付服务机构的业务合作。

尽管非金融支付服务机构在一定程度上与银行业金融机构存在竞争关系，但是，二者之间更多的、更主要的还是合作关系。这种合作目前主要表现在三个方面：一是客户备付金管理。作为非金融性质机构，非金融支付服务机构所接受的客户备付金必然要存放于银行机构。因此二者产生了资金存放与托管的合作关系。二是支付业务系统的连接。为了传输银行客户通过非金融机构支付平台发起的支付指令，银行机构的支付业务系统必然要开放接入端口，允许非金融支付服务机构业务处理系统连接，由此二者也存在系统互联的合作关系。三是支付服务解决方案开发合作。为了更好地满足不同企业、不同行业、不同市场的个性化支付需求，一些非金融支付服务机构与银行机构加深合作，发挥各自的优势，共同开发一些个性化、专业化的支付解决方案，形成了一种更为紧密的产品开发合作关系。

在业务方面，非金融支付服务机构与银行业金融机构各具优势。非金融支付服务机构优势在于更贴近客户特别是中小商户的需求、更具有开拓性和创新性、更注重和善于改善客户体验以及体制机制更加灵活等，而银行业金融机构的优势在于具有成熟的账户管理经验和制度、具有丰富的支付结算人才储备、可靠的信息安全管理能力、稳健的内控制度等。这两类机构的优势具有较强的互补性，具备良好的合作基础。二者的合作将有助于更好地服务客户、拓展市场、提高效率，同时也有助于更好地加强客户备付金管理、信息安全管理和内部控制，实现互利共赢，共同发展。

从非金融支付服务机构的服务领域和市场份额来看，目前非金融支付服务机构只是银行业金融机构的补充，合作仍然是二者关系的主要方面。必须进一步深化银行与非金融支付服务机构的互利合作，以便发挥各自优势，丰富支付产品，提高服务水平。

非金融机构支付服务的创新与监管*

近年来，随着网络信息技术的快速发展和应用，支付服务不断细化，越来越多的非金融机构借助互联网、手机等信息技术广泛参与支付服务市场。这些非金融机构顺应电子商务发展以及社会公众支付偏好变化带来的新需求，与银行机构既竞争又合作，不断提出和创新支付服务解决方案，为企事业单位和个人提供多样化、差异化、个性化的零售支付服务。据初步统计，2008 年非金融机构为客户共办理支付业务约 185 亿笔，金额约 11.5 万亿元。虽然非金融机构的支付服务主要集中在零售支付领域，其业务量与银行机构提供的支付服务量相比还很小，但其服务对象非常多，影响极为广泛。截至 2010 年第一季度末，共有 260 家非金融机构法人向人民银行提交了支付业务登记材料，其中多数从事互联网支付、手机支付、电话支付以及发行预付卡等业务。非金融机构参与支付服务市场，既带动了我国支付服务市场的创新和发展，也带来了新的风险，监管问题日益凸显。

一、非金融机构的支付服务创新

为在激烈的市场竞争中取得立足之地，非金融机构发挥自身比较优势，努力寻求和创造新的利润增长点，在支付渠道、支付工具和产品服务等方面进行了一系列创新。

一是支付渠道和网络的创新。目前，中央银行和商业银行在提供支付服务时，一般依托专用的通信网络。例如，人民银行的跨行支付系统依托金融城域网和支付系统专网；商业银行的国内支付结算业务一般依托专用网络，国际支付结算业务一般依托 SWIFT 网络。相形之下，非金融机构在提供支付服务时，主要依托互联网等公共网络，并且通常支持移动通信和远程接入方式，从而使得支付渠道更具开放性，支付服务终端的选择更为灵活。

二是交易媒介和支付工具的创新。中央银行提供跨行支付服务使用的

---

* 本文原载于《中国金融》2010 年第 15 期。

中央银行货币（在中央银行的存款），银行机构提供支付服务使用的商业银行货币（在商业银行的存款）。非金融机构在提供支付服务时，除了使用银行存款作为交易媒介外，还创造出一种新的交易媒介，即人们通常所说的预付价值。例如，目前资和信公司、市政交通一卡通公司发行的预付卡，代表的就是一种有别于银行存款的新的价值形式。同时，非金融机构发行预付卡丰富了我国支付工具的种类，而其提供的网络支付服务则直接推动了我国支付工具向无形化、电子化、数字化方向发展。

三是支付服务产品的创新。借助开放的支付网络、创新的交易媒介和支付工具，非金融机构不断进行支付服务产品创新，为客户提供了多样化、差异化和个性化的支付服务，更好地契合了互联网用户、手机用户、银行卡用户等不同客户群体的支付服务需求。例如，借助网络支付，大企业、大集团可以更为有效地进行资金归集和管理；通过“西联”和“速汇金”，境内居民个人可以快速地进行跨境外币汇款；非金融机构提供银行卡收单服务，延伸了银行卡服务网络，改善了我国银行卡受理环境。

实践证明，非金融机构进行的一系列支付服务创新，拓展了银行支付服务的广度和深度，填补了银行支付服务可能存在的空白，有效缓解了银行柜台排队、现金找零等难题。同时，非金融机构的支付服务创新打破了银行支付服务同质化的倾向，带动和促进了整个支付服务市场的创新，提高了支付服务效率，增加了消费者福利。此外，非金融机构支付服务的多样化、差异化、个性化等特点较好地满足了电子商务企业和居民个人的支付需求，促进了电子商务和信息经济的发展，在刺激消费、扩大内需、促进经济增长方式转变等方面发挥了积极的作用。

二、非金融机构提供支付服务存在的主要风险

随着支付服务范围和规模的不断扩大、新型支付工具的推广应用以及市场竞争的日趋激烈，非金融机构在提供支付服务时也产生了新的风险，需要高度重视并及时加以解决。

一是客户合法权益的保障问题。一些非金融机构在提供支付服务时，通过向客户收取备付金等方式，形成了数额可观的沉淀资金，存在被挪用或投资于高风险资产的风险隐患。同时，少数预付卡发卡机构存在单方设定预付卡的有效期、限定客户预付卡的赎回条件等行为，此类“霸王”条款损害了客户的合法权益。

二是支付服务平台滥用问题。随着金融机构监管工作不断加强，一些

不法分子开始利用非金融机构支付服务平台从事赌博、诈骗等违法犯罪活动。同时，一些非金融机构在预付卡业务中存在匿名发卡、乱开发票等不规范行为，客观上为偷税逃税、行贿受贿等违法行为提供了便利，侵蚀了财政收入，败坏了社会风气。

三是业务系统安全问题。一些非金融机构忽视支付业务系统的安全性和可靠性，缺乏必要的应急处理设施和方案，应对和处理危机的能力较差，业务连续性缺乏保障。这不仅导致支付业务的差错率较高，影响支付的安全和效率，而且存在网络黑客盗用资金、内部人员勾结作案等安全隐患。

四是专业队伍建设问题。支付服务业本质上是一个知识密集型行业，不仅要求从业者具有支付结算、法律和科技等方面的专业知识，而且要求其具有较高的诚信水平和职业道德。目前，我国非金融机构支付专业队伍的素质参差不齐，整体水平还不太高，需要大力加强业务培训和专业队伍建设。

三、依法加强对非金融机构支付服务市场的监管

支付服务业作为从事资金转移服务的专门行业，不仅涉及客户的切身利益，而且事关整个支付系统的安全以及金融市场的健全，必须依法严加监管。

（一）非金融机构支付服务市场监管的指导思想

在非金融机构支付服务市场发展较早、较快的一些国家，近年来对这类市场的监管指导思想逐步从偏向于“自律的放任自流”向偏向于“强制的监督管理”转变。目前，美国、欧盟等经济体主要采取实行业务许可、设置必要的准入门槛、建立检查和报告制度、提供资产担保等措施对支付服务市场进行监管，以规范支付服务行为，保护客户合法权益，维护市场正常秩序。

在我国，非金融机构支付服务虽然起步较晚但发展非常迅速，简单采取“放任自流”或者“围追堵截”的监管方式，既不利于支付服务市场的和谐与稳定，也不利于支付服务市场的创新和发展。按照党中央、国务院关于“大力发展金融市场，鼓励金融创新”、“加强风险管理，提高金融监管有效性”的要求，我国非金融机构支付服务市场的监管应遵循“促进创新与规范发展并重”的原则。

"规范发展"主要是指建立统一的非金融机构支付服务市场准入制度和严格的监督管理机制。保证不同机构从事相同业务时遵循相同的规则，防止不正当竞争，保护当事人的合法权益，维护支付服务市场稳定运行。

"促进创新"主要是指坚持支付服务的市场化发展方向，鼓励非金融机构在保证安全的前提下，以市场为主导，不断创新，更好地满足社会经济活动对支付服务的需求。

（二）非金融机构支付服务市场的监管重点

为促进支付服务市场健康发展、规范非金融机构支付服务行为，在组织开展非金融机构支付服务登记、广泛征求社会各方面意见和建议、充分学习借鉴国际经验的基础上，人民银行于2010年6月14日发布了《非金融机构支付服务管理办法》（以下简称《办法》）。根据《办法》规定，我国将重点从以下方面加强对非金融机构支付服务市场的监管。

一是建立支付业务许可制度。对支付服务实施业务许可，是欧美等国家监管支付服务市场的通行做法。在我国，对非金融机构提供支付服务实施支付业务许可，建立公平、公开、公正的市场准入标准，有利于切实保护社会公众的合法权益、防范和化解支付结算风险、促进支付服务市场的可持续发展。根据国务院关于"建立公开平等规范的服务业准入制度，鼓励社会资本进入"等工作要求，依据《中国人民银行法》等法律法规，经国家行政审批部门认定，人民银行决定对非金融机构支付服务实行业务许可制度，未经人民银行批准，任何非金融机构和个人不得从事或变相从事支付业务。另一方面，人民银行不对支付业务许可证的发放实行数量限制，无论是国有资本还是民营资本的非金融机构，只要符合《办法》的规定，都可以按程序申请取得支付业务许可证。

二是保障客户备付金的安全。客户备付金是指客户自愿委托支付机构保管的、只能用于办理客户委托的支付业务的货币资金。为保护客户备付金的安全，《办法》作出了如下规定：（1）明确备付金的性质。支付机构接受的客户备付金不属于支付机构的自有财产。支付机构只能根据客户发起的支付指令转移备付金。禁止支付机构以任何形式挪用客户备付金。（2）限定备付金的持有形式。支付机构必须选择商业银行作为备付金存管银行，专户存放接受的客户备付金。（3）强调商业银行的协作监督责任。商业银行作为备付金存管银行，应当对存放在本机构的客户备付金的使用情况进行监督，并有权对支付机构违反规定使用客户备付金的申请或指令予以拒绝。（4）突出人民银行的法定监管职责。人民银行将依法对支付机构的客户备付金专用存款账户及相关账户等进行现场检查。(5) 将客户备付金与实缴货币资本挂钩。支付机构的实缴货币资本与客户备付金日均余额的比例不得低于10%。

三是加强对申请人资质的管理。为建立统一规范的支付服务市场准入秩序，强化非金融机构支付服务的持续发展能力，《办法》明确规定了非金融机构申请成为支付机构应具备的资质条件，主要包括：(1) 商业存在。申请人必须是在我国依法设立的有限责任公司或股份有限公司，且为非金融机构法人。(2) 资本实力。申请人申请在全国范围内从事支付业务的，其注册资本至少为1亿元；申请在同一省（自治区、直辖市）范围内从事支付业务的，其注册资本至少为3 000万元人民币，且均须为实缴货币资本。(3) 主要出资人。申请人的主要出资人均应符合关于公司制企业法人性质、相关领域从业经验、一定盈利能力等相关资质的要求。(4) 资信要求。申请人及其高管人员和主要出资人应具备良好的资信状况，并出具相应的无犯罪证明材料。此外，考虑支付服务的专业性和安全性要求等，申请人还应符合组织机构、内控制度、风控措施、支付业务设施、营业场所等方面的规定。当支付机构不再符合《办法》的规定时，应按规定退出支付服务市场。

四是要求支付机构依法合规经营。支付机构应遵循安全、效率、诚信和公平竞争的原则，不得损害国家利益、社会公共利益和客户合法权益。(1) 履行反洗钱义务。支付机构应在客户发起的支付指令中记载收、付款人及其开户银行（或支付机构）的名称等事项，按规定核对客户的有效身份证件或其他有效身份证明文件，并登记客户身份基本信息。(2) 合规开具发票。支付机构接受客户备付金时，只能按收取的支付服务费向客户开具发票，不得按接受的客户备付金金额开具发票。(3) 信息披露要求。支付机构应公开披露其支付业务的收费项目、收费标准以及支付服务协议的格式条款，并报所在地中国人民银行分支机构备案。(4) 审慎经营要求。支付机构应制订支付业务办法及客户权益保障措施，建立健全风险管理和内部控制制度，并报所在地中国人民银行分支机构备案。

五是明确监管体制和法律责任。《办法》明确规定，支付机构依法接受人民银行的监督管理。人民银行依法对支付机构的公司治理、业务活动、内部控制、风险状况、反洗钱工作等进行定期或不定期现场检查和非现场检查。人民银行依法对支付机构的违规行为进行处罚。同时，为确保《办法》的有效实施，《办法》明确规定了人民银行的工作人员、商业银行以及支付机构违反有关规定应当承担的法律责任。例如，《办法》规定，任何非金融机构和个人未经中国人民银行批准擅自从事或变相从事支付业务的，或者支付机构超出《支付业务许可证》有效期限继续从事支付业务的，均由人民银行责令其终止支付业务；涉嫌犯罪的，依法移送公安机关立案侦查；构成犯罪的，依法追究刑事责任。

《办法》的制定和实施，是人民银行依法加强对非金融机构支付服务市场监管、鼓励金融创新、发展金融市场、维护金融稳定和社会稳定的一项重要举措。在此基础上，人民银行将抓紧制定《办法》实施细则及相关业务办法，并会同工商、公安等有关部门组织开展相关专项检查，以建立健全支付服务市场监管体系。可以预见，《办法》的及时发布及其有效实施，必将对我国支付服务市场的创新乃至我国经济社会的发展产生积极而深远的影响。

我国零售支付的创新与监管

按照支付活动的参与主体、应用范围和涉及金额等标准划分，支付一般分为零售支付和批发支付。零售支付一般发生在消费者之间、消费者与企业之间或者企业之间，而批发支付仅发生在企业之间。尽管批发支付和零售支付之间没有明确的划分界限，但通常来说，零售支付与批发支付相比，交易量比较大，平均金额比较小，对业务处理的时效性要求也比较低。零售支付与广大社会公众的日常生活密切相关，其安全和效率也将对消费者信心甚至金融稳定产生影响。在零售支付的发展过程中，创新是非常重要的内在动力。由于创新会潜在地从不同层面促进提高市场效率，与之有关的法律框架、基础设施、安全规范等必须相应改进，这是零售支付市场各参与者必须共同面对的问题。

一、我国零售支付的发展现状

近年来，中国政府高度重视支付体系建设，支付体系快速发展，取得了积极成果。在支付结算法律基础方面，结合中国国情并借鉴国际惯例，从促进市场竞争和规范管理相结合的角度，制定了较全面的支付结算管理制度；在支付服务组织方面，中国人民银行和银行业金融机构为主体，非银行支付服务组织作为重要组成部分；在支付工具方面，继续发展包括支票、汇票、本票和银行卡在内的传统支付工具，同时新兴电子支付方式也取得快速发展，适应多种经济活动和消费性支付的需要；在支付清算系统方面，以中国人民银行现代化支付系统为核心，各银行行内系统为基础，票据支付系统、银行卡支付系统、境内外币支付系统和非金融支付服务组织业务系统并存，构成了覆盖全国的支付清算网络体系。在支付体系中，零售支付的发展成为最积极、最具活力的部分，主要体现在以下两个方面：

（一）零售支付方式

零售支付方式总体上可以分为现金支付和非现金支付。现金是社会公众最为熟知的支付工具，但随着非现金支付工具的广泛应用，现金在日常支付中的使用逐步减少。与现金支付相比，非现金支付以其安全、便捷、易携带、可远程操作等优势，在零售支付领域得到了越来越多的认可和使用，对现金支付产生了较为明显的替代作用。统计显示，流通中现金（M_0）余额与 GDP 之比呈现逐年下降趋势。2001 年，M_0 与 GDP 之比为 14.3%，到 2009 年该比值下降到 11.3%，年均下降 0.38 个百分点。

非现金支付可以分为传统非现金支付方式和新兴电子支付方式两大类。传统的零售支付方式包括支票、银行本票、银行卡和定期借记业务等。2009 年，全国共发生支票业务 8.54 亿笔，金额 248 万亿元；银行本票业务 636 万笔，金额 7.5 万亿元；银行卡业务 196 亿笔，金额 166 万亿元；定期借记业务 2 080 万笔，金额 9 426 亿元。从结构上看，银行卡在零售支付领域发挥主体作用；支票主要为企事业单位使用，个人支票使用较少。从趋势上看，支票的使用量有所下降；银行卡成为个人消费使用最频繁的支付工具。截至 2009 年年末，全国累计发行银行卡超过 20 亿张，同比增长 14.8%。银行卡消费金额（剔除房地产、大宗批发等交易）在社会消费品零售总额中的占比首次突破 30%；银行本票和定期借贷记业务发展较为平稳。

随着网络和信息技术的广泛应用，新兴电子支付方式不断涌现，其中，网上支付、电话支付和移动支付成为新兴电子支付方式的代表。2009 年，我国商业银行网上支付、电话支付和移动支付合计 56 亿笔，金额 357 万亿元，其中网上支付业务居于主体地位，其笔数和金额占比分别为 90% 和 98%。此外，值得关注的是电子货币的兴起和发展。电子货币是借助电子信息技术实现支付媒介由银行存款转为预付非银行存款资金的支付方式。目前，中国国内的电子货币包括卡基电子货币和网基电子货币，卡基电子货币较多地应用于某一城市或某一行业，在城市范围内可以多用途使用，广泛应用于公交、餐饮、商场等；在行业范围内可以跨地区使用，广泛应用于汽车加油等。国内网基电子货币主要有两种形式：一是第三方支付平台中的电子货币；二是各大网络服务提供商发行的电子货币。据估计，中国国内网基电子货币正以年均 15% ~20% 的速度增长。除了电子货币外，中国国内单用途储值卡的应用十分广泛，有效活跃了零售支付活动，助推了零售支付的快速发展。

（二）零售支付系统

目前，我国已经建成了包括小额批量支付系统、全国支票影像交换系统、网上支付跨行清算系统、银行卡跨行支付系统、同城票据交换系统、银行业金融机构行内支付系统以及非金融支付服务机构业务系统等在内的较为完善的零售支付服务网络。其中，小额批量支付系统、全国支票影像交换系统、网上支付跨行清算系统和绝大部分的同城票据交换系统由中国人民银行建设运行。

中国人民银行于2006年6月在全国推广运行了小额批量支付系统。该系统是一个延时净额支付系统（DNS），支付指令批量发送，轧差净额定时结算，可以支持多种支付工具的应用。小额批量支付系统实行7×24小时连续运行，主要为社会公众提供多种类、低成本、大业务量的支付清算服务，满足社会公众日常消费性支付需求。

全国支票影像交换系统是运用影像技术实现纸质支票截留的支票清算系统，于2007年在全国推广运行。该系统用于处理银行机构跨行和行内的支票影像信息交换，资金结算通过小额批量支付系统处理。全国支票影像交换系统通过变革传统的支票清算模式，提高了清算效率，并能有效支持支票全国通用。

网上支付跨行清算系统于2010年8月建成运行，系统主要支持商业银行客户通过在线方式发起的支付业务，业务处理采取实时传输及回应机制。以该系统为依托，客户通过商业银行的网上银行可以足不出户地办理多项跨行业务，并可及时了解业务的最终处理结果。网上支付跨行清算系统的建成运行，有利于提高网上支付的跨行清算效率，便利客户财富管理，支持并促进电子商务的快速发展。

银行卡跨行信息交换系统由中国银联负责运行，专门处理银行卡跨行交易信息转接和交易资金清算业务，具有借记卡和信用卡、密码方式和签名方式共享系统资源等特点，为境内外人民币银联卡跨行业务的集中、高效处理提供了技术保障，其资金结算通过大额支付系统处理。

同城票据交换系统是基于纸质票据的零售支付系统，主要处理支票、本票、汇票、委托收款等各类纸基支付凭证的交换、清分和轧差清算。作为我国最传统的零售支付系统，同城票据交换系统在支持同城跨行支付清算中发挥了积极作用。

银行业金融机构行内支付系统是我国零售支付服务网络中最基本的组成部分，并直接面向社会公众提供支付服务。近年来，各银行业金融机构适应市场发展需要，相继建成了功能更加完备的行内支付系统，主要特征是集中处理业务数据、提高风险管理水平和加强内部控制程序。顺应电子支付、电子商务的发展潮流，网上银行系统成为银行机构行内支付系统的重要组成部分。

非金融支付服务机构的业务系统主要是以互联网为媒介，直接面向社会公众提供灵活多样的专业化支付服务，较好地适应了电子商务的发展需要，在引导社会公众支付习惯、便利支付活动等方面发挥了积极作用。目前，非金融支付服务机构的业务发展主要采用第三方支付模式，实现从消费者、商业银行到商家的在线支付及其他增值服务功能。

二、影响零售支付市场发展的主要因素

（一）科技进步

近年来，中国国内支付产业的快速发展得益于科技的进步，使得支付业务具有越来越明显的科技特征，这也符合支付业务的国际发展趋势。科技进步提升了支付业务处理的电子化处理水平，实现了支付业务的“效率”目标，因此融合了技术进步的支付工具得到了社会公众的青睐。具体到零售支付而言，银行卡支付、网上支付、电话支付、移动支付和电子货币等，无一例外地需要借助网络通信技术才能畅通办理。可以说，技术进步丰富了零售支付的种类和形式，使得零售支付的便捷性有所提高。

（二）社会需求

零售支付的市场需求较多地来自于自然人个体，但自然人是否接受先进的零售支付却受很多因素的影响。首先是零售支付要具有便捷性和经济性，既方便又快捷，成本又不高，社会公众就愿意接受。其次是安全性，零售支付使用不安全，社会公众的支付权益得不到有效保障，使用者心存顾虑，就会降低接受零售支付的积极性。再次，是零售支付受理终端的普及性。受理终端的普及性影响零售支付便捷性，例如想使用银行卡，却没有受理终端；想使用网上支付，却不能接触互联网，这些同样影响社会公众的有效需求。最后，是零售支付的使用规模，这一点与社会公众的从众心理有关，零售支付的使用往往是渐次达到规模，在这其中社会公众的“口碑”效应和应“试”心理发挥了很大作用。社会公众看到了零售支付的使用，才准备自己尝试，尝试之后，感觉好才介绍给他人使用。因此，零售支付市场的发展通常需要一个撬动和培育过程。

（三）市场竞争

零售支付需要市场化推动，但市场化的发展程度需要根据具体情况具

体控制。零售支付因为业务零散，金额小，因此业务发展初期得不到金融机构的重视，部分金融机构往往把主要精力投入到利润较高的公司业务中，而忽视了零售业务，特别是零售支付的发展，因此出现了经营过程中对零售业务的外包或“荒地”情形，间接地培育了非金融机构经营零售支付的积极性。随着经济社会的发展，特别是人均收入的提高，自然人等社会公众积极参与到社会支付活动中来，引发了对零售支付的庞大需求，此时金融机构“拓荒”零售支付市场，出现了金融机构与非金融机构共同竞争的情况。零售支付市场的这种发展需要遵循规范与发展并重的原则继续加以引导。为实现规模经济，随着市场并购和融合，零售支付活动将逐渐向少数机构或处理中心集中，零售支付平台呈现出集中化、标准化的趋势。

（四）政府引导

近年来，党和政府对于支付体系建设给予了高度重视，许多纲领性文件都涉及中国的支付体系发展规划。例如，2003 年，党的十六届三中全会通过的《关于完善社会主义市场经济体制若干问题的决定》中明确要“建立和完善统一、高效、安全的支付清算系统”；2006 年，十届人大四次会议批准的我国《国民经济和社会发展第十一个五年规划纲要》提出要“完善支付结算体系，提高支付清算效率；健全金融市场的登记、托管、交易、清算系统”；2008 年 12 月，针对金融危机对经济金融的影响，国务院办公厅发布的《关于当前金融促进经济发展的若干意见》中要求“进一步丰富支付工具体系，提高支付清算效率”，“加快金融服务现代化建设，全面提高金融服务水平”；同月发布的《关于搞活流通扩大消费的意见》中明确提出要进一步促进银行卡使用，进一步提高金融服务效率；2009 年 12 月，国务院办公厅发布的《关于加快发展旅游业的意见》中要求“积极开展旅游在线服务、网络营销、网络预订和在线支付”，“探索开发适合旅游需要的金融产品，增强银行卡的旅游服务功能”。这些政策对促进零售支付发展产生了积极的引导作用。

三、中央银行应在零售支付发展中发挥积极作用

中央银行在一国支付体系发展中的重要作用已被广泛认可。一般来说，中央银行在本国支付体系发展中承担多重角色，一是监督者，重点关注支付系统的安全与效率，以维护社会公众对货币及其转移机制的信心；

二是促进者，通过与其他管理部门沟通协调，促进支付体系的发展；三是支付服务提供者，中央银行作为银行的银行，直接向银行机构提供支付清算服务。但长期以来，各国中央银行对支付体系的管理重在大额支付系统，对零售支付关注较少。

自20世纪90年代以来，随着科学技术水平的不断提高、社会公众的支付需求日益多样化等因素的影响，零售支付市场分工逐渐细化，新的零售支付服务提供者不断出现，零售支付产品也不断创新，零售支付系统取得快速发展。零售支付已成为各国支付体系越来越重要的组成部分。零售支付的发展对满足多样化的支付需求、提高支付效率产生了积极作用，但也产生了一些新的问题：例如通过零售支付系统办理支付结算的最终性如何保证？如何保护存款人和消费者的正当权益？如何防范零售支付中因数据安全、欺诈、业务外包、洗钱等引发的操作风险？非银行支付服务提供者可否在央行开设账户？如何维护零售支付市场的政策透明度和有效竞争？有关部门如何制定对零售支付的监管政策框架？由于零售支付与广大社会公众的日常生活密切相关，其安全和效率也将对消费者信心甚至金融稳定产生影响。因此，各国中央银行越来越关注零售支付系统的安全和效率。从部分发达国家的情况来看，其中央银行对零售支付发展主要采取以下政策：一是扫除零售市场发展和创新的法规障碍，以适应业务发展需要；二是关注零售支付服务、工具的发展，培育公平竞争的市场；三是从公共利益的角度，关注重要零售支付系统的安全标准、操作标准和基础设施，并对其安全和效率情况进行评估；四是在适当条件下对特定零售支付市场提供央行服务，确保零售支付系统的效率与安全。

四、中国人民银行促进零售支付发展的主要措施

一是建设并运行零售支付系统。传统经济理论认为，在市场经济中，通过自由竞争，供给和需求依靠价格杠杆能够达到均衡，竞争的结果会促进创新，提高效率，降低成本，改进社会福利。但支付服务市场是一个很特殊的市场，提供支付服务的机构需要构建广泛而复杂的支付清算网络，具有典型的网络外部性、规模经济、标准化服务等网络经济特征，率先进入者会建立起很强的优势地位。基于中国的实际情况，如果依靠市场竞争来构建覆盖全国的支付网络，不仅耗费的时间很长，协调成本很高，也会产生很大的资源浪费。因此，由中央银行运用公共资源建设全国性跨行支付系统，可以在较短的时间内以较低的成本实现这一目标，也有利于发挥

后发优势，减少协调成本，加快中国支付体系的现代化进程。实践证明，中国人民银行近年来建设的小额支付系统、支票影像交换系统、网上支付跨行清算系统等零售支付系统，较好地适应了社会支付需求，也得到商业银行和广大企业、老百姓的普遍认同。

二是积极引导、催化非现金支付工具的发展。长期以来，中国人民银行一直致力于非现金支付工具的推广，鼓励转账结算，减少现金使用。在票据方面，中国人民银行通过建设全国支票影像系统，实现支票全国通用。依托小额支付系统，变革银行本票的业务处理流程，优化银行本票的安全机制和资金清算机制，使银行本票这一传统支付工具重新焕发活力。在银行卡方面，中国人民银行会同有关部门联合出台促进银行卡产业发展的若干意见，积极推动银行卡持续快速发展。发布银行卡受理市场发展的指导意见，明确银行卡受理市场建设的基本政策，规范和促进银行卡受理市场发展。专门设计开发农民工银行卡特色服务，加大对弱势群体的金融服务，切实解决农民工汇款难的问题。积极推动公务卡应用，提高政府支付透明度。在电子支付方面，出台专门的电子支付指引，引导网上支付、电话支付、移动支付等电子支付业务快速规范发展，保障电子支付当事人的合法权益。

三是进一步加强对非现金支付工具的监督管理。针对支付工具使用中存在的欺诈行为，中国人民银行积极行动，采取有效措施，打击和防范违法犯罪行为，维护社会公众的支付权益和支付信心，保障支付活动的正常进行。会同公安部门联合组织开展打击银行卡违法犯罪专项行动，取得明显成效。商业银行风险管理和案件防范水平以及社会公众安全用卡意识和技能得以提高，银行卡违法犯罪联合防控机制初步形成，特别是一批银行卡违法犯罪大案要案被集中、迅速侦破，有力打击了犯罪分子的嚣张气焰，净化了用卡环境。

四是加强对非金融支付服务机构的监督管理。近年来，中国出现许多提供支付清算服务的非金融机构，通过非金融机构提供的支付清算服务，丰富细分了支付服务种类，提高了支付服务效率和质量，调整了支付服务市场格局，促进了支付服务市场竞争，非金融机构也因此成为中国除中央银行和银行机构等传统支付服务组织之外的重要新兴力量。但非金融机构支付服务的运行也存在一些新的问题和风险，例如业务创新风险、资金清算风险、操作风险、道德风险等。为促进支付服务市场多元化、可持续发展，维护社会公众的合法权益，中国人民银行于2010年发布了《非金融机构支付服务管理办法》，按照规范发展与促进创新的原则，积极引导支付清算组织规范发展，鼓励其不断提高服务创新水平，推动我国支付服务的市场化发展进程。

五、零售支付发展对中央银行监督管理的挑战

零售支付广阔的发展前景吸引了广大的竞争者积极参与，在产品种类、处理渠道、技术解决方案等方面也不断创新，对满足多样化的支付需求、提高社会支付效率产生了积极作用，但也产生了一些新的问题，对各国中央银行支付体系监督管理带来了很大挑战。从我国零售支付发展的实际情况来看，主要有以下具体问题：

第一，农村的支付环境相对落后。中国地域广阔，经济发展不平衡，地区差距和城乡差距较大，并呈现出区域化发展特点。这给各类支付系统推广、非现金支付工具的应用和普及工作带来较大的难度。广大农村地区基础设施建设相对滞后，金融服务网点相对较少；地市城市以下人口对非现金支付认同感不高，现金支付传统习惯不易改变。以银行卡为例，中国的银行卡人均拥有量近两张，但绝大多数持卡人集中在大城市，中小城市持卡消费习惯尚未形成。在改善农村地区支付结算环境方面，人民银行做了不少工作，如支持和指导农村信用社等农村金融机构接入大、小额支付系统，开展农民工银行卡特色服务等，取得一定的效果，但非现金支付工具推广工作面临的任务还很重。

第二，非金融支付服务机构业务发展需进一步规范。在非金融支付服务组织等机构的积极推动下，电子支付服务市场发展非常快，新的创新产品不断涌现，各种支付工具品种繁多，竞争也越来越激烈。存在的问题，一是法规制度不健全，包括市场准入、风险管理等方面的规则还需要进一步完善；二是相互之间不兼容，办理不同的业务需要到不同的服务机构，收费定价也不规范，甚至有强制交易和欺诈问题；三是信用基础不完善，一些非金融机构以开设集合账户的方式向社会公众提供支付服务，形成了大量的沉淀资金，在安全防范机制和防范手段、内部控制等方面还存在漏洞，存在道德风险；四是单一用途储值卡在逐步向多用途转变、向多领域渗透，潜在的资金风险、欺诈风险都在增加。

第三，零售支付的一体化发展需要进一步协调和促进。经济金融的一体化要求统一的支付体系，统一的支付体系促进经济金融的一体化。随着零售支付的不断发展，支付工具、支付网络、组织机构、制度标准以及市场安排的复杂程度也将逐步增加；同时，各零售支付系统之间的相互联系

日益密切，在降低处理成本、提高处理效率的同时，风险在多个系统之间快速传播的可能性也相应增加，必须加强对零售支付各要素之间的发展进行协调和规划，更好地发挥协同效应，构建统一的监督框架。

六、中国人民银行对零售支付发展的政策方向

由于零售支付与广大社会公众的日常生活密切相关，其安全和效率也将对消费者信心甚至金融稳定产生影响。在对零售支付的监督管理中，要以保护消费者的合法权益为指导思想，以安全、高效、经济、便利为目标，从防范风险、规范发展、公平竞争等方面着手，确保零售支付市场健康发展。

一是充分发挥市场的自我调节作用。总的来说，中国人民银行在零售支付方面，要“因地制宜，有所为有所不为”。“因地制宜”就是立足中国的法律环境、支付习惯等实际情况，制定有针对性的政策措施。“有所为”即在因地制宜的前提下，本着“有效竞争、规范发展”的原则，中国人民银行要推动发展，积极规范。只有有效竞争，社会公众才能享受优质、差别化的支付服务。“有所不为”是指中国人民银行在控制系统性风险的条件下，对于市场能够解决的问题，宜采取市场自行调节的手段；对于涉及纠正市场失灵等情形，才予以调整和规范。同时，中国人民银行正在组织建立支付行业协会，充分发挥行业协会的自律作用，促进零售支付市场蓬勃、健康发展。

二是积极促进零售支付的创新和发展。在传统票据和银行卡使用的基础上，积极推动电子支付发展，适应多种经济活动和居家服务需要。加快票据制度修订，适应票据业务特别是票据业务电子化处理的最新发展。加快银行卡法律法规出台步伐，奠定银行卡业务法律基础。稳步发展信用卡，充分发挥信用卡刺激消费，扩大内需的积极作用。密切关注国内外宏观环境变化，及时预判经济金融发展对失业率、持卡人收入等重要指标的影响，及早采取信用卡风险的预防措施。借助国家《电子信息产业调整和振兴规划》的实施，积极争取政府部门的支持，促进政府引导和市场运作的结合，推动电子支付业务的快速发展。对非金融机构从事零售支付业务的，要制定公开、公平的准入退出标准。积极培育新型移动支付、网上支付、电子货币的市场应用，积极发挥新兴市场主体的示范带动作用。加强电子支付的安全教育，及时进行必要的风险提示，维护好公众对电子支付的使用兴趣和信心。

三是协调促进零售支付市场的互联互通。中国人民银行作为支付体系发展的促进者，要积极协调沟通各市场主体，促进零售支付发展的互联互通，达到多方共赢。要促进不同业务安排和领域之间的协调，评估市场条件和业务发展存在的问题，并排除可能的法律障碍，以促进市场合作和产品创新。既鼓励差异化的零售支付解决方案，又要促进业务和技术标准统一；既鼓励不断扩展服务功能、提升服务水平，又要兼顾资源合理配置，达到成本效益最优；既要扩大零售支付服务的覆盖面，又要防止市场垄断，促进零售支付的健康快速发展，不断改善支付环境。

非金融机构支付市场监管的基本原则*

我国电子商务自20世纪90年代起步以来，已经进入快速发展期，交易额以年均40%的速度增长。2009年，交易规模达到3.8万亿元①，电子商务已渗透到经济和社会各个层面。非金融机构支付服务顺应了商务电子化趋势，为电子商务提供了便利、高效的资金清算服务。与此同时，有关非金融机构备付金管理、系统稳定性以及消费者权益保护等问题，需要高度关注。如何促进非金融机构支付服务市场的健康发展，关系到电子商务的成败，关系到中国支付网络体系的安全与效率。作为支付体系监管者，中央银行面临新的机遇和挑战。

非金融机构支付服务市场发展比较早、比较快的一些国家，监管理念已经或正在发生改变，即由倾向于“自律的、放任自流的”理念向“强制的监督管理”的理念转变。如美国的《统一货币服务法案》、欧盟的《电子货币指令》和《内部市场支付服务指令》，均要求具有资质的机构有序、规范从事支付服务。根据国际清算银行的定义，“支付是付款人向收款人转移可以接受的货币债权。货币债权通常表现为现金、商业银行或中央银行存款等形式”。应该说，非金融支付机构提供的支付服务，扩展和丰富了传统支付的内涵和外延，在现金、商业银行或中央银行存款形式之外创造了新的债权形式，即“预付价值”。此外，非金融机构支付突破了原有支付工具的物化载体和支付渠道，进一步推动了支付工具向电子化、货币向数字化方向发展。由于非金融机构支付中的货币债权转移可以在中央银行和商业银行体外进行，这就给支付体系和金融安全带来新的不确定因素。因此，国际上逐渐达成共识，要求各国加强非金融机构支付服务市场的监管。

2009年4月，人民银行发布公告，对从事支付业务的非金融机构进行登记。2010年6月14日，人民银行发布《非金融机构支付服务管理办法》（以下简称《办法》），对非金融机构支付业务实施行政许可。2010年12月，发布《非金融机构支付服务管理办法实施细则》（以下简称《细则》）。《办法》和《细则》的发布，意味着我国非金融机构支付市场监管

---

* 本文原载于《中国金融》2011年第4期。

① 数据来源：商务部《中国电子商务报告（2008—2009）》。

的基本原则已经确立。

一、坚持依法行政、依法监管的原则

支付服务业作为从事资金转移服务的专门行业，涉及客户的切身利益和金融体系的稳定，属于《行政许可法》规定的可以设定行政许可的行业和事项。《刑法》第二百二十五条规定，未经国家有关主管部门批准，非法从事资金支付结算业务的，属于刑事犯罪。根据《中国人民银行法》赋予人民银行维护支付清算系统的正常运行、制定支付结算规则的法定职责，人民银行要认真履行职责，依法监管支付服务机构和市场行为。同时，要按照《办法》和《细则》有关要求，做好非金融机构支付业务行政许可和对支付机构的日常监管工作。

二、坚持发展与规范并重的原则

非金融机构支付业务依托现代科学技术特别是计算机和现代通信技术，突破时空限制，让支付服务无处不在、无时不有，对整个金融业的影响极其深远。非金融机构提供的个性化、功能化支付服务方案，如，为小额支付和微支付提供非现金解决方案，面向更广大的客户群体，触及更微观、更深入的社会经济活动，成为传统标准化银行结算服务的有益补充，并在充分竞争的市场环境中发展壮大，是现代支付体系不可或缺的组成部分。应该说，非金融机构支付服务是符合事物发展必然趋势的新生事物，代表了先进的金融生产力、代表了先进的支付文化和服务理念，代表了广大消费者的根本利益，具有强大的生命力和远大前程。对此，我们要充分肯定和支持，要积极鼓励和推动。坚持发展与规范并重原则，重点在于要支持为电子商务服务的互联网支付的发展；支持为扩大银行卡应用的线上E－POS收单业务和线下实物POS收单业务发展；而对于预付卡业务，应实行分类管理。一是支持和鼓励用于公益事业、公共交通等领域方便百姓日常生活的预付卡服务。二是规范商业企业发行并受理的预付卡业务，使其在方便公众消费上发挥应有的作用。三是限制跨地区、跨行业、跨法人经营的专业预付卡公司的盲目扩张，凡是不严格执行监管部门关于发票、备付金实名登记等相关管理规定的，要坚决予以整顿、清理和打击，切实维护市场秩序和公平竞争。

当然，我们也清醒地意识到，非金融机构支付存在突出问题。一是消费者权益的保护问题。包括客户身份信息和交易信息存在被泄露、被盗用或滥用的风险，客户备付金存在被挪用、转移或投资于高风险资产的风险，以及一些服务合同中显失公平的“霸王”条款对客户合法权益的损害等。二是随着支付工具和支付方式的非现金化，利用现金犯罪逐步向利用非现金犯罪转移，新的犯罪形式不断出现。如近期某市审理的一起利用网络充值漏洞制造Q币，再兑换现金非法牟利案，犯罪嫌疑人利用非金融机构支付平台为从事赌博、诈骗等违法犯罪活动的资金转移提供便利。随着网上跨境支付功能的开发和应用，资金非法进出、地下钱庄、逃税、洗钱等跨境犯罪活动也需要我们特别关注和防范。三是信息安全与网络系统安全。个别非金融支付机构安全意识还比较淡薄，技术手段也不够完善，应急处理方案不完备，应对和处理危机的能力还比较弱，对支付平台的操作风险、信用风险、流动性风险和法律风险等重视不够。总之，对支付机构的监管，既要支持发展又不能放任自流，既要支持创新又要防范风险，既要坚持发展又要坚持规范。

三、坚持公平竞争和可持续发展原则

一笔完整的支付业务过程包括交易前、交易、清算、结算和结算后五个阶段。这五个阶段又可以细分为更多的环节。随着经济的发展和科技的进步，分工日益细化，越来越多的非金融机构参与到支付服务领域中，提供某一环节、某一阶段或者个别领域全过程的服务，构成了相对银行机构而言的新型支付服务机构，进一步丰富和延伸了现代支付产业链。

坚持公平竞争原则，就是要正确认识非金融支付机构与银行业金融机构之间既竞争又合作的关系。银行机构提供的是面向社会、企业、个人的标准化支付服务。非金融支付机构提供的是个性化、专业化、差异化支付解决方案。一方面，非金融支付机构进入支付服务市场，增加了服务主体和支付渠道，打破了银行机构专营支付服务的局面，引入了竞争。另一方面，非金融支付机构在客户备付金管理、系统链接等方面又必须与银行机构合作。二者的竞争合作延伸了传统的支付服务，丰富了支付方式，提高了资金转移效率，便利了广大用户。

坚持可持续发展原则，就是要立足于非金融机构支付服务市场的长远发展，遏制恶性竞争，营造一个有序、合理的良性竞争氛围。当前，一个影响可持续发展的关键问题是支付服务价格。就目前政策来看，支付结算类的收费，除了几类基本业务属于政府指导价外，绝大多数项目是市场调节价。但是市场化并不等于乱收费、滥收费和不收费。当前，个别支付服务项目收费过高，用户有意见；但也有个别服务机构收费过低，甚至免费。这些所谓的“市场化”服务收费，尤其是免费政策违背了基本的成本收益原则，不是真正的市场行为，是不公平的竞争策略，不利于行业的可持续发展。非金融支付服务机构应本着覆盖成本原则，合理定价。

四、坚持安全与效率兼顾的原则

兼顾安全与效率，就是要在安全的前提下，提高效率。非金融支付服务市场与生俱来就具有显著的“效率、便利”特征，这一特征体现了服务主体的优势和存在、发展的价值。效率问题无需赘述，安全问题却不能不说。非金融支付服务市场的安全包括系统安全、资金安全以及平台安全等。

首先，确保系统的安全，就是要确保系统业务处理的准确性、稳定性和连续性，防止系统的漏洞、故障或中断。另外，近期国际社会在对金融危机的反思中，继“大而不能倒”之后提出“链接过多不能倒”的观点。银行机构和非金融支付机构相互之间系统的链接纵横交错，形成了一个统一而庞大的现代化支付结算网络。确保系统的安全，也包括确保链接着众多其他机构的系统的安全。

其次，确保客户备付金的安全。一些非金融支付机构在提供服务时，通过向客户收取备付金等方式，形成了数额可观的沉淀资金，存在投资于高风险资产、被挪用甚至卷款潜逃等风险。客户备付金不属于非金融支付机构的自有财产，应禁止非金融支付机构以任何形式挪用客户备付金。要通过备付金与资本金比例管理、规范备付金存放模式、发挥存管银行监督作用等，加强支付机构备付金管理，确保客户资金安全。

最后，确保平台安全。随着非金融机构支付服务平台涌现、支付业务创新和用户增加，一些不法分子开始利用支付服务平台的漏洞，如身份核实不到位、管理不严格、技术不完备等，从事洗钱、赌博、诈骗等违法犯罪活动，还有一些预付卡业务存在匿名发卡、乱开发票等不当行为，为偷税逃税、行贿受贿等违法行为提供了便利。诸如此类滥用支付服务平台问题如不得到有效解决，非金融机构支付服务市场也难言“安全”。

五、坚持支付服务市场开放原则

非金融支付服务市场是一个竞争开放的市场。人民银行不对《支付业务许可证》的发放实行数量限制；无论是国有资本还是民营资本、中资还是外资，只要符合《办法》的规定，都可以按程序申请取得《支付业务许可证》，成为专业支付机构。有人指责中国违背《服务贸易总协定》中关于市场准入和国民待遇方面的承诺，对电子支付服务的他国供应商设置了准入限制。事实上，这种指责纯属子虚乌有。从我们掌握的情况看，在人民银行登记的非金融支付机构中，有38家拥有外资。下一步，人民银行将本着合规、审慎、公平、公正的原则，按照《办法》的规定，对拥有外资的非金融支付机构同样进行规范。

在坚持对外开放的原则下，中国的民族支付产业应苦练内功，自立、自主、自强，主动学习、消化吸收国际先进经验为我所用，要着力提升民族产业的国际竞争力。

六、坚持政府监管、行业自律、自我约束的原则

非金融机构支付弥补了银行支付服务在个性化和细分化方面的角色缺位以及服务时间和方式的局限，很好地满足了公众日益增加的多样化支付服务需求，打破了支付业银行垄断格局。它们应市场需求而产生，并在充分的市场竞争中发展壮大。要鼓励其发展，就应继续坚持市场主导和市场选择原则，优胜劣汰。加强监管不等于简单地予以限制。监管的主要目的是保护消费者的合法权益，维护金融体系安全、效率，这是大方向，这是基本原则。此外，应坚持市场主导，行业自律方针。要借鉴国际经验、立足国情，尊重市场，提倡创新，坚持政府监管、行业自律、自我约束并重的原则。一方面，人民银行要继续推进法制建设，加强监督管理；另一方面，支付机构要加强自我约束，要相互沟通和协调，形成有效、合理、行业共同遵守的自律公约，培养良好的支付清算纪律，自觉维护支付市场秩序。为此，人民银行正抓紧筹建“中国支付清算协会”，通过自律，更好地维护支付服务市场的竞争秩序和会员的合法权益，防范支付风险，促进支付服务业健康发展。

规范预付卡市场 创建清廉社会

随着信息技术的应用和小额支付市场的创新，商业预付卡已经逐渐渗透到人们的日常生活中。不论大型商场、超市，还是公交车、地铁，甚至理发店、洗衣店，都可以看到预付卡的身影。应该说，商业预付卡便利了公众的小额支付，刺激了消费，减少了现金使用，具有一定的积极作用。同时，不可否认，由于商业预付卡自身的特点和监管上的一些漏洞，它已成为行贿受贿的重要工具和载体，引起了党中央、国务院的高度关注，温家宝总理在第四次国务院廉政工作会议上指出，当前社会上收送各类商业预付卡的风气愈演愈烈，必须坚决治理。因此，加强商业预付卡管理，扬长避短，趋利避害，已迫在眉睫。

一、商业预付卡“助长”腐败的原因

商业预付卡是指非金融机构发行的以预付价值形式存在的卡片。相比有着丰富的支付业务运营及反洗钱经验的金融机构，非金融机构在内控管理、风险管理、资金运作、实名制落实等方面存在不足。商业预付卡在发卡、使用方面，既有使用银行卡的便捷，也有类似收受现金的隐蔽，从而容易成为行贿受贿的工具。

（一）预付卡发卡、使用匿名

目前，单位和个人在购买商业预付卡时，无论金额大小，不需要出示有效证件，可以匿名购买，造成无法有效识别客户身份，无法追踪资金的流向。与购买时的不实名相对应，在消费过程中也不需签字确认，不能挂失、不能补办新卡，从而使卡片的流转过程具有一定的隐蔽性，无法有效追踪。商业预付卡的这些特点迎合了行贿受贿者匿名、隐蔽、不透明的需要。

（二）使用预付卡行贿受贿更加灵活方便

一方面，与实物行贿相比，使用商业预付卡行贿具有灵活性和便利性，更容易满足受贿者的不同偏好和需要，也更容易变现或套现。同时，目前发行的商业预付卡在面值上可大可小，既有几十元、数百元的购物卡，也有高达数万元，甚至几十万元的购物卡，能够迎合不同层次行贿受贿者的需要。另一方面，与“赤裸裸”的现金行贿相比，使用商业预付卡行贿更伪善，受贿者更容易从心理上接受。

（三）商业预付卡可随意开具发票，助长了偷税漏税和公款消费

专业发卡机构和商业企业在发行预付卡时，往往会根据客户的要求，随意开具发票，如咨询费、服务费、办公用品或劳保用品等的发票，从而使购卡单位在支出项目上更加“灵活”：对于企业，将不允许税前扣除的项目计入还没有使用完的抵扣额度内，或者将购卡款项直接摊入成本或费用，借此扩大成本、减少利润，从而逃避所得税。对于机关单位，可以通过做账，违规突击花掉未用完的预算。

（四）购物卡的灰色产业链条为行贿受贿者提供了方便

从购卡环节开始，部分发卡机构或所谓的“咨询公司”，会以员工福利解决方案等名义，根据购卡单位的特点为其量身定做购卡方案，千方百计规避有关规定，避免可能存在的风险。同时，购卡时发卡机构会给予经办人一定的返还比例，将这部分资金转入个人腰包，以刺激其继续购卡，部分美容店、洗衣店的返还比例甚至高达20%到30%。而从灰色链条的出口来看，遍布各大商场、超市的黄牛和“刷单者”，会帮助持卡者将购物卡转换成现金，为购物卡变现提供方便，败坏社会风气。

二、加强管理，创建清廉社会

商业预付卡作为一种小额支付工具，本身并不具有“腐败”的属性。因为管理和规范上的漏洞，容易演变成行贿受贿的工具。因此，治理商业预付卡市场，不能因噎废食，要坚持疏堵结合的原则。

（一）明确监管职责

商业预付卡的管理涉及多个部门，需要人民银行、商务部等相关部门加强协调、齐抓共管，建立对商业预付卡的监管机制。人民银行和商务部应分别加强对多用途预付卡和单用途预付卡的管理，建立健全商业预付卡

业务管理制度；税务部门要加强发票管理和税收稽查；财政部门要加强财务管理，严厉查处公款消费等行为；工商部门要进一步加强监督检查，营造良好的消费环境。

（二）增强预付卡发卡、使用过程的透明度

商业预付卡被广泛用于行贿受贿的重要原因是其发卡、使用过程的匿名性，而提高预付卡发卡使用过程的透明度是解决这一问题的关键。一要大力推广记名预付卡，以便有效追踪、记录卡片使用过程。为促进记名预付卡的使用，可赋予记名预付卡更多的功能和更好的特性，如更长的有效期、更高的面值、更多的充值渠道，可挂失赎回等。二要在购卡过程中，对购买一定金额以上的，应实行实名登记制度和身份识别制度，要求购买的单位、个人出示有效证件，并由发卡机构予以登记。三要对购卡达到一定金额的，应要求购卡人通过转账方式购买，不得使用现金。

（三）找准商业预付卡的市场定位

商业预付卡的主要功能是满足人们的小额、快速支付需求，主要应用于小额和微支付领域。因此，应基于商业预付卡的市场定位来确定其功能，防止赋予其过多的功能和特性而被用于行贿受贿。一是应实行商业预付卡限额发卡制度，根据人们的消费水平、支付习惯等，合理确定商业预付卡面值的上限。二是限制商业预付卡，特别是单用途商业预付卡的金融功能和特性，如预付卡不得用于提取现金、向银行结算账户转账、向其他支付机构账户充值和转账等，提高卡内资金与现金转换的难度。

（四）加强购卡发票管理和财务管理

规范发卡机构的发票开具行为，是打击公款消费、行贿受贿等违规违法行为的又一关键环节。应要求发卡机构严格按照《中华人民共和国发票管理办法》开具发票，不得在发卡环节以及真实的商品、服务交易发生之前向购卡人开具或变相开具商品或劳务销售发票。税务部门应加强发票管理和税收稽查，坚决依法查处发卡人在售卡环节出具虚假发票、购卡单位在税前扣除与生产经营无关支出等行为。财政部门应加强财务管理，严厉查处挪用预算资金、利用购卡进行公款消费等行为。

商业预付卡治理工作任重而道远。一直以来，党中央、国务院及有关部门高度关注商业预付卡的治理工作。从 1991 年开始，国务院相继发布了禁止发放代币购物券等一系列规范商业预付卡（购物卡）的文件。2011 年

5 月，国务院办公厅印发了《国务院办公厅转发人民银行监察部等部门关于规范商业预付卡管理的通知》，从防范金融风险、促进反腐倡廉、加强税收管理、维护持卡人权益等方面，全方位地提出了规范商业预付卡管理的措施。这是党中央、国务院针对当前商业预付卡市场存在的突出问题，特别是利用商业预付卡公款消费、行贿受贿等作出的制度安排，是贯彻落实国务院第四次廉政工作会议精神的重要举措，对于规范商业预付卡管理、严肃财经纪律、促进反腐倡廉具有重要意义。相信在党中央、国务院的领导下，按照有关文件要求和精神，我们一定能够刹住利用商业预付卡行贿受贿这一歪风，推动建设清廉社会。

加强支付体系建设　促进证券市场发展*

——答《中国债券》记者问

《中国债券》： 支付体系是支持国家经济金融发展的核心基础设施，对整个金融市场的安全、高效运行意义重大。过去，我们去银行划款转账不仅手续繁琐，到账也比较慢。现在像银行卡、网上银行这类支付工具都已经深入老百姓的生活，支付手段是越来越先进了，可以说近几年来支付体系的建设取得了很大的进步。请您谈谈“十一五”以来我国支付体系的建设取得了哪些成就？

欧阳卫民： 原来大家谈到支付，往往都会想到划款转账，其实支付体系并不仅是转个账、付个钱这么简单，它是一条贯穿整个社会经济活动的资金“大动脉”。支付清算体系包含很多子系统，不仅仅指传统意义上中央银行、商业银行的支付系统，其他比如说证券市场中的证券结算系统，也是支付体系重要的一部分。支付体系在密切各金融子市场间的有机联系、推动金融创新、提高人们生活质量和促进国民经济健康平稳发展等方面，发挥着越来越重要的作用。相信大家也能够感受到，“十一五”期间我国在支付体系的发展方面取得了巨大的成就，具体体现在以下几个方面：

一是支付清算基础设施不断完善。“十一五”期间，人民银行按照平均一年建成运行一个系统的“中国速度”，先后建成运行了大额实时支付系统、小额批量支付系统、全国支票影像交换系统、境内外币支付系统、电子商业汇票系统、网上支付跨行清算系统等跨行支付清算系统，对我国金融运行体系起着巨大的推动作用，极大地便利了企事业单位的生产经营活动和人民群众的日常生活。目前，我国的支付体系已经跻身国际先进行列。

二是票据、银行卡、电子支付等非现金支付工具得到了广泛应用。这些支付工具有效地减少了现金使用，降低了交易成本，培育了社会信用。目前我国流通中现金与 GDP 的比例已经从 2006 年的 12.8% 持续下降至 2010 年的 11.2%。

---

* 本文原载于《中国债券》2011 年第 7 期，根据作者接受《中国债券》杂志记者采访整理而成。

三是支付服务市场参与者不断增多。现在提供支付服务的不仅有中央银行和各类金融机构，大量非金融机构也涉足互联网支付、手机支付等新型支付方式，支付服务的专业化分工日益明显，市场化程度不断提高。

四是进一步落实银行账户管理体系和金融账户的实名制。我们在“十一五”期间加强了对银行结算账户的管理，健全了相关法规制度，建成了银行结算账户管理系统以及联网核查公民身份信息系统，增强了监管力度。

五是农村支付环境建设成效显著，使广大偏远农村也能享受到现代化支付的便利。“十一五”期间，我们积极指导协调农村地区金融机构特别是农村信用社加入人民银行跨行支付清算系统，畅通农村信用社的支付结算汇路，促进了其改革和业务发展。同时还开展农民工银行卡特色服务，满足了农民工异地存、取款需求。

《中国债券》：您刚才提到证券结算系统是支付体系的一个重要组成部分，那么您认为支付系统与证券结算系统之间是什么关系？二者应当如何协调发展？

欧阳卫民：2008 年国际清算银行曾经对各种支付结算系统之间的关系进行过专门研究，一个基本结论就是：支付系统与证券结算系统之间是相互依存的。正因为这样，为了保障金融体系运行的安全和效率，国际清算银行提出，一个国家的支付系统与证券结算系统应当协调发展。

现代证券市场上交易资金的结算需要借助支付系统完成，通过证券结算系统与支付系统联网运行，可以实现所谓的 DVP 结算，也就是俗称的“一手钱，一手券”，这样不仅可以大大提高结算效率，而且也能有效控制支付风险。以我参加工作后的经历来说，在我刚参加工作的时候，交易所每进行一笔交易，都需要工作人员在黑板上进行记录，然后人工进行划账交割，效率很低，甚至还出现了证券公司挪用客户资金的情况。后来，随着计算机技术的广泛应用，商业银行的资金支付系统与证券结算系统实现了电子化连接，客户的结算资金都由商业银行进行第三方托管，这样证券公司挪用客户资金的风险就消除了，资金支付的效率也得到了有效保障。如果不是这样，我们无法想象证券市场一天内如何完成数以亿计的交易结算。同样的情况在欧美发达市场也曾出现过，正是基于这样的历史经验，目前世界各国都纷纷意识到支付系统对证券市场运行、发展的重要性。目前，我国债券市场上的债券结算系统已经与央行大额支付系统联网运行，全面实现了 DVP 结算。股票交易所的证券结算系统由于各种原因，目前只是与商业银行的资金支付系统实现了连接，今后还需要研究如何接入央行大额支付系统的问题。

反过来看，证券结算系统，特别是其中的债券结算系统，对于央行大额支付系统的流动性管理也起到了十分重要的作用。一般来说，中央银行通过大额支付系统为金融机构提供流动性支持，而为了控制风险，通常有一定的担保要求，这就需要证券结算系统提供相应的支持和配合。比如在本轮金融危机中，美联储为防范系统性风险扩散，与纽约银行合作建立了“一级交易商信用便利”机制，为许多困难中的金融机构提供流动性。在此过程中，纽约银行的证券托管结算系统负责担保品的合规性检查，并提供担保处理、估值、盯市等服务支持。目前，我国也已经建立了央行“大额支付系统自动质押融资”、“小额支付系统质押额度管理”等机制，金融机构可以通过这些机制，使用在中央结算公司债券系统中托管的债券，从人民银行支付系统获得流动性支持。

《中国债券》：我们的读者主要是债券市场的研究和从业人员，在此您能否重点谈一下支付系统对债券市场的支持和促进作用？

欧阳卫民：自1997年银行间债券市场建立，支付系统就已经参与到支持债券交易结算的过程中来了。具体来说，债券过户由中央结算公司债券系统完成，资金支付则由债券系统与央行大额支付系统相互配合完成。

近年来，我们在支持债券市场发展方面做了许多工作，其中比较突出的就是支持银行间债券市场建立了券款对付结算机制（DVP结算）。通过中央结算公司债券系统与人民银行支付系统联网，我们于2004年和2008年分两步完成了这项工作。从目前国际清算银行发布的《证券结算系统推荐标准》来看，我们的DVP结算是确定性最强、效率最高的结算方式，现在已经成为债券市场的主流结算方式。2010年，参与DVP结算业务的结算成员总数达到1 007家，全年债券交易资金结算总金额共计258.45万亿元。其中，作为直接结算成员，商业银行间采用DVP结算的金额比例为95.4%，已经达到国际证券结算标准推荐的完全达标比例——95%。但总体来看，银行间债券市场全体成员使用DVP结算的金额比例为73.6%，与国际证券结算标准仍有一定差距，还需要继续扩大DVP应用，提高DVP结算使用比例。

《中国债券》：2010年，我国参加了国际货币基金组织和世界银行组织的金融部门评估规划（FSAP）项目，我国的支付清算系统和证券结算系统也接受了评估。在所有评估项目中，我国的支付系统得到了较好的评价，请您介绍一下评估的具体情况。

欧阳卫民：金融部门评估规划是国际货币基金组织和世界银行于1999

年5月联合启动的评估项目，主要用于评估各国金融体系的稳健性，我国于2009年8月正式启动评估。从评估的过程来看，这次评估是我们与外方之间一个相互了解、相互切磋的过程。通过评估，加深了外部对我国支付结算体系的了解；就我们自己而言，对于国际标准也有了更加深刻的认识，这为我们今后参与国际标准的制定打下了良好的基础。从评估的结果来看，我国的支付结算体系得到了较高评价，这是对我国支付体系多年来建设成果的肯定。同时，外国专家也从法律建设、市场制度、具体操作等方面对我们提出了改进建议，对此我们也进行了积极回应，并将以此为契机，继续推动我国支付体系的建设工作。

《中国债券》：此次金融危机给予我们很多经验和教训，目前国际清算银行支付清算委员会正在牵头制定《金融市场基础设施原则》，人民银行作为成员单位也参与了相关工作。您认为该原则对于我国支付体系建设有哪些启示？

欧阳卫民：近年来，世界各国纷纷意识到基础设施建设对于金融市场发展所起到的关键作用，同时也认识到如果不能管理好这些设施，反而会给金融市场带来很大的风险。本次国际清算银行牵头制定的《金融市场基础设施原则》是对金融市场基础设施建设的又一次重新审视，它体现出金融基础设施的作用更加重要，各金融基础设施间既相互独立又相互联系，需要制定统一的规则来加以规范。从原则现有的内容来看，与之前的相关标准相比，要求更高了，同时将支付结算的法律基础、治理结构等要求提到了更高的位置。目前，该原则还在征求意见阶段，人民银行也参与了制定工作，这体现出在国际标准制定方面各国协调合作的加强。在参与过程中，我们既要在原则中体现我国特点，同时也要遵循行业发展的规律，为我国支付结算体系的建设创造良好的环境。

第六章 账户与支付信息分析

◆ 重建我国银行账户体系　从源头上预防和杜绝腐败

◆ 基于大额支付系统数据分析的我国资金流动规律

重建我国银行账户体系　从源头上预防和杜绝腐败

银行账户是社会资金运动的起点和终点，也是单位和个人现金、存款等流动资产的寄存地，银行账户余额增减变动情况真实地反映了单位和个人货币财产的变化情况。改革我国银行账户制度，加强银行账户管理，落实账户实名制，对从源头上预防和杜绝腐败具有十分重要的现实意义和深远的历史意义。

一、我国银行结算账户的状况

1994 年，为加强银行信贷管理、结算监督和现金管理，维护结算秩序，同时适应银行和企业改革的实际需要，中国人民银行颁布了《银行账户管理办法》，将企事业单位的账户划分为基本存款账户、一般存款账户、临时存款账户和专用存款账户，对规范企事业单位银行账户的开立和使用，促进结算秩序的好转起到重要作用。随着我国社会主义市场经济的发展和经济金融改革的深化，中国人民银行本着既有利于搞活市场经济、促进商业银行改革和业务创新，又有利于规范银行账户管理的原则，对 1994 年颁布的《银行结算账户管理办法》进行全面的修改和完善，公布《人民币银行结算账户管理办法》，并于 2003 年 9 月 1 日正式实施。

《人民币银行结算账户管理办法》在单位银行结算账户种类设置方面基本沿用 1994 年《银行账户管理办法》的规定，划分为基本存款账户、一般存款账户、专用存款账户和临时存款账户四类账户。其中，企事业单位开立基本存款账户，主要用于办理日常转账结算和现金收付需要，只能选择一家银行的一个营业机构开立。这样规定的目的主要是确定基本存款账户在单位银行结算账户制度中的主导地位，以加强企事业单位银行结算账户管理；为适应企事业单位向多家银行借款和办理结算的需要，有利于银行分散资产风险，企事业单位可以在基本存款账户开户银行以外的银行营业机构开立一般存款账户。该账户主要用于企事业单位办理贷款和转账结算业务，但不能支取现金。开立该账户的数量和地域没有限制，其目的是方便企事业单位的各类经济活动。对法律、行政法规和规章规定要专户存储和使用的资金，可以纳入企事业单位专用存款账户管理，分资金性质办理现金支付业务，其目的是满足财政等行政主管部门对某些特殊领域资金监控的需要。对于企事业单位异地从事临时经营活动或设置临时机构，可以开立临时存款账户办理转账结算和现金支取，该账户有效期为两年。

为满足日益增长的个人支付需求，增设个人银行结算账户以方便银行为社会公众提供支付结算服务，个人银行结算账户与个人储蓄账户的区别在于：个人银行结算账户可以办理转账结算和现金支付，个人储蓄账户只能办理现金支付，不能办理转账结算。

从上述账户制度的设计看，银行结算账户管理的核心是现金管理和转账结算功能，目的较为单纯。截至2010年第一季度末，我国共有银行结算账户29.17亿户。其中，单位银行结算账户2 254.99万户，占银行结算账户的0.8%；个人银行结算账户28.94亿户，占银行结算账户的99.2%。

二、现行银行结算账户制度在预防腐败中存在的缺陷

反腐败是我党一项长期、艰巨的工作，关系到我党生死存亡，关系到民心向背。如何从制度安排上预防和杜绝腐败是摆在我们面前的一项重要课题。现行银行结算账户制度在预防腐败过程中存在的主要缺陷有：

（一）存款账户实名制未得到全面、认真的落实

2000年，国务院颁布《个人存款账户实名制规定》，规定个人在开立银行账户时应当出示其本人身份证件，以行政法规的形式正式确立了个人银行账户实名制度。2006年《反洗钱法》出台，明确单位及个人应当以真实有效身份证件开立账户，以国家法律的形式确定了账户实名制。近年来，人民银行为落实账户实名制，发布了一系列规章制度，不断完善账户实名制制度体系，运用人民币银行结算账户管理系统和会同公安部建成运行联网核查公民身份信息系统，为银行机构识别客户身份提供了有效的手段，并在全国范围内对存量单位银行账户中的法定代表人或单位负责人及代理人的公民身份信息的真实性进行核实，目前又开展了存量个人账户身份信息核实工作的试点，工作量极大。此外，人民银行加大了对银行机构落实账户实名制的处罚力度。经过几年的艰苦努力，存款账户实名制取得重大实质性进展，但与账户实名制全面、认真落实还有一定的差距：

1. 银行机构积极性和自觉性不够。在现有账户管理体制下，作为账户服务直接提供者的银行机构被赋予了很多的一线管理职责，是账户实名制

的直接执行者。这种体制导致银行机构作为经营者和制度执行者的角色矛盾，银行机构争夺客户资源和银行机构间的利益冲突，降低了其切实履行账户实名制的积极性和自觉性。

2. 现有的技术手段存在缺陷。目前，银行机构落实账户实名制的主要手段是通过联网核查公民身份信息系统进行核实。由于公安部门联网核查数据库信息存在误差及疑义信息核实机制未健全等原因，银行机构不能即时对存款人提交的有效身份证件的真实性进行核实，一定程度上影响了账户实名制的有效落实。

3. 证件种类管理混乱。根据现有账户管理制度，存款人开立账户出具的证明文件种类繁多。主要有居民身份证件，护照、军官证、警官证，港澳居民往来通行证，也有户口簿、村民委员会开具的证明以及学校出具的证明等。银行机构面对种类繁多、证出多门的开户证明文件，缺乏有效的信息渠道和技术调查手段，各种开户证明文件真伪的识别主要依靠人工经验判断，审核开户证明文件真实性的难度较大。

4. 法律制度还不完善。现有账户实名制法律制度对银行机构履行识别客户身份义务进行明确规定，但对社会公众不配合或不履行账户实名制的法律依据缺失，特别是对开立假名、匿名账户、小额账户、久悬账户的资金归属等问题缺乏法律依据。同时，《人民币银行结算账户管理办法》等相关制度的法律层级比较低，约束力尚显不足，影响了其在贯彻落实中的力度和有效性。

5. 与公务员收入监控及财产申报制度不相适应。现行的账户管理体系中，对个人信息的采集局限于姓名、身份证号码、账号、开户银行等基本信息，缺少账户余额信息，也无法从账号识别公务员身份。这样的情况不利于对公务员开立的银行账户进行识别和监测，不利于相关部门对公务员是否正常进行财产申报开展检查和跟踪，不利于财产申报制度在肃贪治腐、防腐倡廉中发挥积极作用。

（二）多头开户及开户数量未限制为腐败资金藏匿客观上提供了便利

多头开户使企业有可能进行各类违法行为，也为洗钱等不法行为留下空子，为私设“小金库”，侵吞国家、集体资产提供了便利，引发腐败现象。同时，由于个人银行结算账户存在提现自由、转账功能方便的优点，犯罪分子可能通过各种手段将单位经营性资金、不法资金来源等转入个人账户，利用个人账户进行转账或提取现金。个人银行结算账户中的资金管理变得更复杂、更隐蔽、更难以监控，隐藏着重大洗钱、腐败等风险。根据《人民币银行结算账户管理办法》规定，对个人银行结算账户开立数量未作限制。截至2009年年底，我国人均拥有个人银行结算账户数量为2.13个。犯罪分子可通过正常程序开立多个个人结算账户，为犯罪分子存取和划转资金提供了便利，迄今已发现个人开户数量达1 000个以上的案例。

（三）账户管理系统数据信息不全弱化了其预防腐败作用的发挥

账户管理系统是账户管理的技术手段，有利于强化账户管理制度落实的刚性约束和系统控制作用，是预防腐败、推动廉政建设的重要抓手。但由于现行的账户管理系统与银行机构的行内系统以及相关支付系统没有实时连接，系统数据信息特别是个人结算账户信息的准确性和完整性得不到有效保障，很大程度上降低了账户管理系统对账户交易的可跟踪性，减弱了账户管理系统打击犯罪的作用。另一方面，账户管理系统中对个人身份的信息仅记录姓名和身份证号码，未对职业、身份证复印件的影像信息等进行采集，对事后的数据统计分析和监控形成了障碍。

（四）账号随机编制无法满足监管部门和司法部门监控和打击犯罪的工作要求

银行机构在为单位或个人开立银行结算账户时，账户一般随机编制，同一存款人的各个账户之间无法从账号上判断其相关性，在存款人开立多个账户的情况下，难以有效监测和分析账户信息和资金，不能满足政府和相关部门反洗钱、征信、打击腐败等工作的要求。

因此，目前银行账户制度中存在的各种缺陷，影响了账户实名制的有效落实，为腐败行为客观上留下了操作空间。我们必须采取多种手段，进一步健全制度、完善系统，切实发挥银行账户制度在预防腐败中的重要作用。

三、完善我国银行账户制度、从源头上预防和杜绝腐败

要进一步发挥银行账户制度在预防腐败犯罪中的积极作用，创造公平的市场竞争环境，维护经济金融秩序和社会稳定，必须改革我国的银行账户制度。建议重点采取以下措施：

（一）明确身份证作为开立账户的唯一依据

为了解决账户管理中身份证件种类繁多、管理混乱问题，建议将居民身份证作为唯一依据。特别是近年来公安部门积极采取措施，第二代身份证已得到了普及，防伪性能大幅度提高，身份证重号现象也已迎刃而解，军人公民身份证也开始使用，为落实账户实名制奠定了基础。

（二）加强对党政机关、公务员及直系家属的账户监控

通过“先试点、后推广”的方式，在腐败比较严重的地区试行，采取一系列措施，对党政机关、公务员及直系家属账户的开立和使用进行从严管理，提高账户制度预防腐败的针对性和有效性。主要手段有：

1. 严格落实账户实名制。存款实名制是国家通过银行对公民个人特别是对公务员进行监督的有效途径。公务员及其直系家属开立银行账户必须落实账户实名制，银行机构必须严格核查个人居民身份证所记载的姓名、公民身份号码及照片的真实性。同时限制公务员及其直系家属开立银行账户的数量，每人限于在一个银行开立一个银行账户。在现行支付体系运行情况下，完全可以满足其办理日常转账结算和现金存取的需要。

2. 身份证号码纳入银行账号编制中。公务员及直系家属的身份证号码应纳入银行账号编制规则，通过账号可以识别公务员及直系家属的身份。在此基础上，建立个人银行账户管理体系，即对首次在账户管理系统中开立个人结算账户的自然人，由系统根据其身份证号码确定一个唯一的、终生不变的个人账户代码，所有的其他个人结算账户都挂在该个人银行账户代码下，从而进一步满足政府和监管部门对账户信息监测和分析的要求。目前，现代化电子技术、网络技术以及现行的账户管理系统的运行和金融机构成熟的业务系统，为建立身份证号码下的个人银行账户管理体系提供了技术保障。

3. 在账户管理系统中体现公务员的职业属性。进一步完善和改进账户管理系统，在个人身份信息中增加“职业属性”类别，实现对公务员开立的银行账户的归类管理。可通过协调政府相关部门，将公务员身份证信息事先导入账户管理系统中，通过身份信息的唯一识别，实现对公务员开立账户情况及账户余额变动情况的监测、统计分析功能，以便于对公务员账户的动态实时监控，提高对公务员开户管理的有效性。

4. 建立健全相关配套法律措施。一是明确有关部门有权核查公务员的收入，监控账户异常变动。公务员账户实名制是前提，监测核查是关键。

因此，应明确规定具有监督检查职能的政府部门为专门的核查部门，大力增加监督的效力，监控公务员账户的变动情况。当审查发现有犯罪嫌疑的或公务员的财产数量与其正常收入存在明显差距时，检察机关可以启动初查程序，对构成职务犯罪的，依法立案并追究其刑事责任；对违纪案件依法移送相关部门处理。二是明确规定惩戒程序，制定完善的惩戒措施。加强监督管理，对核查中财产非实名的公务员开立的银行账户，定期开展清理核实，在一定期限内要求其说明理由。对于无法说明理由或逾期不说明理由等拒不配合的，可以将其非实名财产予以没收，用强制手段惩治拒不采用财产实名制度的公务员，以确保公务员财产实名制度的贯彻执行。三是实行实名财产所有制。对已采用实名登记的财产，应明确财产的占有权与财产的所有权合二为一，实名账户上存款的所有权人就是实名存款人。实名财产所有制有利于保障账户实名制的有效性和严肃性，为通过账户实名制防范公务员腐败起到保障作用。四是为确保这一制度的实施，建议中纪委、监察部设立账户审核、监控部门，授权对公职人员的账户情况进行调查、分析和甄别。

（三）明确银行机构落实账户实名、预防腐败犯罪的职责

银行机构作为现代经济金融发展的纽带，承担着社会主要资金的流动性管理职责，同时也是腐败分子隐匿非法收入、转移资金的主要途径。因此，要切实提高银行机构的社会责任感，加强对银行机构贯彻落实银行账户实名制的监督管理，鼓励和引导其特别关注公务员个人及家庭财产的异常变动情况，及时发现腐败犯罪线索，积极配合相关监管部门和执法部门调查、追踪银行账户交易记录，为犯罪预警、查明腐败分子的资金来龙去脉等提供便利。如查实因银行机构未切实履行账户实名制原因导致的腐败犯罪，导致国家、集体或他人经济损失的，应追究银行机构的连带责任。

基于大额支付系统数据分析的我国资金流动规律*

2005年6月，人民银行在全国范围内建成运行大额支付系统。经过多年的发展，我国已逐步形成以人民银行大额支付系统为中枢的支付清算网络体系，对加快社会资金周转、促进国民经济平稳健康发展发挥着越来越重要的作用。2006年，通过人民银行大额支付系统处理的支付业务金额占到全国非现金支付业务总金额的47%；到2009年，这一比例达到67%，并呈逐年增长趋势。由于大额支付系统的参与者已经覆盖境内各银行业金融机构，系统处理的支付业务金额在全国非现金支付业务中占比超过六成，因此，大额支付系统的业务信息在反映我国社会资金流动特点方面具有较强的代表性。依据大额支付系统业务信息①，本文对我国资金流动特点做了初步分析，并提出相关建议。

一、我国社会资金流动的特点

（一）北京是全国最大的资金集散地，上海和广东次之

资金流动在全国各省市的分布很不均衡，资金流动规模居前10位的省（市）处理的支付业务笔数和金额分别占全国的71%和85%。资金流动规模最大的5个地区依次是北京、上海、广东、江苏和浙江，其中北京的资金流动规模为上海的2.4倍；在资金流入流出的总规模方面，排在前五名的地区分别是北京、上海、广东、福建和江苏。通过比较，北京、上海、广东三地的支付业务金额和流入流出资金规模远远超过其他地区，表明这三个省市事实上是全国的资金集散地，其中北京是最大的资金集散中心。

（二）大部分省级行政区也是综合经济区

从全国支付业务的总体情况来看，本地业务的笔数占53.2%。从各省市的情况来看，共有22个省（自治区）的本地业务占比超过50%，其中10个省（自治区）超过60%。这一数据表明大部分资金流量集中在省级行政区内

---

* 本文原载于《上海金融》2010年第11期。

① 基于2006年1月至2010年6月大额支付系统业务量进行分析。

部，说明我国的省级行政区和经济区具有较高的吻合度，大部分省级行政区本身也是综合经济区。本地业务占比最高的5个省市分别是福建、宁夏、广东、贵州和山西；本地业务占比最低的5个省市分别是上海、北京、天津、江苏和重庆。这在一定程度上反映了直辖市外向型经济的共同特征，也说明这5个地区的经济与其他省市的关联度较高，支付业务往来的辐射面较广。

（三）东西部经济发展极不均衡

资金流动规模和平均支付规模是反映经济活跃状况的重要指标。从全国各省市资金流动规模占比情况来看，东部沿海十省市[①]的资金流量在全国占比超过84%，而西部十省市[②]占比仅为5%；从支付规模来看，全国平均每笔支付业务的金额为299万元，但东部各省市的支付业务规模远远高于西部省市，平均每笔支付规模最高的是北京（1 957万元）、上海（586万元）和天津（300万元），平均每笔支付规模最低的是广西（100万元）、宁夏（97万元）和贵州（94万元）；从支付活跃度情况来看，截至2010年上半年，全国共有企事业单位1 377万家，各企事业单位年均通过大额支付系统办理支付业务36笔，但东部各省市的指标远远高于西部省市，最活跃的地区分别是福建（60笔）、广东（53笔）和浙江（42笔），最不活跃的地区分别是新疆（23笔）、黑龙江（21笔）、青海（20笔）和西藏（17笔）。这说明东、西部地区经济发展极不均衡，东西部经济活动总规模和单一经济活动规模相距甚远。

（四）广东与全国其他省市的经济联系最密切，其次是上海、北京、江苏和浙江

从各省市与国内其他省市间的支付业务往来情况看，与广东、上海、北京、江苏、浙江之间的业务量均位居前列，其中各省市与广东之间的支付业务笔数在本省异地业务中平均占比最高，达到15.42%；其中广西与广东之间的支付业务笔数在广西异地业务中占比达到43%，说明广西与广东的经济关系尤为密切，广西经济对广东经济的依存度较高；占比最低的内蒙古自治区也达到6.8%，说明广东与全国其他省市的经济联系最密切。排在前5名的其他4个省市分别是上海（10.93%）、北京（10.15%）、江

---

① 分别是广东、浙江、江苏、上海、北京、山东、福建、河北、辽宁、天津（按业务量由大到小排序）。

② 分别是四川、广西、重庆、贵州、新疆、甘肃、内蒙古、宁夏、青海、西藏（按业务量由大到小排序）。

苏（8.57%）和浙江（8.00%）。

（五）部分综合经济区域的划分仅有地理学上的意义

2005 年国务院发展研究中心发布的《地区协调发展的战略和政策》中将我国划分为八大经济区域。从各综合经济区内不同省市间支付业务往来情况看，东海经济区（长三角地区）内各省市间的经济关联度最密切，其次是北海经济区（环渤海地区）和南海经济区（珠三角地区），经济关联最松散的经济区域是黄河中游经济区和长江中游经济区。对于大西北经济区、长江中游经济区和黄河中游经济区内各省市，尽管划归同一经济区，但事实上相互间经济关联度很低，经济往来少，这一综合经济区域的划分仅有地理学上的意义。对各省市异地支付业务进行具体分析，从经济关联度来看，对部分综合经济区的范围进行适当调整更为合理，即将山东从北海经济区划分至东海经济区，将福建从南海经济区划分至东海经济区、将安徽从长江中游经济区划分至东海经济区，将广西从大西南经济区划分至南海经济区，将西藏从大西北经济区划分至大西南经济区。

（六）北京、上海分别是资金净流入和净流出最大地区

从各省市 2009 年度通过大额支付系统处理的支付业务来看，有 24 个省市为资金净流入，资金净流入最大的 5 个省市分别为北京、江苏、广东、山东、辽宁；有 7 个省市为资金净流出，资金净流出最大的 5 个省市分别为上海、江西、河南、湖南、湖北。其中，北京净流入资金额在各省市净流入资金额中占 49%，上海净流出资金额在各省市净流出资金额中占 92%。资金净流量是某一省市经济规模、经济活跃度以及与其他省市经济关联度等因素综合影响的结果，其中的经济含义还需要结合其他有关信息一并分析。

（七）各类支付服务机构在支付市场的份额差距较大

2009 年，全国各类人民币支付系统共处理支付业务 112.63 亿笔，金额 1 208.06 亿元。在各类支付服务机构中，银行业金融机构在支付服务市场中占据绝对份额；非金融支付服务机构的占比尽管不足 1%，但保持了非常快的增长速度，成为支付服务市场越来越重要的补充。

从大额支付系统各类参与机构的数据来看，呈现以下特点：一是银行业金融机构的支付业务所占份额高，处理业务笔数和金额占比分别达 98.51% 和 87.19%；但平均每笔支付业务的金额较小，为 287 万元。二是金融市场组织者（仅包括中央国债登记结算公司、中国外汇交易中心）处

理业务的份额低，处理业务笔数和金额占比分别仅为0.03%和3.56%；但支付规模较大，每笔支付业务的平均金额达4.1亿元。三是人民银行国库资金汇划业务的占比稳步提高，从2008年的0.80%到2009年的0.86%，2010年上半年，国库资金汇划的占比已达到0.91%。

从各银行业金融机构的数据来看，呈现以下特点：一是国有控股商业银行支付业务笔数和金额占比分别为62%和44%，是支付市场的核心参与者，其中，工商银行的支付业务笔数和金额占比分别为19.76%和13.53%，是我国最大的清算银行；二是全国性股份制商业银行的支付份额逐年提高，支付业务笔数占比从2008年的13.15%到2009年的14.21%，2010年上半年，该业务占比已达到14.67%；三是外资银行业务笔数占比不足2%，但支付业务平均规模较高，平均每笔为691.46万元，说明其主要从事批发类业务，参与零售金融服务市场很少。

二、相关建议

(一) 发挥经济辐射度较大地区的龙头作用，带动全国经济发展

经济辐射度较大地区属于我国经济产业链上的关键环节，通过这些地区的连接与沟通，可以密切各省市经济联系，构筑全国统一的、充满活力的大市场。特别是在当前全球金融危机的大背景下，重点关注经济辐射度较大的地区的经济发展，适当进行政策倾斜，有助于较快实现整体经济的企稳回升。

(二) 树立区域协调发展观念，促进综合经济区内各省市的一体化发展

要加强经济区的建设和发展，特别是经济关联度较高的经济区，重点加强经济区内部各行政区间的合作，促进区域的融合发展；要从区域协调发展的角度考虑区域规划、基础设施建设、资源配置等重大问题；要尽量消除制约行政区与经济区发展的体制束缚，明确行政区与经济区管理区域的职能与分工，建立多层协调的区域管理机制；要探索建立更加紧密、更有效力的区域治理模式，推动区域经济一体化发展。

(三) 坚持西部大开发，促进西部省市经济快速发展

要进一步深入推进西部大开发，并着力提高发展质量；要促进西部省

市间的经济往来，加强交流与合作。西部地区具有巨大的市场需求和发展潜力，是扩大内需的重要发展区域。在当前应对国际金融危机特殊时期，要充分发挥西部地区在扩大内需中的重要作用，促进西部地区经济社会平稳较快发展。

（四）继续推进北京、上海和广东（深圳）建设全国性金融中心

金融中心首先应该有大量资金在此集散，金融产品交易额巨大，为金融中心的形成打下坚实的基础，一个金融中心的重要性，可以从它的资金流量来判断。按照这一特征来分析，我国政府决定在北京、上海和广东（深圳）建设全国性金融中心是完全正确的，要坚定信心，继续推进这三个金融中心的建设。

表1　　部分省市通过大额支付系统处理支付业务金额统计表

（业务量前10名省市）　　单位：万亿元

排名	地区	支付往来金额合计	占比（%）
1	北京市	2 055.59	37.46
2	上海市	850.54	15.50
3	广东省	642.59	11.71
4	江苏省	242.84	4.43
5	浙江省	212.34	3.87
6	山东省	165.67	3.02
7	福建省	158.99	2.90
8	辽宁省	123.54	2.25
9	河南省	97.31	1.77
10	天津市	93.16	1.70

表2　　部分省市通过大额支付系统流入流出资金统计表

（业务量前10名省市）　　单位：万亿元

排名	地区	资金吞吐量合计
1	北京市	992.10
2	上海市	484.98
3	广东省	367.93
4	江苏省	113.15
5	福建省	110.10
6	浙江省	100.98
7	山东省	81.43
8	辽宁省	65.25
9	天津市	58.70
10	湖北省	49.87

表3　　各省市支付业务笔数占比统计表

排序	地区	占比（%）
1	广东省	18.60
2	浙江省	9.55
3	江苏省	9.40
4	上海市	8.03
5	北京市	5.81
6	山东省	5.47
7	福建省	5.18
8	河北省	3.38
9	辽宁省	2.97
10	四川省	2.90
11	河南省	2.76
12	湖南省	2.66
13	安徽省	2.53
14	湖北省	2.47
15	陕西省	1.80
16	山西省	1.73
17	天津市	1.72
18	江西省	1.45
19	广西壮族自治区	1.41
20	黑龙江省	1.35
21	吉林省	1.29
22	重庆市	1.27
23	云南省	1.25
24	贵州省	1.10
25	新疆维吾尔自治区	0.92
26	甘肃省	0.88
27	内蒙古自治区	0.86
28	海南省	0.55
29	宁夏回族自治区	0.49
30	青海省	0.17
31	西藏自治区	0.06

表 4　　历年支付业务平均规模及支付活跃度

时间	2006 年	2007 年	2008 年	2009 年	2010 年上半年	2006 年 1 月至 2010 年 6 月平均
平均规模（万元/笔）	181.37	309.83	299.18	324.17	360.66	298.81
支付活跃度（笔/年）	30	34	37	38	20	36

表 5　　各省市平均支付规模统计表　　单位：万元/笔

排序	地区	平均规模
1	北京市	1 957.84
2	上海市	586.03
3	天津市	299.92
4	重庆市	248.42
5	内蒙古自治区	239.34
6	辽宁省	229.93
7	云南省	207.55
8	黑龙江省	202.13
9	河南省	194.84
10	湖北省	194.74
11	青海省	193.03
12	广东省	191.12
13	西藏自治区	188.83
14	福建省	169.83
15	吉林省	169.80
16	山东省	167.40
17	山西省	164.60
18	陕西省	150.98
19	新疆维吾尔自治区	146.25
20	四川省	143.53
21	江苏省	142.86
22	湖南省	134.41
23	甘肃省	132.66
24	江西省	130.69
25	安徽省	130.23
26	浙江省	123.03
27	河北省	122.12
28	海南省	109.09
29	广西壮族自治区	99.99
30	宁夏回族自治区	97.61
31	贵州省	94.06

表 6　　各企事业单位年均通过大额支付系统处理支付笔数统计表

排序	地区	年均支付笔数
1	福建省	60
2	广东省	53
3	浙江省	42
4	宁夏回族自治区	42
5	湖南省	42
6	上海市	39
7	贵州省	38
8	北京市	37
9	安徽省	36
10	天津市	35
11	山东省	34
12	江苏省	33
13	河北省	31
14	湖北省	31
15	江西省	31
16	甘肃省	29
17	河南省	28
18	重庆市	28
19	陕西省	28
20	海南省	28
21	广西壮族自治区	27
22	山西省	27
23	四川省	27
24	吉林省	26
25	辽宁省	25
26	云南省	24
27	内蒙古自治区	24
28	新疆维吾尔自治区	23
29	黑龙江省	21
30	青海省	20
31	西藏自治区	17

注：年均支付笔数 = 本年支付业务往来账笔数/期末基本账户数量。

表7　各省市本地支付业务占比统计表

排名	地区	本地业务笔数占比（%）
1	福建省	71.50
2	宁夏回族自治区	69.19
3	广东省	68.53
4	贵州省	67.86
5	山西省	66.53
6	新疆维吾尔自治区	65.52
7	云南省	63.72
8	湖南省	63.64
9	甘肃省	61.28
10	海南省	60.44
11	河南省	58.79
12	安徽省	58.65
13	吉林省	57.73
14	四川省	57.38
15	内蒙古自治区	56.99
16	陕西省	56.87
17	黑龙江省	56.40
18	广西壮族自治区	56.29
19	山东省	54.37
20	浙江省	52.14
21	河北省	50.99
22	辽宁省	50.67
23	湖北省	49.63
24	西藏自治区	48.78
25	江西省	47.45
26	青海省	45.83
27	重庆市	45.18
28	江苏省	43.47
29	天津市	34.53
30	北京市	31.70
31	上海市	20.35

表 8　**各省市间支付业务密切度统计表**

排名	地区	密切度（%）
1	广东省	15.36
2	上海市	10.93
3	北京市	10.15
4	江苏省	8.57
5	浙江省	8.00
6	山东省	5.04
7	四川省	3.98
8	河北省	3.81
9	辽宁省	3.32
10	河南省	2.58
11	湖北省	2.56
12	陕西省	2.55
13	福建省	2.46
14	天津市	2.18
15	湖南省	1.92
16	甘肃省	1.77
17	安徽省	1.76
18	重庆市	1.66
19	黑龙江省	1.29
20	山西省	1.28
21	江西省	1.26
22	吉林省	1.19
23	内蒙古自治区	1.13
24	广西壮族自治区	1.11
25	云南省	1.04
26	贵州省	0.81
27	新疆维吾尔自治区	0.71
28	宁夏回族自治区	0.55
29	青海省	0.51
30	海南省	0.40
31	西藏自治区	0.13

注："支付业务密切度"是指某一省（市、自治区）与其他省（市、自治区）之间的支付业务笔数在相应各省（市、自治区）所有异地业务笔数中占比的平均值。

表 9　各综合经济区异地支付业务占比统计表

经济区域	区域内业务往来	与北京业务往来	与上海业务往来	与广东业务往来	与江苏业务往来	与浙江业务往来	与其他地区业务往来
东海	22.47%	7.18%	—	11.88%	—	—	58.46%
北海	13.53%	—	12.69%	10.82%	9.45%	6.80%	46.72%
南海	9.48%	8.92%	13.52%	—	9.23%	10.62%	48.23%
大西南	9.23%	8.32%	9.25%	24.39%	6.01%	6.80%	36.00%
东北	8.35%	13.86%	11.81%	10.37%	7.00%	6.87%	41.74%
大西北	5.35%	12.40%	7.87%	10.80%	7.02%	7.27%	49.30%
长江中游	4.66%	7.11%	11.36%	21.66%	12.12%	10.57%	32.51%
黄河中游	4.23%	12.31%	8.91%	11.14%	8.56%	7.29%	47.56%

表 10　各类参与机构支付业务占比统计表

机构类型	业务笔数占比	业务金额占比	平均支付规模（万元/笔）
中国人民银行会计营业部门	0.50%	6.59%	4 310.36
中国人民银行国库部门	0.86%	2.36%	890.73
银行业金融机构	98.51%	87.19%	286.87
金融市场组织者	0.03%	3.56%	41 211.56
非金融支付机构	0.08%	0.30%	1 202.00
港澳人民币参加行	0.02%	0.01%	74.84

注：“金融市场组织者”包括“中央国债登记结算公司”等机构；非金融支付机构包括“中国银联”和“城市商业银行资金清算中心”。

表 11　各省市资金净流量统计表（2009 年度）　单位：万元

排名	省（市、区）	净流入（+）/净流出（-）
1	北京市	126 570 938.70
2	江苏省	24 162 342.81
3	广东省	23 306 794.06
4	山东省	13 210 177.33
5	辽宁省	10 201 165.26
6	福建省	10 122 530.64
7	山西省	8 980 899.02
8	浙江省	8 572 154.31
9	云南省	7 560 216.44
10	天津市	5 365 444.61
11	新疆维吾尔自治区	4 051 830.66

续表

排名	省（市、区）	净流入（+）/净流出（-）
12	内蒙古自治区	3 390 835.61
13	黑龙江省	3 107 787.88
14	四川省	2 599 138.63
15	青海省	1 428 703.02
16	贵州省	1 230 186.62
17	宁夏回族自治区	1 204 090.86
18	西藏自治区	1 137 184.12
19	甘肃省	831 105.40
20	陕西省	729 477.70
21	海南省	636 251.61
22	广西壮族自治区	333 995.19
23	吉林省	166 806.18
24	湖北省	52 521.17
25	重庆市	-1 433 857.84
26	安徽省	-2 808 654.51
27	河北省	-3 134 021.26
28	湖南省	-3 623 897.54
29	河南省	-3 873 961.79
30	江西省	-4 056 267.37
31	上海市	-240 136 366.09

表 12　　各类银行业金融机构支付业务占比统计表

机构类型	业务笔数占比	业务金额占比	平均支付规模（万元/笔）
政策性银行	0.47%	2.78%	1 908.68
国有控股股份制银行	61.58%	43.72%	230.17
全国性股份制商业银行	14.21%	21.04%	479.69
城商行、城市信用社、邮储	10.13%	10.54%	329.52
农商行及农村信用社	10.49%	5.62%	173.59
外资银行	1.64%	3.49%	691.46

注："政策性银行"包括国开、进出口、农发行；"国有控股股份制银行"包括工、农、中、建、交；"全国性股份制商业银行"包括中信、广大、华夏、民生、广发、深发、招商、兴业、浦发。

表 13　　国有控股股份制银行支付业务占比统计表

机构类型	业务笔数占比	业务金额占比	平均支付规模（万元/笔）
中国工商银行	19.76%	13.53%	221.99
中国农业银行	15.34%	8.23%	173.92
中国银行	8.78%	6.35%	234.37
中国建设银行	13.72%	10.76%	254.15
交通银行	3.98%	4.86%	395.67

表 14　　全国性股份制银行支付业务占比统计表

机构类型	业务笔数占比	业务金额占比	平均支付规模（万元/笔）
招商银行	4.26%	3.55%	270.13
兴业银行	1.73%	2.90%	543.11
中信银行	1.72%	3.28%	617.65
中国民生银行	1.37%	2.90%	683.22
上海浦东发展银行	1.35%	2.08%	498.45
中国光大银行	1.23%	2.37%	626.44
广东发展银行	1.01%	0.86%	276.69
深圳发展银行	0.78%	0.89%	371.87
华夏银行	0.77%	2.21%	934.55

第七章 中国支付现代化史略

◆ 中国支付现代化史略

◆ 中国支付现代化大事记

◆ “十一五”中国支付业务发展图解

中国支付现代化史略

支付体系是一国经济、金融赖以运行和发展的最核心的基础设施和制度安排。“十一五”时期，中国支付体系建设取得了辉煌业绩。中国人民银行作为中国的中央银行，切实履行国家支付体系组织者、推动者和监管者角色，以构建安全、高效、便捷、经济的现代化支付体系为目标，自主研发、设计、建设了中国现代化支付系统，积极推进非现金支付工具的应用和多元化发展，支付组织不断丰富，支付监管不断完善，支付市场在规范中蓬勃发展。短短六年间，中国支付体系基本实现了现代化，在支持和促进国民经济持续、健康、快速发展，满足公众日益增长的支付需求，有效应对国际金融危机等方面发挥了积极作用。

2005 年以前

在支付清算系统建设方面，异地跨行支付清算主要使用中国人民银行1991 年建成运行的以专业卫星通信网为依托的全国电子联行系统，电子联行系统仅处理普通贷记业务①。1995 年 5 月，人民银行组织实施电子联行“天地对接”② 工程后，解决了电子联行“天上三秒，地上三天”的突出问题，支付处理速度得到较大提高。同城跨行资金汇划依托中国人民银行各分支行在当地建设的同城票据交换系统③。改革开放初期建成的全国手工联行系统④仍然保留，主要处理中国人民银行内部的借记款项汇划业务。随着经济金融的发展，全国电子联行系统功能单一且未与金融市场连接的不足已越来越不适应新形势的要求。2000 年 10 月，中国人民银行作出

① 普通贷记业务是指付款人委托开户银行向收款人主动发起的付款业务。

② “天地对接”是指电子联行系统在各城市与人民银行会计核算系统、商业银行业务处理系统无需人工干预地对接，减少了票证传递环节，节省了同城票据交换的 3 天时间。

③ 同城票据交换系统是指人民银行分、支行组织，在城市内或指定区域内遵循“先付后收、收妥抵用、差额清算、银行不垫款”的原则，定时定点集中交换票据凭证，清算代收、代付票据资金的跨行支付清算系统。

④ 全国手工联行是指拥有全国联行行号的直接通汇行与通汇行之间，通过邮电局传送全部异地支付凭证（信息），办理异地资金汇划的资金账务往来。手工联行系统主要处理人民银行机构之间资金划拨的借记支付业务以及电子联行未到县部分的贷记支付业务。

"以我为主，自主开发，加快现代化支付系统建设"的决策，通过建设一个更加高效、安全、功能齐全并能支撑各种支付工具应用的现代化支付系统，更好地发挥中央银行的职能作用，促进社会主义市场经济的发展。2004 年年底，大额实时支付系统（简称大额支付系统）成功推广到全国所有省会（首府）城市和深圳市，并在重庆、湖北全辖推广成功，取代了上述地方的电子联行系统。系统布局完成了从原计划 337 个城市处理中心（CCPC）到 32 个 CCPC 的重大调整。中国人民银行还周密稳妥地组织进行了中央债券综合业务系统、公开市场操作业务系统、中国银联信息处理系统、城市商业银行汇票处理系统、香港和澳门人民币清算行系统等五个外系统接入支付系统的工作，实现了债券市场交易和公开市场操作的"券款对付（DVP）"结算，为银联卡、城市商业银行汇票，以及香港和澳门人民币的清算安排提供了保证。大额支付系统每笔业务不到 1 分钟即可到账，大大提高了社会资金的使用效率，促进了金融稳定和经济发展。在建设推广大额支付系统的同时，中国人民银行还同步启动了小额批量支付系统（以下简称小额支付系统）的建设，研究拟定了《小额批量支付系统业务需求书》。

在非现金支付工具规范和使用方面，《票据法》、《票据管理实施办法》、《支付结算办法》和《银行卡业务管理办法》的制定和颁布，确立了信用支付工具在支付结算中的主导地位，规范了支付结算行为，支付工具的使用和管理步入了法制化轨道。票据、银行卡、汇兑等传统支付工具和结算方式居主导地位，网上支付、移动支付等电子支付尚处于起步阶段，票据和银行卡的信用功能未充分发挥，借记卡和以银行信用作担保的票据居多，支票、本票只能在同一城市内使用，异地主要使用银行汇票、商业汇票、汇兑和银行卡等支付工具。为促进社会信用好转，减少现金使用，中国人民银行组织推广信用支付工具，积极推行结算代理制，规范支付结算业务创新，鼓励个人使用支票、定期借记、定期贷记和银行卡等支付工具办理转账结算。2000 年发布的《支付结算代理办法》，旨在规范银行间的结算代理行为，解决中小银行因支付工具准入和异地网点匮乏带来的支付结算瓶颈问题，对畅通中小银行汇路起到了积极作用。为扩大票据使用范围，提高票据交换效率，北京、天津、廊坊，上海、南京，广州、深圳等地打破行政区划限制，建立了跨省（市）的区域性的票据交换中心，中国人民银行在广州和深圳开通了粤港、深港港币支票双向结算业务，有力支撑了粤港、深港两地的经济交流和发展。为方便客户使用，满足支付业务不断创新的需要，中国人民银行对票据和结算凭证进行了改进和规范，将原有的32种票据和结算凭证调整为15种，并在全国组织实施。

在银行卡业务发展方面，银行卡产业经过20年的发展，已经进入快速发展阶段。2002年银行卡联网的实现和中国银联的成立，标志着银行卡在全国范围内实现了联网通用。自此，银行卡交易量和交易金额逐年大幅增长。同时，人民币银联卡逐步走出国境，实现了在中国香港、中国澳门以及韩国、泰国、新加坡等国家和地区的受理。从持卡消费比例、持卡人用卡频率、商户普及率等指标来看，与国外成熟的市场相比，我国银行卡市场潜力很大，尤其是受理市场拓展还需加快和扩大范围。中国人民银行一方面积极推动银行卡产业的发展，加快银行卡受理市场的建设，支持“银联”人民币卡国际化，提高我国银行卡产业整体竞争力。另一方面积极推动银行卡制度建设，加强对边境地区受理和使用人民币银行卡的管理和监测，探索适应银行卡产业发展的定价机制和利益共享机制，平衡各参与主体利益，调动市场各方的积极性。例如，2004年采取多项措施，平息了在深圳等地发生的部分商户罢刷银行卡风波，保护了消费者合法权益、商家正当利益和银行卡服务组织的积极性，营造了银行卡健康发展的外部环境。

在中央银行会计核算管理方面，各地主要使用单机版中央银行会计核算系统进行人民银行各类会计业务的核算，核算主体为人民银行县级分支机构，每个会计核算系统版本相同且独立运行，系统之间不联网，数据较为分散。为配合现代化支付系统的建设，2000年12月，中国人民银行开始建设中央银行会计集中核算系统，以中国人民银行地市以上分支机构为基本核算单位，运用现代信息技术，集中核算、反映和管理中国人民银行各类会计业务，提供最终资金结算服务，成为中国人民银行现代化支付系统的记账基础。伴随支付系统城市处理中心的布局调整，中国人民银行同步研究确定了会计核算系统的集中模式，对中央银行会计集中核算系统应用软件进行了升级改造。2004年10月，中央银行会计集中核算系统成功地在重庆、湖北两省（市）进行试点并迅速完成在全国19个省（自治区、市）的推广。针对会计核算集中带来的变化，中国人民银行又开发了会计集中核算事后监督系统，通过完善技术手段，加强会计核算监督管理。中国人民银行还坚持开展会计联行检查，制定下发了《中国人民银行会计联行检查办法》和《中国人民银行会计联行检查内容指引》，督促分支机构健全内部控制制度，防范会计联行风险，保障人民银行资金安全，推进了会计联行检查的规范化、制度化和常态化。

在银行账户管理方面，为从源头上加强现金管理，规范支付行为，防范利用多头或虚假开户逃税、逃债和逃贷，遏制洗钱、腐败、金融诈骗等违法犯罪行为，中国人民银行对1994年发布的《银行账户管理办法》进行全面修改，制定了新的《人民币银行结算账户管理办法》，并于2003年9月1日起正式施行。为支持《人民币银行结算账户管理办法》等规章制度的有效实施，切实落实银行账户实名制，中国人民银行组织建成省级集中式结构的人民币银行结算账户管理系统，运用现代化技术手段对银行结算账户的开立和使用进行规范。为规范行政事业单位银行账户的开立和使用，从源头上防范和治理腐败，2003年中国人民银行与监察部、审计署、财政部等部门共同对中央预算单位银行账户进行了清理整顿，纠正了大量违规开立和使用银行账户的行为，有效配合了国库集中支付制度改革。

在农村支付环境建设方面，农村金融组织体系真正为“三农”服务的机构明显不足，工商银行、中国银行、建设银行等国有商业银行纷纷撤并在农村的经营机构和部分县支行，农业银行也撤销了大批营业网点，导致相当一部分地区、县以下只有农村信用社或邮政储蓄银行，支付服务组织体系更加单薄。在农村支付中，现金交易的数额较高，传统支付工具仍是主要的支付结算方式，票据和银行卡业务比重逐渐上升。农村支付清算网络建设较为落后，农村信用社不仅自身系统建设不健全，不同地区的农村信用社也未能形成联网，缺少覆盖全国农村信用社的行内汇兑系统，而且农村信用社加入电子联行系统或大额支付系统的比率较低，签发的汇票只能委托全国性商业银行代理兑付。汇路不畅，结算环节多，资金在途时间长，在一定程度上影响了农村地区的生产和生活。

在支付体系国际交流与合作方面，中国人民银行通过组织支付结算境内外培训，与境外机构合作举办研讨会等形式，促进中国人民银行支付结算系统干部队伍特别是领导干部学习支付体系相关理论，及时了解国内外支付体系发展动态，跟踪支付体系发展的最新趋势，进一步开阔国际视野，形成了一批优秀调研报告，推进我国支付体系在更高起点上阔步前进。中国人民银行作为东亚及太平洋中央银行行长会议组织（Executives' Meeting of East Asia and Pacific Central Banks ，EMEAP）的成员，加入了EMEAP支付结算工作组（WGPSS），定期参加EMEAP－WGPSS例会，就EMEAP各经济体境内支付结算体系及跨境支付结算体系发展过程中存在的问题进行研究，加强各经济体在支付结算领域的国际合作与信息交流，推动各经济体支付结算体系的顺利建设与稳定发展。

2005 年

2005 年是大额支付系统、会计集中核算系统和人民币银行结算账户管理系统完成全国推广，小额支付系统完成试点以及农民工银行卡特色服务启动之年，我国支付体系建设取得重要进展。

2005 年，支票累计签发约 8.7 亿笔，金额约 200 万亿元，成为我国企事业单位使用最普遍的非现金支付工具；银行汇票年签发量约 1 千万笔，金额约 5 万亿元，是异地使用最广泛的支付工具。商业汇票年签发量约 480 万笔，金额为 4.5 万亿元，累计贴现 6.75 万亿元，增长 43.3%。其中银行承兑汇票占绝大多数。银行本票仅在一些经济比较发达的城市和小商品市场比较发达的地区使用。

银行卡累计发行 9.6 亿张，其中借记卡 9.2 亿张、信用卡 4 000 万张；全国可以受理银行卡的特约商户约 39.43 万家，POS 机具 61 万台，ATM 终端 8 万台。2005 年，银行卡交易总金额 47 万亿元，其中 POS 交易额约 9 595亿元，剔除批发性的大宗交易和房地产交易，2005 年银行卡消费交易额占全社会消费品零售总额的比重已接近 10%。人民币银联卡可在中国香港、中国澳门、新加坡、韩国、美国、德国、法国、日本、澳大利亚等近 20 个地区和国家使用，2005 年境外交易额达 130 亿元，对方便我国居民出境旅游消费、扩大中外经济文化交流发挥了重要作用。

2005 年，电子联行系统共运行 118 个工作日，大额支付系统共运行 251 个工作日，实际处理业务 1.1 亿笔，金额约 144 万亿元，同比分别增长 39.8% 和 53.9%。大额支付系统连接 1 500 多家直接参与者，覆盖 6 万多个银行业金融机构的分支机构，日均处理跨行汇划业务 50 多万笔，金额 7 000 多亿元，实现了全国跨行资金清算的零在途。

2005 年 6 月，人民币银行结算账户管理系统完成了在全国的推广。截至 2005 年 12 月 31 日，通过人民币银行结算账户管理系统新开立单位银行结算账户 275.3 万户，申报个人银行结算账户 16 亿户。截至 2005 年年底，全国共清理核实单位银行结算账户 1 708.1 万户，占应清理核实单位银行结算账户的 94.1%。

一、支付清算系统建设

大额支付系统完成全国推广。2005 年 6 月，中国人民银行圆满完成大额支付系统在全国的推广应用，该系统取代全国电子联行系统，实现了我国异地跨行支付清算从手工联行到电子联行，再到现代化支付系统的跨越式发展，成为中国支付体系改革和发展的重要里程碑。大额支付系统主要处理金额在规定起点以上的大额贷记支付业务和紧急的小额贷记支付业务。系统采用实时全额结算机制，支付指令实时传输，资金清算不到一分钟即可完成。大额支付系统与中央银行会计集中核算系统、国家金库会计核算系统、银行业金融机构行内支付系统、中央债券综合业务系统、票据支付系统、银行卡支付系统、人民币同业拆借和外汇交易系统等多个系统连接，为银行业金融机构及金融市场提供了安全高效的支付清算和结算服务，为人民币跨境支付以及境外人民币回流提供了清算渠道，实现了债券交易和央行公开市场业务的"券款对付（DVP）"结算，是支持货币政策实施和维护金融稳定的重要金融基础设施。大额支付系统实现了全国跨行资金清算的零在途，业务功能、技术性能及安全指标均居国际先进水平。

小额支付系统成功试点运行。小额支付系统于2005年11月在天津、福建成功试点运行。小额支付系统的业务功能定位于处理同城和异地纸质凭证截留的借记支付业务①以及每笔金额在规定起点②以下的小额贷记支付业务，与大额支付系统实现功能互补。系统采用延时结算机制，支付指令批量发送，轧差净额结算资金。小额支付系统实行7×24小时连续运行，能够支撑各种支付工具的使用，主要为社会提供低成本、大业务量的支付清算服务，满足社会各种经济活动的需要。试点工作为小额支付系统在全国的推广应用积累了经验，奠定了基础。

支付系统应急制度建设和演练。2005年9月，中国人民银行组织制定了《支付清算系统危机处置预案》，涵盖现代化支付系统与中央银行会计集中核算系统应急方案，经国务院批准后发布实施。《支付清算系统危机处置预案》的确立，对提升银行业金融机构的危机应对意识，正确、高效地处置支付清算系统面临的突发事件，保障支付业务处理连续性和社会资金安全具有重大意义。2005年9月，中国人民银行成功实施了大额支付系统NPC与无锡应急备份NPC之间的应急切换演练，充分检验了预案的有效性，标志着中国人民银行支付清算系统应急管理工作取得了阶段性成果。

---

① 借记支付业务是指收款人委托其开户行向付款人主动发起的收款业务。

② 目前小额支付系统贷记业务的金额上限为5万元。

二、制度建设和非现金支付工具推广

采取有效措施推广普及银行卡。2005年4月，中国人民银行会同发改委等九部委联合发布了《关于促进银行卡产业发展的若干意见》（以下简称《若干意见》），明确了银行卡发展的指导思想、原则、目标和工作重点，成为指导我国银行卡工作的纲领性文件。为配合《若干意见》的实施，中国人民银行还发布了《关于规范和促进银行卡受理市场发展的指导意见》，明确了受理市场发展中的重要政策性问题，并重点推进起草《银行卡条例》、配合修正《刑法修正案（草案）》中有关信用卡犯罪立法条款、修订银行卡行业技术标准、研究银行卡手续费定价机制、提出推行公务卡和财税优惠政策的初步意见、支持中国银联开拓境外受理市场等相关配套工作。中国人民银行还组织开展全国“银行卡之春”宣传活动，普及银行卡知识，营造良好的产业发展氛围。针对2005年6月美国发生的信用卡资料外泄波及我国持卡人事件以及11月部分酒店收银系统发生的信用卡泄密事件，采取果断措施，有效制止了事态扩大，确保了持卡人资金安全，强化了银行卡安全管理。

加强票据管理，推动票据业务发展。中国人民银行先后印发了《中国人民银行关于对签发空头支票行为实施行政处罚有关问题的通知》和《中国人民银行关于完善票据业务制度有关问题的通知》，明确了签发空头支票违规行为的行政处罚流程，规范和促进了票据业务健康发展，在现有法律框架下主动适应了社会经济活动的客观需要。中国人民银行还将支票圈存列为小额支付系统开发建设的重要项目，在天津分行成功试点，探索了在国内信用体系不健全的现实条件下，推行个人支票的现实途径。为缩短票据在途时间，加快资金周转，促进支票跨区域交换，京津冀票据自动清分系统和深圳票据影像处理系统投产运行，为支票的跨区域使用和影像技术的推广应用积累了经验，奠定了基础。

规范电子支付业务。2005年10月，中国人民银行以公告形式发布了《电子支付指引（第一号）》，明确规范了银行机构和客户在电子支付业务中的权利义务关系。《电子支付指引（第一号）》以“保证安全和兼顾效率”为基本原则，立足于当前社会信用环境欠佳、公众自我保护意识淡薄的现实，采取限制金额的措施来提高网上支付的安全性，有利于保障银行和客户的资金和交易安全，为网上支付的良性发展保驾护航。《电子支付指引（第一号）》的发布在社会上引起强烈关注和积极反响。

三、中央银行会计核算管理

中央银行会计集中核算系统和会计集中事后监督系统分别于2005年4月和2005年年底完成全国推广。中央银行会计集中核算系统是中国人民银行履行各项职能的核心支持系统，它完善了中央银行会计核算流程，相对集中了账务处理和数据存储，实现了与中国人民银行现代化支付系统、会计报表系统和统计信息系统的连接，显著提高了会计核算质量和效率，为大额支付系统的最终结算奠定了坚实基础。会计集中事后监督系统规范了会计集中核算监督模式，提升了会计事后监督时效与质量。同时，为配合小额支付系统的建设试点，中国人民银行开发完成了会计集中核算系统小额支付功能模块并顺利上线运行。

四、银行结算账户管理

人民币银行结算账户管理系统全面推广。2005年6月，中国人民银行组织完成人民币银行结算账户管理系统在全国的推广上线。人民币银行结算账户管理系统的建成运行，为规范人民币银行结算账户的开立和使用，防范利用银行结算账户进行的违法犯罪活动，支持征信体系建设提供了重要手段和支撑，成为中国人民银行实现银行结算账户非现场管理的重要手段。

开展对各类银行结算账户的集中清理核实。人民币银行结算账户管理系统投入运行后，中国人民银行组织分支机构对系统运行前开立的各类人民币银行结算账户进行了集中清理核实，完成了单位银行结算账户的清理核实和个人银行结算账户的申报工作，有力地推进了人民币银行结算账户规章制度的落实，使各种违规开户问题得以暴露和纠正。

个人银行结算账户部分数据移送至个人信用信息基础数据库。为充分发挥人民币银行结算账户管理系统的信息服务功能，促进社会征信体系的建设，中国人民银行将系统存储的16亿个个人银行结算账户中的部分数据成功移送至个人信用信息基础数据库，为个人征信工作的开展提供了有力手段。

五、农村地区支付环境建设

为贯彻落实党中央、国务院关于统筹城乡发展、切实解决“三农”问题、加快建设小康社会的精神，中国人民银行在支付体系建设过程中，始终把改善农村地区支付结算环境难的问题放在突出位置，采取综合措施，积极畅通农村支付结算渠道。一是发布《关于农村信用社接入支付系统的指导意见》，提供多种接入方式和通汇方案供农村信用社加入大额支付系统，畅通其异地跨行清算渠道，为其参与支付服务市场的公平竞争创造了条件。二是批准城市商业银行资金清算总中心办理农村信用社汇票资金移存业务，支持农村信用社票据业务发展。三是积极支持农村信用社成立资金清算中心，批复北京农村商业银行等31家单位共同发起设立农信银资金清算中心，为更加广泛的农村合作金融机构提供专业清算服务。四是积极推行代理制，鼓励农村信用社选择商业银行或中国人民银行代理其支付结算业务。五是响应国家服务“三农”的号召，探索银行卡服务农村支付的路径，在贵州拉开了“农民工银行卡特色服务”的序幕。

六、非金融机构支付服务监管

非金融机构提供支付服务是我国经济金融发展中的新生事物，为规范非金融机构支付服务行为，防止出现监管真空，防范资金风险，维护金融稳定，在规范中促进支付服务市场的多元化、市场化发展，中国人民银行启动相关问题研究工作，组织拟定了《支付清算组织管理办法》（初稿），明确了支付清算组织的市场准入和退出机制、业务管理及风险防范等相关问题。该办法于2005年6月向社会公开征求意见。

七、支付体系分析与规划

支付信息分析工作对于加强支付体系监督管理、促进支付体系改革发展以及支持宏观经济政策的制定和实施具有重要意义。2005年，中国人民银行制定了《支付信息分析工作实施方案》，明确了支付信息分析工作的总体规划，确立了能够全面反映支付体系运行全貌的支付业务报表体系。同时，中国人民银行还印发了《关于报送中国人民银行支付业务报表的通知》和《关于报送金融机构支付业务报表的通知》等规范性文件，我国支付报表体系初步建立。

八、国际交流与合作

2005年，为吸收国际支付结算领域的先进研究成果，为我国支付体系管理提供借鉴，中国人民银行编译了《支付结算体系丛书》，出版了《支付体系比较研究》和《发达经济体支付结算体系》。中国人民银行还与香港金管局、欧洲中央银行、德国中央银行、国际清算银行支付结算体系委员会（CPSS）开展合作培训，增强中外支付结算交流合作，向国际社会展示我国支付体系建设成绩，逐步扩大国际影响。

2006 年

2006 年是“十一五”规划的开局之年。我国支付体系建设取得了长足进步，支付体系对社会经济发展的促进作用日益显现。

2006 年，全国使用非现金支付工具办理支付结算业务 129. 1 亿笔，金额 469. 3 万亿元。其中，票据业务 11. 9 亿笔，金额 224. 7 万亿元，占非现金支付工具业务量的 9. 2% 和 47. 9%；银行卡业务 109. 2 亿笔，金额 70. 6 万亿元，占非现金支付工具业务量的 84. 5% 和 15%；汇兑、委托收款等结算方式业务 8. 1 亿笔，金额 174. 1 万亿元，占非现金支付工具业务量的 6. 3% 和 37. 1%。

从票据业务的结构看，2006 年，票据业务中支票 11. 66 亿笔，金额 208. 5 万亿元，占票据业务量的 97. 9% 和 92. 8%；银行汇票 1 332 万笔，金额 5. 31 万亿元，占票据业务量的 1. 1% 和 2. 4%；商业汇票 588 万笔，金额 5. 51 万亿元，占票据业务量的 0. 5% 和 2. 5%；银行本票 565 万笔，金额 5. 28 万亿元，占票据业务量的 0. 5% 和 2. 3%。

截至 2006 年年底，中国累计发行银行卡 11. 3 亿张，其中借记卡 10. 8 亿张，同比增长 17. 4%，占银行卡发卡量的 95. 6%；信用卡 4 958 万张，占银行卡发卡量的 4. 4%。银行卡受理环境不断改善，全国可以受理银行卡的特约商户约 52 万家，POS 机具约 82 万台，ATM 终端 10 万台。银行卡支付功能得到有效发挥，持卡消费风气初步形成。2006 年，银行卡交易总金额约 71 万亿元，同比增长 44%。2006 年 POS 交易约 2 万亿元，同比增长 97%。剔除批发性的大宗交易和房地产交易，2006 年银行卡消费交易额占社会消费品零售总额的比重达到 17%，较上年同比增加了 7 个百分点。境外受理银联卡的国家和地区达到 26 个。银行卡消费支付功能得以显现。

2006 年，中国人民银行现代化支付系统、票据支付系统、银行业金融机构行内支付系统及银行卡支付系统共处理支付清算业务 38. 2 亿笔，金额 552. 8 万亿元，清算金额是 2006 年 GDP 总量的 26 倍。其中，大额支付系统共处理支付清算业务 1. 4 亿笔，金额 257. 5 万亿元，占支付系统业务量的3.7%和46.6%；小额支付系统共处理支付清算业务3 336万笔，金额2.2万亿元；银行业金融机构行内支付系统处理支付业务15.3亿笔，金额225.6万亿元，占支付系统业务量的40%和40.8%；银行卡跨行支付系统共处理支付清算业务16.6亿笔，金额1.8万亿元，占支付系统业务量的43.5%和0.3%。

截至2006年年底，各类人民币银行结算账户共计19.9亿户，其中单位银行结算账户1 533万户，个人银行结算账户19.8亿户。单位银行结算账户中，基本存款账户占58%，在单位银行结算账户中居于主导地位。

一、支付清算系统建设

小额支付系统在全国推广完成。2006年6月，中国人民银行完成小额支付系统在全国范围的推广，搭建了社会零售支付服务的全新平台。伴随小额支付系统的建成，全国手工联行彻底退出历史舞台，以大、小额支付系统为核心的中国支付清算体系基本形成，大大提升了中央银行的金融服务水平。截至2006年年底，小额支付系统已全面开通普通借记、普通贷记、实时借记、实时贷记、定期借记、定期贷记、通用信息及实时信息业务，其跨行支付清算和业务创新的公共平台作用日益显现。

启用大额支付系统自动质押融资和小额支付系统质押品管理功能。中国人民银行于2006年2月和5月分别启用了小额支付系统质押品管理功能和大额支付系统自动质押融资功能。大额支付系统自动质押融资机制的安排，有利于增强银行业金融机构实时支付能力，提高支付清算效率，防范流动性风险。小额支付系统质押品管理功能的启用，丰富了净借记限额的担保品资源，防范了支付系统信用风险，降低了商业银行的资金运营成本，为其灵活实施资金管理提供了便利。

全国支票影像交换系统成功试点运行。为促进支票广泛使用，实现支票在全国范围内的流通使用，中国人民银行建设了全国支票影像交换系统(CIS)。全国支票影像交换系统是运用影像技术将实物支票截留，转换为支票影像及其电子清算信息，并通过信息网络传递至出票人开户银行提示付款的业务处理系统，是继大、小额支付系统之后中国人民银行建成的又一重要金融基础设施。全国支票影像交换系统主要处理银行业金融机构跨行和行内支票影像信息交换，其资金清算通过小额支付系统处理。全国支票影像交换系统于2006年12月在北京、天津、上海、广东、河北、深圳等六省（市）试点运行。此后，六省（市）之间企事业单位和居民个人签发的支票可以互通使用。

二、制度建设和非现金支付工具推广

积极推动票据业务健康发展。为改善我国商业汇票结构失衡、商业信用过度依赖于银行信用的状况，进一步发挥商业承兑汇票对社会经济发展的促进作用，引导和鼓励商业信用发展，2006 年 11 月，中国人民银行发布了《中国人民银行关于促进商业承兑汇票业务发展的指导意见》，提出了促进商业承兑汇票发展的政策措施。为满足香港居民来大陆旅游、消费的支付需求，对香港居民在广东、深圳使用个人支票进行管理和规范，中国人民银行发布了《香港人民币支票业务管理办法》。按照行政许可法规制度的要求，中国人民银行发布了《中国人民银行办公厅关于规范银行汇票专用章事项的通知》，规定了汇票专用章的式样、格式，规范了汇票专用章的使用许可程序。此外，中国人民银行还积极配合立法部门推动《票据法》的修改工作，形成了初步的修改方案，《票据法》修订列入了国务院 2007 年立法计划。

大力改善银行卡受理环境，加强风险控制，促进银行卡应用发展。2006 年 4 月，中国人民银行等九部委联合召开全国银行卡工作会议，总结近年来银行卡工作取得的成绩，进一步明确了银行卡应用发展的工作目标、重点和政策措施，为做好今后一个时期的银行卡工作奠定了政策基础。中国人民银行按照会议部署，积极制定落实措施，在推广公务卡、改善奥运会支付环境、防范银行卡支付风险及打击利用银行卡从事赌博、洗钱、诈骗等违法犯罪活动方面做了大量工作，取得了良好效果。

加强对新兴支付工具发展的跟踪和研究。针对我国网络货币、储值卡等新兴支付工具发展较快，对社会生活的渗透影响日渐深入，中国人民银行组织开展调研，就网络货币的现状、影响以及促进其规范发展的政策措施进行了研究，提出了初步的规范思路。针对多用途储值卡的迅速发展，中国人民银行对发行主体资质、预收资金管理、清算风险控制等关键性问题形成了规范性意见，促进了新型支付工具的健康发展。

三、中央银行会计核算管理

中央银行会计集中核算系统完成了全国的升级换版。升级后的中央银行会计集中核算系统优化了小额支付业务、重要空白凭证核对和其他相关功能，中国人民银行各项上划业务均通过中央银行会计集中核算系统的小额支付业务办理，借助小额支付系统通道完成，取代了存续五十多年的手工联行上划资金方式，人民银行会计核算工作进入相对集中的电子化处理时代。事后监督系统也同步完善了公开市场业务、自动质押融资业务和ABS小额支付业务的监督功能。为强化中央银行会计集中核算系统的安全运行管理，中国人民银行修订了《中央银行会计集中核算系统管理办法》及其操作规程。为提高相关主体应对突发事件的能力，制定了中央银行会计核算系统小额支付业务应急预案，开展了应急演练。同年，中国人民银行还发布了《中央银行会计核算系统年度资金上划业务规范》，指导中央银行年度上划业务，有效提高了上划效率，防范了资金风险。

四、银行结算账户管理

继续完善银行结算账户管理制度。一是发布《中国人民银行关于规范人民币银行结算账户管理有关问题的通知》，细化账户管理制度，明确账户管理实践中出现的具体操作问题。二是针对企业年金账户、中央预算单位账户以及党费账户的特殊性，与相关部委联合发布了《关于企业年金基金银行账户管理等有关问题的通知》、《财政部　中国人民银行关于印发〈中央预算单位银行账户管理暂行办法〉补充规定的通知》以及《关于党费账户继续单独设立的通知》，主动适应了业务改革、发展和管理的变化需求。三是与建设部联合印发了《关于加强房地产经纪管理规范交易结算资金账户管理有关问题的通知》，整顿房地产经纪市场秩序，维护房地产经纪活动当事人的合法权益。

完善账户管理系统业务处理制度和应急机制，推进人民币银行结算账户管理系统（二期）建设。中国人民银行组织开展银行账户管理系统应急演练工作，提高中国人民银行分支行和商业银行应对账户管理系统突发事件的整体能力。按期完成向企业征信系统移送企业单位银行结算账户数据工作，有力推动社会征信体系建设。结合账户管理系统的运行情况，考虑账户清理核实中存在的问题，在广泛调研的基础上，组织拟订了账户管理系统（二期）业务需求，并完成了应用软件的业务测试。适应系统功能新变化和银行结算账户管理新趋势，修订了《账户管理系统业务处理办法》、《银行机构代码管理规定》等相关规章制度。

五、农村地区支付结算环境建设

中国人民银行发布了《中国人民银行关于做好农村地区支付结算工作的指导意见》，统筹规划今后一个时期农村支付体系建设的目标和重要措施，为农村支付结算工作的良好开局奠定了坚实基础。农民工银行卡特色服务2005年在贵州成功试点的基础上，2006年继续开通到山东、湖南、重庆、福建、江苏、江西、四川、陕西、云南、河南、广西等11个农民工输出大省（市、自治区），大大方便了农民工异地存取款，受到国务院领导同志的充分肯定和社会各界的广泛好评。同年，中国人民银行批准农信银资金清算中心办理农村信用社、农村商业银行、农村合作银行签发的银行汇票资金清算业务，增强农村金融机构的结算功能，进一步畅通其汇路。

六、支付体系分析与规划

中国人民银行组织开展支付业务季报表和月报表的填报、审核和汇总工作，支付业务报表填报工作逐步规范。《支付业务季报》反映了报告期内支付体系各组成部分的主要特点及其变动趋势，客观评价了支付体系总体运行情况，它的发布便于银行业界充分了解支付体系运行全貌及支付业务新趋势、新特点，有助于中国人民银行履行支付结算管理职责。

七、国际交流与合作

中国人民银行和香港金管局就内地和香港支付系统的跨境联网以及扩大两地外币支付联合结算安排等问题进行深入讨论，取得共识。中国人民银行编译完成支付结算体系丛书之《亚太十国支付结算体系》和《证券结算系统标准与方法》。

2007年

2007年，中国支付体系建设继续向纵深推进。

2007年，全国使用非现金支付工具办理支付业务约154.5亿笔，金额593万亿元，同比分别增长19.7%和26.3%。其中，票据业务10亿笔，金额237万亿元，同比笔数下降17.9%，金额增长5.2%；银行卡业务136亿笔，金额约112万亿元，同比分别增长24.7%和57.9%；汇兑、委托收款等结算方式业务8.6亿笔，金额245万亿元，同比分别增长6.93%和40.76%。

截至2007年年底，我国银行卡发卡总量约为15亿张，同比增长32.6%。其中，借记卡发卡量约为14亿张，同比增长30.4%；信用卡发卡量为9 026万张，同比增长82%。银联跨行交易网络加快向二级地市和发达县延伸，共覆盖237个二级地市，比2006年年年末增加33个。截至2007年年末，全国银行卡受理特约商户73.92万户，POS机具118.12万台，ATM终端12.3万台，同比分别增长41.9%、44.4%和25.8%。2007年，银行卡交易总金额达111.47万亿元，同比增长57.93%，其中POS交易约3万亿元，同比增长58%，银行卡消费额（扣除房地产和批发类交易）占同期社会商品零售总额的比重为21.9%，比2006年提高4.9个百分点。

2007年，中国人民银行现代化支付系统、票据支付系统、银行业金融机构行内支付系统及银行卡跨行支付系统共处理支付业务约54亿笔，金额889万亿元，同比分别增长约41.3%和61.1%。其中：大额支付系统共处理支付业务近2亿笔，金额504万亿元，同比分别增长21.2%和95.8%。大额支付系统2007年全年日均处理支付业务69万笔，金额2万亿元；小额支付系统共处理支付业务0.8亿笔，金额15万亿元；票据支付系统共处理支付业务4亿笔，金额72万亿元，同比笔数下降3.6%，金额增长10.3%；银行业金融机构行内支付系统共处理支付业务22亿笔，金额294万亿元，同比分别增长46%和30.5%；银行卡跨行支付系统共处理支付业务25亿笔，金额3万亿元，同比分别增长48.8%和75%。

截至2007年年底，全国共开立各类人民币银行结算账户约22亿户，其中单位银行结算账户1 767万户，个人银行结算账户约21.8亿户。

一、支付清算系统建设

支付管理信息系统建成运行。为充分挖掘、利用支付系统中丰富的支付清算交易信息，2007年5月，中国人民银行组织建成了支付管理信息系统。通过对支付系统业务信息的采集、加工和分析，为中央银行制定和实施货币政策、维护金融稳定提供决策依据，并为反洗钱和银行业金融机构经营管理提供信息支持，在提高支付系统运行管理水平、防范支付风险方面功效显著。

支票影像交换系统在全国顺利推广。中国人民银行于2007年6月完成了支票影像交换系统（CIS）在全国范围的推广。通过变革支票清算模式，提高了支票清算效率，创造了支票在全国范围互通使用的条件，有效减少了现金使用，便利了企事业单位和个人的异地支付活动。

境内外币支付系统建设取得重要进展。为提高境内外币业务的支付效率、降低清算成本，中国人民银行于2007年启动建设境内外币支付系统，完成了制订工程实施计划、撰写业务需求书、按照市场化原则选择代理结算银行、业务与联调测试，以及确定第一批直接参与行等上线准备工作。

完善支付系统风险防范机制。为确保支付系统安全、稳定运行，中国人民银行采取了一系列风险防范措施：一是积极推进灾备系统建设，建成了小额支付系统国家处理中心（NPC）应急备份系统，安排部署小额支付系统故障处置工具软件在中国人民银行和商业银行的安装应用，进一步提高支付系统的应急处置能力；二是根据支付清算系统建设发展情况，及时修订完善了《支付清算系统危机处置预案》并督促落实；三是启动了支票影像交换系统总中心应急备份系统及支付系统城市处理中心（CCPC）集中应急备份系统的建设。

二、非现金支付工具推广和管理

改进个人支付结算服务。针对大中城市银行网点办理业务“排队难”问题，并着眼于长远改善全社会支付结算环境、提升银行支付结算服务水平，中国人民银行于2007年5月发布了《中国人民银行关于改进个人支付结算服务的通知》。本着简化手续、便利操作、规范管理的原则，就改进个人支付结算服务效率和质量提出简化账户转换和资金转账的手续、推广非现金支付工具、鼓励利用小额支付系统办理代收代付和通存通兑、完善电子支付和自助服务功能、整合网点柜台资源、加强支付结算监督管理、做好业务宣传工作等七个方面的政策措施。这些措施实施后，有效缓解了银行“排队难”问题，提高了社会公众对银行结算服务的满意度，取得了良好的社会效果。

积极推动公务卡的推广应用。2007年5月，财政部、中国人民银行在武汉联合召开全国公务卡应用推广会议，共同推动公务卡在中央和各级地方预算单位的广泛使用。随后，中国人民银行会同财政部制定并发布了《预算单位公务卡管理暂行办法》，组织召开了由多部委、中国银联、中央预算单位等机构参加的电视电话会议，落实有关工作。截至2007年年末，20个省（市、自治区）开展了公务卡推广试点工作。公务卡的应用推广有利于深化公共财政改革，加强财政支出监督管理，防范与控制现金风险，提高公务支出的透明度。

拓展农民工银行卡特色服务的广度和深度。中国人民银行发布了《中国人民银行办公厅关于进一步做好农民工银行卡特色服务工作的通知》，要求各参与单位将农民工银行卡特色服务的工作重点转到提高服务质量和水平上。协调中国邮政储蓄银行各级机构逐步受理农民工银行卡，依托邮储众多的机构网点资源特别是数量庞大的乡镇基层邮政储蓄所，进一步提高农民工银行卡的使用和普及程度。中国人民银行还发布了《关于做好年末农民工银行卡特色服务宣传工作的通知》，充分利用春节期间农民工返乡的高峰期，集中宣传农民工银行卡特色服务，取得显著成效。截至2007年年底，农民工银行卡特色服务业务交易总笔数约416万笔，取款交易金额22亿元。农民工银行卡特色服务工作取得了良好社会效应，得到了国务院有关领导同志的肯定。

加强奥运支付环境建设。为统筹协调有关政策措施与资源，充分发挥支付体系服务北京奥运的重要作用，中国人民银行会同商务部、国家旅游局等十部委成立了奥运支付环境建设工作领导小组，于2007年3月发布了《关于加强奥运支付环境建设的指导意见》，明确了奥运支付环境建设工作的指导思想、主要目标、工作重点和实施安排。在人民银行和相关部门统一组织和协调下，奥运支付环境建设各项工作进展顺利，有关部门和单位重点加强奥运赛事城市银行卡受理环境的建设，努力拓展其他非现金支付服务功能，为进入我国境内的外国机构和个人提供更加便利的账户、银行卡支付、外币兑换、旅行支票、电子汇兑等服务。

进一步加强银行卡风险管理。为规范银行卡境外受理业务，防止不法分子利用银行卡套现参与赌博和进行跨境非法资金转移等违法犯罪活动，中国人民银行于2007年8月发布了《关于加强银行卡境外受理业务管理有关问题的通知》，要求各商业银行和中国银联严格执行大额交易和可疑交易报告制度；加强对银行卡账户的重点核查工作；严格规范银行卡境外特约商户类别码设置；实施银行卡境外特约商户实名制，加强对境外收单机构的风险管理；建立银行卡风险信息共享和配合机制。

组织推广小额支付系统银行本票业务。为减少“现金搬家”，提升社会金融服务水平，中国人民银行对银行本票的业务处理进行了流程再造，组织推广了小额支付系统银行本票业务，提高了银行本票的安全性和处理效率。

规范网上支付。中国人民银行配合文化部等十四部委发布了《关于进一步加强网吧及网络游戏管理工作的通知》，明确了规范和管理“虚拟货币”方面的基本思路和要求。

三、中央银行会计核算管理

为支持存款准备金缴存方式的改变和会计科目的全面变更，同时配合支付系统相关功能改造，中国人民银行组织对中央银行会计集中核算系统（ABS）和中央银行会计事后监督系统（AAS）进行了升级换版，保证了总行准备金管理政策的具体实施。中国人民银行还启动了中央银行会计凭证影像事后监督系统（IAS）项目建设，配套下发了《中央银行会计凭证影像事后监督系统操作规程》，IAS推广覆盖到全国87.7%的地市以上中心支行和91.1%的县级支行，有效解决了集中核算模式下县支行会计凭证传递成本较高、风险隐患较大的问题，切实改进了事后监督的手段，提高了事后监督时效。

四、银行结算账户管理

完善账户管理规定，满足不同方面的管理要求。一是为支持政策性金融业务的发展，发布了《中国人民银行关于政策性银行为合格境外机构办理人民币贷款业务和货币互换业务有关问题的通知》，明确政策性银行可为特定合格境外机构开立人民币银行结算账户。二是与财政部、安全部联合发布《关于国家安全机关涉密账户管理有关问题的通知》，满足安全部门开展相关工作的需要。三是与国家税务总局、财政部联合发布了《关于税务代保管资金账户管理有关问题的通知》，以促进税务代保管资金管理，堵塞税收漏洞；发布了《中国人民银行关于税务代保管资金账户销户问题的通知》，针对税务代保管资金的特殊性，对其销户问题作出了特例安排。

完成人民币银行结算账户管理系统（二期）建设。中国人民银行组织完成了人民币银行结算账户管理系统（二期）的推广建设。二期系统的建成，进一步完善了功能，优化了性能，加强和改进了银行结算账户管理，提高了银行结算账户管理水平。

建设运行联网核查公民身份信息系统，落实个人账户实名制取得突破性进展。为贯彻落实国务院领导关于切实落实银行账户实名制的指示精神，中国人民银行会同公安部组织建设联网核查公民身份信息系统，并于2007年6月底完成该系统全国推广。截至2007年年底，全国约有17万个银行机构网点接入联网核查系统，占全国银行机构网点总数的92.2%；共发生联网核查业务约2.9亿笔，日均业务量180万笔。据不完全统计，到2007年年底，银行机构经联网核查确认客户出示的居民身份证系虚假证件的案例28 000多起，其中1 900多起具有违法犯罪嫌疑的案件已经移送当地公安机关；另外，身份信息可疑的相关个人自动放弃办理业务的事件共发生近60万人次，联网核查的社会效果初步显现。联网核查系统的建设运行为银行业金融机构识别客户身份提供了高效、权威的手段，标志着我国在落实银行账户实名制特别是个人账户实名制方面取得了突破性进展。

组织开展存量单位银行结算账户相关个人公民身份信息真实性核实工作。为进一步落实银行账户实名制，推进反洗钱和社会征信体系建设，2007年11月至12月，中国人民银行组织在天津、重庆开展存量单位银行结算账户相关个人公民身份信息真实性核实第一阶段工作。通过联网核查系统及其他手段，对联网核查系统运行前开立且正常使用的单位银行结算账户中的法定代表人或单位负责人的公民身份信息进行真实性核查。

五、支付体系分析与规划

中国人民银行建立了按年度公布支付体系发展报告，按季度公布支付体系运行情况的信息披露机制。首次发布《中国支付体系发展报告(2006)》（中、英文版），全面、系统地向社会披露中国支付体系发展情况、相关数据和未来发展规划，揭示了支付体系的建设与经济金融发展、货币政策及金融稳定之间的内在关系，论述支付体系作为一国经济金融发展的基础设施，对国民经济发展和人民生活质量提高的作用，引起国内外金融业界、经济业界及相关研究机构的广泛关注。中国人民银行还按季度编制《支付业务季报》，制定了《支付业务报表填报说明》，支付业务报表的填报工作进一步规范，数据质量持续提高，参考和借鉴价值不断提升。

六、国际交流与合作

中国人民银行与香港金融管理局积极开展内地与香港金融基础设施合作，就中国外汇市场及清算的最新发展、内地银行间外币支付系统发展情况与合作安排等多项议题进行会谈，撰写形成了《亚洲金融债券市场研究报告》。

2008 年

2008 年是中国经济社会发展中极不平凡的一年。在国际金融危机冲击及国内自然灾害频发的双重压力下，支付体系运行平稳，支付系统在畅通资金汇划渠道，支持赈灾救济款及时、准确拨补到位方面发挥了出色功效，在应对和化解国际金融危机方面显示了积极作用。支付体系的高效性和稳健性得到了有效检验。

2008 年，我国非现金支付工具业务量继续保持增长，但业务金额增速明显回落。全年使用非现金支付工具办理支付业务 183. 3 亿笔，金额 633 万亿元，同比分别增长 18. 6% 和 6. 8%，分别较 2007 年回落 1. 1 个百分点和 19. 5 个百分点。其中，票据业务 8. 8 亿笔，金额 251. 4 万亿元，占非现金支付工具业务量的 4. 8% 和 39. 7%；银行卡业务 166. 7 亿笔，金额 127. 2 万亿元，占非现金支付工具业务量的 91. 0% 和 20. 1%；汇兑、委托收款等结算方式业务 7. 7 亿笔，金额 254. 5 万亿元，占非现金支付工具业务量的 4. 2% 和 40. 2%。

银行卡发卡量持续增加，信用卡占比进一步提高，银行卡发卡增速放缓。截至 2008 年年底，全国累计发行银行卡 18 亿张，同比增长 16. 7%，增速较 2007 年回落 15. 9 个百分点。其中，借记卡发卡量为 16. 6 亿张，同比增长 17. 6%，增速较上年同期回落 12. 8 个百分点，占银行卡发卡量的 92. 1%；信用卡发卡量为 14 232. 9 万张，同比增长 57. 7%，增速较 2007 年回落 24. 3 个百分点。银行卡受理环境不断改善，但与发达国家相比仍有差距。截至 2008 年年底，全国银行卡受理特约商户 118. 17 万户、POS 机具 184. 51 万台、ATM 终端 16. 75 万台，同比分别增长 60%、56% 和 36%。2008 年年底，我国每台 ATM 对应的银行卡数量为 1. 07 万张；每台 POS 对应的银行卡数量为 976 张。2007 年年底，美国、法国、德国每台 ATM 对应的银行卡数量分别为 6 220 张、1 906 张和 1 741 张，每台 POS 对应的银行卡数量分别为 502 张、80 张和 210 张。2008 年，银行卡交易总金额达 127. 2 万亿元，同比增长 14. 1%，其中 POS 消费交易 3. 95 万亿元，同比增长 31. 8%；银行卡消费额（扣除房地产和批发类交易）占同期社会商品零售总额的比重为 24. 2%，比 2007 年提高 3. 2 个百分点，银行卡已经成为我国个人消费最频繁使用的非现金支付工具。

2008 年，大额支付系统和银行业金融机构行内支付系统全年业务继续呈较快增长趋势，但受国际金融危机对国内经济的影响，下半年两类系统业务笔数增速放缓；银行卡跨行支付系统业务继续保持较快增长，但增速放缓；小额支付系统业务稳步增长；同城票据清算系统业务量略有下降。2008 年，支付系统共处理支付业务 72.6 亿笔，金额 113 万亿元，同比增长 34.8% 和 27.1%，增速分别较 2007 年回落 6.3 个百分点和 33.8 个百分点。其中，大额支付系统共处理业务 2.14 亿笔，金额 640 万亿元，同比分别增长 24.5% 和 27.0%，大额支付系统日均处理业务 81.39 万笔，金额 2.43 万亿元；小额支付系统办理业务 1.41 亿笔，金额 5.12 万亿元，日均处理业务 40.09 万笔，金额 145.82 亿元；同城票据清算系统处理业务 4.28 亿笔，金额 71.94 万亿元，同比分别下降 2.2% 和 0.6%；银行业金融机构行内支付系统处理业务 28.8 亿笔，金额 408.6 万亿元，同比分别增长 29.3% 和 38.8%；银行卡跨行支付系统共处理业务 36 亿笔，金额 4.55 万亿元，同比分别增长 45.5% 和 46.1%。

2008 年，人民币银行结算账户数量继续保持平稳增长态势。截至 2008 年 12 月底，账户管理系统连接全国约 15 万个银行机构网点，存储各类银行结算账户 23.9 亿户，同比增长 9.3%。其中单位银行结算账户约 1 966 万户，占银行结算账户的 0.8%，同比增长 11.3%；个人银行结算账户约 23.7 亿户，占银行结算账户的 99.2%，同比增长 9.3%。联网核查系统连接全国约 17 万个银行机构网点，共发生联网核查业务约 12 亿笔，日平均业务量 300 万笔。

一、奥运支付环境建设

2008 年，中国人民银行积极落实党中央、国务院关于北京承办奥运会的相关部署，切实推动奥运支付环境建设，致力于打造安全、便捷、高效的奥运支付环境，为奥运会的成功举办提供了有力支持。

中国人民银行会同北京奥组委等九部门成立奥运支付环境建设工作领导小组，印发《关于加强奥运支付环境建设的指导意见》，明确了奥运支付环境建设目标和重点；针对境外机构和个人的账户服务需求，简化奥运会人民币临时存款账户开立、使用程序，并派驻人员参与奥运会媒体“一站式”服务；加强外币兑换服务工作，增设外币兑换业务银行网点，简化外币兑换手续，允许外币代兑机构办理非居民兑回业务，放宽外币代兑机构库存限额管理和兑换牌价政策；对奥运期间个人办理外汇业务作出特殊安排，满足境外客人小额外币兑换服务需求；加大对支付系统设备及网络的安全检查力度，确保奥运期间各支付系统安全、稳定运行。

同时，中国人民银行将加强银行卡应用作为提升奥运支付环境的重要举措，采取一系列行之有效的措施进行推广并确保用卡安全：加强银行卡风险管理，指导和敦促商业银行和中国银联建立健全银行卡风险监控体系；对奥运城市、主要旅游城市的银行卡联网通用设施进行检测，确保奥运期间银行卡联网通用；拓展银行卡受理市场，推动银行卡在公用事业、商业流通领域以及民航、铁路、公路售票领域的应用。经过努力，奥运重点区域、重点旅游线路的用卡环境显著改善，中小城市、商户的银行卡应用工作取得明显进展。

经各方共同努力，全国各地特别是 6 个奥运城市的支付服务环境得到根本改善。2008 年北京奥运会、残奥会期间，金融支付服务行业较为出色地完成了奥运使命，成功地为境内外机构和个人创造了支付便利、服务优质、安全高效的金融环境，实现了“零事故、零投诉、零负面报道”，向全世界展示了中国支付体系建设的成就和银行业的优良服务水平。奥运支付环境建设工作得到国务院和北京奥组委的充分肯定。

二、全力支持抗击冰冻灾害和抗震救灾

2008 年，中国人民银行在抗击南方冰冻灾害、汶川大地震以及支持灾后重建方面，果断采取了一系列有效措施，确保了支付系统高效、稳定、连续运行，为受灾地区群众、企业和金融机构提供了及时、高效的支付服务。

一是及时启动支付清算系统应急处置预案，认真做好系统监控，相继采取大额支付系统节假日照常运行、放开小额支付系统贷记业务金额上限等措施，为救灾款项的及时划拨到位开辟了“绿色通道”。二是要求中国人民银行各分支机构和商业银行统筹安排工作时间和人员，力保救灾款项在第一时间到达指定银行机构和指定收款人账户。三是切实贯彻落实国务院关于向地震灾区困难群众发放补助金的决定，会同有关部门研究制定补助金发放实施方案，认真做好受灾群众身份信息采集、补助金收款账户开立及补助金发放等各项工作，实现补助金发放的快速、自动化处理，全力保证补助金快速、准确、足额直接发放到灾区困难群众。四是针对许多交纳“特殊党费”的汇款人或汇款单位的邮寄信息不详、收据无法送达的情况，及时下发了《中国人民银行办公厅关于做好抗震救灾“特殊党费”银行汇款有关事项的紧急通知》，为党费收据及时送达党费交纳人提供了重

要保障。以上金融服务政策措施的出台和实施，为有序、有效开展抗震救灾和灾后重建工作提供了政策保障，得到国务院抗震救灾总指挥部的充分肯定。

三、支付清算系统建设

建成运行境内外币支付系统。中国人民银行牵头组织建设的境内外币支付系统于2008 年 4 月上线运行，并先后开通了港币、英镑、日元、欧元、加拿大元、澳大利亚元、瑞士法郎及美元等八个币种的支付业务。境内外币支付系统的建成及运行，为境内金融机构间的外币支付提供了安全、高效和低成本的清算平台，进一步完善了我国金融基础设施。截至2008 年年末，该系统共处理各币种支付业务 71 281 笔，金额折合美元约 81 亿美元。

启动第二代支付系统和中央银行会计核算数据集中系统建设。为有效适应当前及今后一段时期社会经济金融发展对中央银行支付系统的新需求，结束以往因地域限制造成的支付信息割裂状态，整合人民币支付结算资源和信息，形成完整的人民币结算全国“一本账”，中国人民银行决定建设第二代支付系统和中央银行会计核算数据集中系统（ACS）。中国人民银行组织人员广泛开展调查研究，完成了《第二代支付系统暨 ACS 建设构想报告》、基本确定了第二代支付系统暨 ACS 系统建设的基本目标和原则、总体框架、主要功能特征及工程实施计划等内容。

启动电子商业汇票系统建设。为支持商业银行票据业务创新，促进商业票据市场发展，有效防范纸质票据中伪造、变造行为带来的资金风险，人民银行正式启动了全国电子商业汇票系统（ECDS）建设，2008 年完成了需求拟定、需求确认、需求分析及确认等工作。

推动支付清算系统业务健康发展。为充分发挥支付清算系统的功能作用，中国人民银行积极推动支付清算系统业务的健康发展。一是针对支票影像交换系统上线后业务发展中存在的问题，下发了《中国人民银行关于促进支票影像业务健康发展的通知》，通过规范票据行为、提高影像采集质量、严格支票核验和付款纪律、强化支付清算监管及加强系统运行管理等措施，降低支票影像退票率，规范支票影像业务处理流程。2008 年，影像交换系统处理业务 595 万笔，金额 2 620 亿元，退票率由年初的 16% 下降至年末的 10% 左右。二是研究解决小额支付系统集中代收付业务发展中的具有代表性的问题，明确集中代收付中心的定位及准入条件，批准沈阳、大连、天津等地共7家代收付中心加入小额支付系统办理业务。三是研究确定非银行金融机构采用DVP方式进行债券交易结算的流程，对大额支付系统进行适应性改造，为银行间债券市场全面实现券款对付、进一步提高市场资金清算效率，防范清算风险提供保障。

完善应急灾难备份系统。为完善应急灾难备份系统，保障支付清算系统安全、稳定运行，提高系统的应急处置能力，中国人民银行开发建设了支付系统城市处理中心（CCPC）集中应急灾难备份系统和支票影像交换系统（CIS）应急备份系统。为保障支付清算系统从生产环境切换至应急备份环境运行以及顺利回切，中国人民银行组织制定了《大、小额支付系统有计划切换步骤书》、《大、小额支付系统应急切换步骤书》、《全国支票影像交换系统有计划切换步骤书》、《全国支票影像交换系统应急切换步骤书》及操作说明，并对切换步骤进行了逐一验证，为实施切换确立了切实可行的操作步骤和依据。

四、非现金支付工具的普及和创新

会同财政部推广实施公务卡改革，公务卡应用在中央和地方预算单位全面展开。推广应用公务卡对于加强财政资金预算管理，深化财政国库集中支付改革，促进银行卡应用发展具有重要作用，对从源头上预防和治理腐败作用显著。在中国人民银行、财政部、商业银行和中国银联的共同努力下，公务卡改革试点取得重要进展。财政部、中纪委、中科院等100多家中央预算单位、25个省市区的地方预算单位实施了公务卡结算。截至2008年12月底，公务卡发卡银行达27家，发卡量达155万张。公务卡交易增长迅猛，活卡交易质量远高于普通信用卡，对于推动银行卡应用、减少现金使用发挥了积极作用。

改进票据清算模式。为满足中小金融机构及个人支付需求，进一步发挥银行本票和华东三省一市银行汇票的作用，促进票据业务发展，提高安全和效率，中国人民银行对银行本票和华东三省一市银行汇票业务的处理进行了流程再造，要求银行本票和华东三省一市银行汇票业务的资金清算通过小额支付系统处理，优化了银行汇票和本票的安全机制和资金清算机制，提高了票据清算效率，有利于防范和控制票据业务处理风险。

开展支票授信业务试点。为便利企业融资，发展中小企业信用，支持扩大内需，中国人民银行选择浦东发展银行上海分行和上海市农村商业银行开展了支票授信业务试点。浦发银行上海分行与100多家中小企业签订了相关合约。此举使支票具备了一定的融资功能，有效加强了中小企业的支付能力，对中小企业应对困境发挥了积极作用。

银联卡国际化取得重大进展。在中国人民银行的支持下，中国银联境外业务开通 4 年多来，在受理网络、交易规模、境外发卡等方面都取得了长足发展，已进入快速发展的新阶段。截至 2008 年年末，境外 30 个国家和地区开通了商户受理业务，47 个国家和地区开通了 ATM 受理业务，8 个国家和地区的 44 家发卡机构发行了银联标准卡。商户数、POS 机具数和 ATM 终端数分别约达 43 万家、54 万台和 58 万台。2008 年，银联卡境外交易笔数和金额分别为 2 242 万笔和 667 亿元。

整治银行卡违法犯罪。2008 年 4 月 –9 月，中国人民银行联合公安部开展了联合整治银行卡违法犯罪专项行动，取得明显成效。商业银行风险管理和案件防范水平、社会公众安全用卡意识和操作技能得以提高，银行卡违法犯罪联合防控机制初步形成，特别是一批银行卡违法犯罪大案要案的集中告破，有力地打击了犯罪分子的嚣张气焰，确保了“平安奥运”目标的实现。据统计，专项行动期间，专项行动办公室共编发《联合整治银行卡违法犯罪专项行动简报》54 期，分析、总结银行卡犯罪案例，在宣传成果、提示风险方面起到了积极作用；全国公安机关共立银行卡案件 3 672 起，涉案金额约 2 亿元，破案 2 388 起，抓获犯罪嫌疑人 1 420 人，挽回经济损失 6 161 万余元。

五、中央银行会计核算管理

为适应营业部门业务发展变化，加强会计核算内控管理，杜绝违规兼岗现象，2008 年年初，中国人民银行制订下发《中国人民银行办公厅关于营业部门会计核算系统岗位整合及兼岗工作指导意见》，对分支机构（不含县支行）会计核算系统岗位整合及兼岗的原则、兼岗模式、岗位职责等进行了明确规范，大大缓解了地市以上营业部门会计核算人力资源、岗位设置与业务量之间的矛盾，有利于进一步提高会计核算质量，强化内控机制，防范资金风险。

六、银行结算账户管理

继续开展存量单位银行结算账户相关公民身份信息真实性核实工作。2008 年 10 月，中国人民银行在总结天津、重庆试点经验的基础上，研究制定单位银行结算账户全国核实工作实施方案，正式部署单位银行结算账户全国核实工作。

研究制定账户系统和票据交换系统账户数据比对方案。为规范账户管理，增强非现场检查手段，及时发现未经核准或报备的账户，中国人民银行组织制定了人民币银行结算账户管理系统与同城票据交换系统账户数据的比对实施方案。

有效解决边境地区跨境交易银行账户开立问题。为推动非现金支付工具跨境使用，人民银行对境外边贸企业和个人开立人民币银行结算账户有关问题作出相应规定，进一步满足边境贸易资金结算需求。这些制度安排有效提升了边境贸易中的本币结算量，过去普遍存在的通过非正规渠道办理支付结算业务被吸纳到银行体系中，便利和促进了边境贸易的发展。

七、农村地区支付环境建设

深入推进农民工银行卡特色服务。2008 年，中国人民银行进一步加强农民工银行卡特色服务的业务指导、安全管理和宣传引导；协调邮政储蓄银行全面开通农民工银行卡特色服务，充分利用其遍布乡村的网点优势，拓展农民工银行卡特色服务的覆盖范围。截至 2008 年年底，农民工银行卡特色服务推广至贵州、山东、湖南、河南等 20 个农民工输出大省，农村信用联社和邮政储蓄银行 6.4 万个经营性网点都能受理农民工银行卡特色服务，基本满足全国绝大多数农民工的异地存、取款需求。截至 2008 年年底，农民工银行卡特色服务成功交易 1 269.8 万笔，金额 79.8 亿元，交易金额较 2007 年增长近 3 倍，对于改善农村用卡环境、提升农村金融服务水平发挥了明显促进作用。

积极支持农村金融机构接入人民银行支付系统。为方便农村信用社、农村信用联社、农村合作银行、农村商业银行、村镇银行等农村金融机构的接入，人民银行大、小额支付系统，支票影像交换系统均设计了灵活多样的接入方式，有效畅通农村金融机构资金汇划渠道。截至 2008 年年底，接入支付系统的农村金融机构达 17 542 家，占支付系统参与者的 21.5%；接入支票影像交换系统的农村金融机构达 9 825 家，占支票影像交换系统参与者的 17%。同时，中国人民银行积极督促和指导农村信用社和上级联社间网络建设，逐步建立农村信用社行业的支付清算系统，改善支付结算渠道。截至 2008 年年末，全国已有 42 家省或地市农村信用社完成综合业务系统建设并接入支付系统办理业务。

八、支付体系分析与规划

建立支付信息定期公开披露制度。为增加支付体系透明度，提高社会公众对支付信息的认知度，自2008年起，中国人民银行每季度在官方网站、《金融时报》定期向社会公众公布涉及各类支付工具、支付系统的重要数据，初步建立了支付信息定期公开披露制度。支付信息在网站和媒体的定期披露，有效扩大了支付信息的披露范围，为有关各方了解我国支付体系发展现状提供了有效渠道，引起了社会公众、银行业金融机构、研究机构及其他国家中央银行的广泛关注。

建立支付系统业务情况年度通报制度。为强化参与者风险意识，中国人民银行发布了《2007年度支付系统业务情况的通报》，对支付系统参与者执行支付清算规则的情况予以通报，对规范参与者行为、严肃支付清算纪律发挥了积极作用。

建立中国人民银行与商业银行支付服务与政策协商季度例会制度。为加强与银行业金融机构沟通的效率与效果、畅达信息交互机制，中国人民银行组织实施了与银行业金融机构支付服务与政策协商季度例会制度。通过季度例会平台，就非现金支付工具推广应用、支付系统效率与安全以及支付结算法规制度修改完善等热点和难点问题与银行业金融机构进行广泛交流、深入探讨。2008年共组织召开四次例会，成果丰硕，反响良好。

充分利用新闻媒体宣传支付结算工作。为广泛宣传支付体系建设的新进展、新成就，2008年，中国人民银行分别组织召开了中国邮政储蓄银行开通农民工银行卡特色服务新闻发布会、奥运支付环境建设答记者会、境内外币支付系统建成新闻发布会以及联合整治银行卡违法犯罪行动、奥运支付环境建设表彰大会等一系列新闻宣传活动，面向社会各界和社会公众宣讲支付体系建设情况，有效提升了支付结算工作的社会影响力。

九、国际交流与合作

遵循国际标准进行境内外币支付系统的跨境监管合作。中国人民银行遵循《中央银行对支付结算系统的监督》等国际标准和惯例向境内外币支付系统相关结算币种的发钞国（地区）央行发出知会函，就系统的结算安排情况与其进行了充分沟通，取得了有关央行的理解和支持。中国人民银行还与美联储、日本银行等央行保持定期的信息沟通和稳定的监管合作，初步建立了境内外币支付系统的跨境合作监管机制。

与周边国家的边贸本币结算合作不断加强。中国人民银行与俄罗斯、越南、蒙古等八个国家的中央银行签订了边贸本币结算协定，明确了双方商业银行可以在协议的基础上相互开立代理账户，以及本币结算的具体程序和条件、跨境现钞调运等问题。

2009 年

2009 年，支付体系建设稳步推进，支付系统稳定、高效运行，各项支付结算指标显著增长。

2009 年，全国使用非现金支付工具办理支付业务约 214 亿笔，金额 716 万亿元，同比分别增长 16.9% 和 13.1%。其中：票据业务约 9 亿笔，金额 270 万亿元，同比笔数减少 0.8%，金额增长 7.4%；银行卡业务 197 亿笔，金额 166 万亿元，同比分别增长 18.1% 和 30.5%；汇兑、委托收款等结算方式业务约 9 亿笔，金额 280 万亿元，同比分别增长 9.5% 和 9.9%。

截至 2009 年年底，我国银行卡发卡总量约为 21 亿张，较 2008 年增长 14.7%。其中：借记卡发卡量约为 19 亿张，同比增长 4.4%。信用卡发卡量约为 2 亿张，同比增长 30.4%。全国可以受理银行卡的特约商户约 156.65 万户，联网 POS 机具 240.83 万台，ATM21.49 万台。每台 ATM 对应的银行卡数量为 0.96 万张，同比减少 10.3%；每台 POS 对应的银行卡数量为 858 张，同比减少 12.1%。银行卡受理市场建设成效显著，银行卡使用更加方便、快捷。2009 年，银行卡交易总金额达 166 万亿元，同比增长 30.5%，其中 POS 消费交易约 7 万亿元，同比增长 73.8%，银行卡消费额（扣除房地产和批发类交易）占同期社会商品零售总额的比重达 32%，比 2008 年提高 7.8 个百分点。

2009 年，各类支付清算系统共处理支付业务约 88.4 亿笔，金额 1 208 万亿元，同比分别增长约 21.8% 和 6.9%。其中：大额支付系统全年共处理支付业务 2.5 亿笔，金额 804 万亿元，同比分别增长 19% 和 26%；日均处理支付业务 100 万笔，金额 3 万亿元，较 2008 年分别增加 19 万笔和近 1 万亿元。小额支付系统共处理支付业务超 2 亿笔，金额近 12 万亿元，同比分别增长 61% 和 125.5%。境内外币支付系统共处理支付业务 28 万笔，金额 0.3 万亿元。票据支付系统共处理支付业务 4 亿笔，金额 69 万亿元，笔数与 2008 年基本持平，金额较 2008 年减少 4.2%。银行业金融机构行内支付系统共处理支付业务34亿笔，金额315万亿元，笔数较2008年增长17.5%，金额较2008年减少23%。银行卡跨行支付系统处理支付业务45亿笔，金额约8万亿元，同比分别增长25.9%和68.4%。电子商业汇票系统自2009年10月28日上线，到12月底，完成出票信息登记2 548笔，涉及金额72亿元，平均每个工作日58笔、2亿元。承兑业务2 001笔，涉及金额55亿元；出票1 876笔，涉及金额约52亿元；贴现业务439笔，涉及金额35亿元；电子商业汇票系统共收到纸质商业汇票登记86万笔，提供纸质商业汇票查询服务611笔。

截至2009年年底，各类银行结算账户共计28.14亿户，同比增长17.2%。其中个人银行结算账户27.92亿户，同比增长18%；单位银行结算账户2 191万户，同比增长11.4%。联网核查系统接入银行业金融机构网点18万个，银行网点覆盖率已达到93%；业务量加速增长，截至2009年12月末，全国共发生联网核查业务近28亿笔，日均业务量达到600万笔；系统数据质量明显提高，系统反馈结果中姓名、身份证号码及照片正确的业务占83%，比系统推广初期提高了10个百分点。

一、支付清算系统建设

电子商业汇票系统建成运行。2009年10月，中国人民银行组织建设的电子商业汇票系统（ECDS）正式开通运行，第一批上线的20家机构接入电子商业汇票系统办理业务。电子商业汇票系统的建设是完善票据基础设施的重大举措，也是商业汇票业务的重大创新，它全面革新了商业汇票处理模式，开创了中国电子票据业务先河，标志着商业汇票电子化时代的到来。

完成支付系统应急切换演练和第一代支付系统功能改造。为切实提高支付清算系统应对突发事件的能力，中国人民银行于2009年8月成功组织了本、外币支付清算系统应急备份切换演练。为实现电子商业汇票系统的资金清算和支持人民币跨境贸易支付的业务处理，中国人民银行组织对大额支付系统实施了功能改造和升级换版。

二、非现金支付工具推广和管理

中国人民银行坚持业务发展和风险控制并重，在充分发挥银行卡刺激消费、扩大内需、促进经济增长作用的同时，加强银行卡风险管理，遏制和打击银行卡犯罪。一是健全银行卡风险管理政策制度。4月，中国人民银行会同银监会、公安部、工商总局联合发布《关于加强银行卡风险管理、预防和打击银行卡犯罪的通知》，按照预防为主、打防并举、明确责任、综合治理的工作思路，从发卡、交易、使用和受理各环节，系统地提出了风险防控要求；8月，发布了落实四部委文件的具体实施意见，增强四部委文件的针对性和可操作性。二是建立跨部门联合防控机制。中国人民银行会同公安部门牵头成立了长期性的联合整治银行卡违法犯罪两级办公室，畅通情报信息渠道，加强案情分析和通报，为联合整治各项工作的顺利推进奠定了组织基础。三是敦促、指导银行卡经营机构全面排查银行卡支付安全漏洞，集中治理一些发卡机构和收单机构在开展银行卡业务中的风险问题。四是积极配合最高人民法院和最高人民检察院出台了打击不法中介和信用卡套现商户的司法解释，解决了银行卡案件中的一系列法律适用问题。五是举办了一系列形式多样的安全用卡宣传活动，提高了社会公众防范银行卡风险的主动性和自觉性。

三、中央银行会计核算管理

为切实提高会计核算安全管理水平，防范资金风险，2009年，中国人民银行组织开发了中央银行会计核算电子对账系统，并于5月底在全国推广完成。该系统依托城市金融专网，实现中国人民银行与金融机构之间每日自动化对账，简化了对账操作，方便了金融机构的流动性管理，在满足金融机构集中对账需求的同时，丰富了防范资金风险的手段。

四、银行结算账户管理

中国人民银行组织银行业金融机构于2009年6月末完成了联网核查系统运行前开立的约1 294万户单位银行结算账户的相关公民身份信息真实性的核实工作，我国落实单位银行结算账户实名制工作取得重大进展。其中，核实结果为真实的1 253万户，占比96.8%；核实结果为虚假的148户；单位主动申请撤销单位银行账户9万户，占比0.7%；按有关规定纳入久悬账户管理15万户，占比1.2%；发现存疑账户16万户，占比1.3%。这次核实工作巩固了我国银行账户实名制特别是单位银行结算账户实名制的基础，确保了全社会96%以上的企事业单位以真实主体身份从事经济活动。

为配合最高人民法院在全国范围集中清理执行积案活动，充分发挥人民币银行结算账户管理系统已存储信息的作用，2009 年 2 月，中国人民银行会同最高人民法院开展了通过人民币银行结算账户管理系统协助人民法院查询法人被执行人开户银行名称的工作，极大便利了人民法院掌握被执行人银行存款情况，为清理执行积案活动取得成效提供了有力支持。

五、农村支付结算环境建设

中国人民银行将改善农村支付服务环境作为年度首要任务，多措并举，勇于创新，取得了明显成效：一是制定和发布了《中国人民银行关于改善农村地区支付服务环境的指导意见》，确定了改善农村地区支付服务环境的总体思路和目标。二是深入开展全国性农村支付服务环境现状调研，为制定改善农村支付服务环境长期规划奠定扎实基础。三是试点开展“刷卡无障碍示范街区”活动、农民工特色卡服务、“一卡通”服务、信贷员携带 POS 上门服务等创新便民服务，为农民提供便利和实惠，受到广大农民的欢迎。四是广泛开展支付结算宣传，将现代支付结算知识融入农民喜闻乐见的形式当中，提高了农民对非现金支付的认知度和认可度，起到了良好的宣传普及效果。

六、支付体系分析与规划

中国人民银行稳步推进中国支付体系发展规划编制工作，协商发改委、财政部、银监会、证监会、国家外汇局、中国证券登记结算公司和大型商业银行，开展规划编制前期调研和专题研究工作。

七、国际交流与合作

中国人民银行与香港金融管理局签订谅解备忘录，于 2009 年 3 月通过境内外币支付系统与香港实时全额结算系统联网的形式，建立内地与香港多种货币支付系统互通安排，开通港币、美元、欧元和英镑跨境支付业务。支付互通安排标志着内港两地正式建立覆盖本外币的全方位跨境支付清算合作机制，有利于降低两地跨境支付的风险和成本，提高参与银行支付业务的竞争力，密切内港两地的经济金融联系。

2009 年，中国人民银行正式加入十国集团中央银行支付结算体系委员会（CPSS），成为其23个正式成员之一。作为国际支付结算体系委员会成员国，定期参加国际支付结算体系委员会例会，配合完成各类调查问卷。中国还成功承办了EMEAP支付结算工作组第20次会议及第七次内港两地金融基础设施建设合作小组会议，参加亚洲债券结算共用平台项目专责小组。

2010年

2010年是“十一五”规划的收官之年，国民经济运行态势总体良好，支付体系继续平稳高效运行，支付业务量持续快速增长。

非现金支付工具业务金额加速增长。2010年，全国使用非现金支付工具办理支付业务277亿笔，金额905.2万亿元，同比分别增长29.4%和26.5%，与2006年相比笔数和金额增长约一倍。其中，票据业务约9亿笔，金额284.5万亿元，同比分别增长2.4%和5.4%，占非现金支付工具业务量的3.2%和31.4%；银行卡业务257.6亿笔，金额246.8万亿元，同比分别增长30.8%和48.7%，占非现金支付工具业务量的93%和27.3%；汇兑、委托收款等结算方式业务10.5亿笔，金额373.9万亿元，同比分别增长24%和33.7%，占非现金支付工具业务量的3.8%和41.3%。

银行卡发卡机构继续增加、发卡量增长较快。截至2010年年底，我国累计发行银行卡24.15亿张，同比增长16.9%，其中借记卡21.85亿张，信用卡2.3亿张。借记卡累计发卡量与信用卡累计发卡量之间的比例约为9.52:1，低于2009年年末比例。银行卡受理市场建设成效不断显现，全国可以受理银行卡的特约商户约218.3万户，联网POS机具333.4万台，ATM27.1万台，同比分别增长39.4%、38.4%和26.1%。我国每台ATM对应的银行卡数量为8 913张，同比减少7.3%；每台POS对应的银行卡数量为724张，同比减少15.6%。POS消费交易10.43万亿元，同比增长52%，银行卡消费额（扣除房地产和批发类交易）占同期社会商品零售总额的比重为35.1%，银行卡渗透率继续快速增加。

全国各支付清算系统共处理支付业务约117亿笔，金额约1 680万亿元，同比分别增长32.4%和39%。2010年，大额支付系统共处理支付业务约3亿笔，金额1 104万亿元，同比分别增长17.4%和37.4%；小额支付系统业务量持续大幅增加，共处理业务约4亿笔，金额16万亿元，同比分别增长71.3%和41.4%；网上支付跨行清算系统自8月30日试运行以来，已有63家银行业金融机构法人接入系统，累计处理业务524万笔，金额653亿元；全国支票影像交换系统业务量稳步提高，全年共发生业务8 783万笔，金额4 043亿元；境内外币支付系统业务量迅速增长，共处理支付业务543万笔，金额折合1 409亿美元；电子商业汇票系统处理业务28万笔，金额达1万亿元。

银行结算账户数量保持稳步增长，个人银行结算账户增长较快。截至2010年年末，全国共开立银行结算账户34亿户，同比增长20%。其中，单位银行结算账户近2 487万户，同比增长13.5%；个人银行结算账户约33.8亿户，同比增长20.2%。2010年银行机构通过联网核查公民身份信息系统核查客户居民身份证业务约28亿次，同比增长34.6%，日均达到665万人次。系统数据质量明显提高，系统反馈结果中姓名、身份证号码及照片正确的业务占87.7%，比2009年提高4.7个百分点。

一、支付清算系统建设

建成运行网上支付跨行清算系统。2010年8月，中国人民银行组织建设的网上支付跨行清算系统（IBPS）成功上线运行。网上支付跨行清算系统是专门面向网上支付等新型电子支付业务的发展需要，为银行业金融机构提供跨行清算和业务创新的公共平台。系统的建成运行，有利于提高网上支付等新型电子支付业务跨行清算的处理效率，更好地满足广大客户居家式、不间断的支付需求，也有利于支持和促进电子商务的快速发展。

全面推广电子商业汇票系统。2010年6月，电子商业汇票系统（ECDS）在全国范围推广完成。截至2010年年末，接入电子商业汇票系统的机构共316家。电子商业汇票的推出和电子商业汇票系统的建成是我国金融电子化建设的又一里程碑，对银行票据业务发展将产生巨大的推动作用，为形成全国统一、规范、高效的票据市场打下了良好基础。为扩大电子商业汇票业务规模，中国人民银行开展了大规模的、形式多样的电子商业汇票宣传活动，收到了良好成效。电子票据接受程度不断提高，业务量大幅上升。

稳步推进第二代支付系统及中央银行会计核算数据集中系统建设。2010年，第二代支付系统和中央银行会计核算数据集中系统（ACS）建设进入系统开发阶段。中国人民银行确定了ACS业务处理中心的建设方案，组织开展了第二代支付系统和ACS系统业务需求培训，帮助各银行业金融机构准确理解业务需求，开展自身行内系统改造和业务创新。

完善支付清算系统的风险管理。中国人民银行根据网上支付跨行清算系统建成运行的实际情况，对《支付清算系统应急预案》有关内容进行补充完善，并对支付清算系统应急预案进行了评估。人民银行分支机构细化了支付系统准入退出制度，实施新增支付系统直接参与者的业务培训、准入考试和约见高管谈话等措施，前移风险控制关口。

二、非现金支付工具推广和管理

在全国推广中职学生资助卡。中国人民银行会同财政部、教育部、人力资源和社会保障部发布了在全国推广中职学生资助卡的通知，保证了中职国家助学金的及时、真实、准确发放，有效防范了利用注册虚假信息、流失学生信息等手段套取、骗取国家助学金等违规行为。

积极推动公务卡改革。截至 2010 年年底，全国 31 个省（自治区、市）全部启动了公务卡应用推广，68 家商业银行正式发行了公务卡，累计发卡突破 400 万张。公务卡改革工作的顺利推进，对于加强财政资金预算管理、深化财政国库集中支付改革、促进银行卡应用发展发挥了积极作用。

协调交通运输部、铁道部、旅游局出台支持银行卡应用的政策措施。中国人民银行加强了与相关部门的协调与合作，着力改善银行卡使用薄弱行业的支付环境，缓解了铁路和旅游行业客流压力大的瓶颈问题，提升了高速公路收费、铁路售票、旅游门票购买等行业的服务水平，对其他行业广泛应用银行卡起到了示范效应。

推动银行票据业务发展。一是在充分调研的基础上，经过近两年的充分准备，拟定了 2010 版银行票据换版方案，以提高票据防伪性能，促进票据流通及安全使用。二是在成功试点的基础上，在全国范围内推广支票授信业务，进一步改善支票流通环境，提高银行机构对中小企业的支付结算服务水平和业务创新能力。

加强银行卡安全管理。一是中国人民银行会同公安部组成联合检查组，对上海、浙江、江苏、山东、广东等世博会、亚运会举办相关省市及案件高发地区的银行卡风险管理情况进行了检查督导，敦促商业银行清理了一批不合格持卡人和特约商户，净化了发卡环境和受理环境。二是联合公安机关在全国开展了为期 10 个月的打击银行卡犯罪专项行动，共立案 2.1 万起，破案 1.9 万起，破案率高达 90%，较往年提高 2 倍，挽回经济损失约 6 亿元，一批银行卡犯罪案件被集中侦破，有力地震慑了犯罪分子，维护了银行卡市场的良好秩序。三是协调、处理境内外银行卡清算组织之间的商业纠纷，积极应对美方向世贸组织争端解决机制提起的银行卡电子支付诉讼案；妥善处理 VISA 与中国银联之间关于双标识卡境外清算渠道的商业纠纷，指导中国银联实现与相关组织的战略合作。

三、银行结算账户管理

2010 年，中国人民银行继续加强银行结算账户管理，落实银行账户实名制，构建社会诚信体系，营造公平竞争的市场环境。据不完全统计，年内人民银行各分支机构对银行机构办理账户业务开展现场检查，共检查 4 231个银行机构网点的 581 万户账户，其中发现违规账户 13 万户，占检查账户总数的 2. 3%，处罚笔数 447 笔，处罚金额 419 万元，加强了对银行机构办理账户业务的监管力度，推进了银行账户业务合规化进程。

支持跨境人民币贸易结算试点工作。中国人民银行发布《境外机构人民币银行结算账户管理办法》，规范境外机构开立和使用人民币银行结算账户行为，支持跨境贸易人民币结算业务顺利开展；研究开发账户管理系统相关功能，组织完成上海试点和全国部署工作，支持境外机构人民币银行结算账户业务的办理。

开展存量个人账户核实试点。2010 年 3 月，组织在山西忻州、湖南株洲启动存量个人银行账户实名制核实试点工作，对所有个人人民币存款账户，包括个人银行结算账户、个人活期储蓄账户、个人定期存款账户、个人通知存款账户等账户的开户人身份信息进行核实，落实 2000 年《个人存款账户实名制》颁布之前的非实名账户实名化，同时依法查处使用伪造变造身份证件开立的虚假账户、假名账户及匿名账户，个人银行账户实名制进程取得重大突破。

组织开展同城账户比对试点，完善业务监管手段。2010 年 3 月，中国人民银行组织天津分行等四家分支机构开展账户管理系统与同城清算系统账户信息比对试点工作，将同城清算系统处理业务的账户信息与账户管理系统存储的账户信息进行比对，监测未经人民银行核准、未向人民银行备案及违规使用的各类账户，实现了中国人民银行对银行账户的非现场监管，丰富了人民银行的业务监管手段，并为下一步全国推广工作奠定了坚实基础。

积极开展协助查询，支持反腐倡廉，维护司法权威。2010 年，中国人民银行分支机构支付结算部门根据人民法院要求，协助查询约 30 万个单位及100万户个人的银行账户信息。协助查询工作的开展，为司法机关及时掌握不法分子资金情况、获取案件线索、减少国家和社会经济损失提供了重要帮助，有力地支持了我国反腐倡廉和司法判决执行工作的开展，在打击贪污受贿、诈骗、偷逃税款、洗钱等方面发挥了重要作用。

四、农村支付结算环境建设

2010年，中国人民银行继续将全面改进农村支付环境放在突出地位，通过总行统一部署，各级分支机构积极参与，因地制宜推出符合实际情况的创新举措，有力地改善了农村地区支付服务环境。

继续深化农民工银行卡特色服务。2010年，农民工银行卡交易超过3 000万笔，金额超过400亿元，满足了绝大多数外出农民工的异地汇款需求。中国人民银行支持农业银行惠农卡业务发展，试点开展POS小额取现业务，满足无金融机构网点地区的金融服务需要。自2010年3月起，先后在重庆、山东等5省（市）的空白金融网点乡镇组织试点开展了POS小额取现业务，向农民提供借记卡小额取款、补贴款查询等服务，将现代化支付便利延伸到广大偏远乡村，使农民足不出村就能及时、便捷地领取补贴和支取现金。截至2010年11月底，试点地区共布放POS机具3 158台，完成交易10万笔、金额7 150万元。

因地制宜开展农村支付服务环境建设。2010年年初，中国人民银行选定山东寿光等10个全国农村支付服务环境建设联系点，探索不同地域、不同经济发展水平下农村支付服务环境建设模式，通过以点带面，农村支付服务环境建设工作全面铺开；7月，组织召开全国农村支付服务环境建设经验交流会，在充分交流工作经验和展示前期工作成果的基础上，下半年在全国掀起农村支付服务环境建设高潮。截至2010年年末，全国各地145家农村支付服务环境建设省级示范县中，单位结算账户和个人结算账户分别为102万户和16 320万户，同比分别增长16.9%和20.9%；人均持卡量为1张/人，同比增长30.8%；持卡消费总额1 834亿元，同比增长49.4%；特约商户、ATM和POS机（含电话POS）分别约为9万户、11 383台和26万台，同比分别增长47.9%、23.9%和61.4%。

五、非金融机构支付服务管理

组织开展特定非金融机构登记。根据中国人民银行公告［2009］第7

号，中国人民银行分支机构继续有序开展特定非金融机构登记工作。截至2010年年末，共有287家非金融机构法人提交了支付业务登记材料。通过非金融机构支付业务登记工作，中国人民银行比较全面地摸清了非金融机构从事支付业务现状，掌握了第一手材料，为科学制定非金融机构支付服务管理制度、规范非金融机构支付业务奠定了扎实基础。

发布《非金融机构支付服务管理办法》及其实施细则。中国人民银行于2010年6月发布了《非金融机构支付服务管理办法》。《非金融机构支付服务管理办法》的出台标志着中国人民银行在支付服务市场的监管方面取得重大进展，符合非金融机构规范有序发展的需要，符合为广大消费者维护正当权益、保障资金安全的需要，符合国家关于鼓励金融创新、发展金融市场、维护金融稳定和社会稳定的需要。为配合《非金融机构支付服务管理办法》的实施，人民银行于2010年12月发布了实施细则，明确了非金融机构申请开办支付业务的程序。

认真开展“支付业务许可证”审批核发工作。中国人民银行督促指导分支机构抓紧开展相关受理审查工作，明确材料审核、现场核实、社会公告等工作流程，组织人员对申请机构的相关资质、技术能力、反洗钱工作水平等情况进行了集中审查和研究，提出了审查意见。

合作打击网络赌博行为。中国人民银行会同公安部、中央宣传部等部委联合开展集中整治网络赌博违法犯罪专项行动。积极配合公安部门，摸清为赌博犯罪提供资金流转服务的地下钱庄和第三方支付平台情况，打击和整治了一批为赌博集团提供信息和接入服务的网络运营商，规范了支付结算秩序。

六、支付体系分析与规划

研究制定支付业务统计指标及其释义。为进一步完善支付指标体系，借鉴国际支付结算体系委员会（CPSS）对支付指标的分类和统计方法，结合目前我国支付业务实际情况以及对支付服务市场的监管需求，中国人民银行重新设计和定义了我国支付指标体系，研究拟订了支付业务统计指标及其释义。应国际支付结算体系委员会的要求，将中国支付体系发展的统计数据纳入部分国家支付结算统计，向国际社会充分展示了中国支付体系发展建设成果。

加快制定全国支付体系发展规划。国务院“新三定”方案赋予中国人民银行制定全国支付体系发展规划，统筹协调全国支付体系建设的职责。

2010年2月，中国人民银行协调相关部委和单位成立了支付体系发展规划领导小组，坚持“统筹兼顾，分步实施”、“市场主导与政府推动相结合”、“鼓励创新与防范风险并重”三项原则，完成了支付体系发展规划修订稿及起草说明。

加快推进行业自律组织建设。中国人民银行在加强支付体系监管、不断完善相关制度的同时，积极推动中国支付清算协会的筹建工作，依靠行业自律，维护相关主体的合法权益，促进支付服务市场的健康发展。2010年1月，协助组织召开中国支付清算协会发起人会议，原则通过协会的宗旨、职能、组织构架；4月，中国人民银行致函民政部，明确作为协会的业务主管单位。11月初，中国人民银行正式向民政部门提交了协会筹备申请材料。

七、国际交流与合作

中国人民银行继续开展国际交流合作，向国际社会展示中国支付体系建设的重大成就。

成功举办重大国际会议。中国人民银行举办了第八次内港两地金融基础设施建设合作小组会议，深化和密切内港两地的经济金融联系；主办了亚洲债券共同平台第四次专责小组会议，密切跟踪和支持共同平台项目进程。2010年，中国人民银行当选东亚及太平洋地区中央银行行长会议组织——支付结算工作组（EMEAP - WGPSS）执行主席，在日本东京成功组织召开第23次会议，中国在国际支付体系中的地位和影响力稳步提高。

开展金融部门评估规划工作。金融部门评估规划（FSAP）是国际货币基金组织和世界银行于1999年5月联合启动的评估项目，主旨在于评估各国金融体系的稳健性。我国于2009年8月正式启动FSAP评估。2010年，根据评估工作要求，组织了对支付清算系统、证券结算系统的自评估，并配合完成了外方对我国支付结算体系的评估工作。通过对照国际标准开展自评估，及时查防系统风险隐患，提升系统抗风险能力，维护支付清算系统安全稳定运行，为社会经济发展和金融稳定提供坚实后盾。

结束语

纵观近年来中国支付体系的发展历程，可以说，它是一部中国政府锐意改变支付服务市场二元结构，创建农村和城市，国有金融机构和中小金融机构平等竞争环境的历史；它是支付创新与服务规范并举，促进支付服务健康有序发展的历史；它是信息和计算机技术进步不断应用于支付服务，搭建和完善高速支付清算网络，推动支付产业不断升级换代的历史。经过多年的不懈努力，中国已形成了以人民银行大、小额支付系统为中枢，银行业金融机构行内业务系统为基础，票据支付系统、银行卡支付系统和境内外币支付系统为重要组成部分，支付清算组织和互联网支付服务组织业务系统为补充的支付清算网络体系；形成了以票据和银行卡为主体，以电子支付为发展方向，适应各类经济主体多种经济活动和居民居家服务需要的非现金支付工具体系；以中国人民银行为核心，银行业金融机构为主体，支付清算组织和非金融支付企业为补充的支付服务组织体系；以保障支付体系"安全和高效"为管理目标，《中国人民银行法》、《票据法》、《支付结算办法》、《人民币银行结算账户管理办法》、《非金融机构支付服务管理办法》等支付结算法律制度为准绳，以政策引导、研究规划和监督检查为手段，借助账户管理系统和联网核查系统等现代化技术进行监控的支付结算监督管理体系，对加快社会资金周转，方便社会公众生产生活，畅通货币政策实施和维护金融稳定发挥了重要作用。如今我们可以自豪地说，伴随市场经济的纵深发展，中国支付体系已步入现代化时代。

在总结经验、肯定既往成绩的同时，我们更要清醒地意识到，中国支付体系建设的"硬环境"（基础设施）虽已实现现代化并达到国际先进水平，但支付体系"软环境"建设仍需持续巩固和加强，中国支付结算体系的国际化水平仍有待提升。"十二五"期间，中国人民银行将进一步提高金融领域，乃至全社会对支付体系重要性的认识，完善支付体系法规制度，加强支付体系监督管理，切实保护支付体系各参与主体的合法权益，以科学的态度和扎实的作风，推进中国支付体系全面、协调、健康发展！

中国支付现代化大事记（2005—2010）

2005 年

1 月 19 日，中国人民银行发布《人民币银行结算账户管理办法实施细则》。

4 月，中央银行会计集中核算系统在全国推广成功。

4 月 24 日，中国人民银行会同国家发展和改革委员会等九部委联合发布《关于促进银行卡产业发展的若干意见》。

4 月 30 日，中国人民银行发布《关于对签发空头支票行为实施行政处罚有关问题的通知》。

6 月 27 日，大额支付系统在全国推广完成。

6 月 30 日，中国人民银行完成人民币银行结算账户管理系统在全国的推广应用，并对单位银行结算账户进行全面清理核实。

9 月 5 日，中国人民银行发布《关于完善票据业务制度有关问题的通知》。

10 月 6 日，中国人民银行发布《关于规范和促进银行卡受理市场发展的指导意见》。

10 月 26 日，中国人民银行印发《电子支付指引（第一号）》。

11 月 3 日，中国人民银行发布《中国人民银行自动质押融资业务管理暂行办法》。

11 月 28 日，小额支付系统在天津、福建试点上线。

12 月，会计集中事后监督系统全国推广。

12 月 1 日，中国人民银行发布《中国现代化支付系统运行管理办法（试行）》、《小额支付系统业务处理办法（试行）》、《小额支付系统业务处理手续（试行）》。

12 月 29 日，中国人民银行在贵州开展农民工银行卡特色服务业务的试点工作。

12 月 30 日，印发《关于报送人民银行支付业务报表的通知》、《关于报送金融机构支付业务报表的通知》、《关于报送支付系统业务情况报表的通知》、《关于报送银行卡跨行交易情况报表的通知》，初步建立支付报表体系。

2006 年

3 月 8 日，中国人民银行发布《关于规范人民币银行结算账户管理有关问题的通知》。

同日，中国人民银行办公厅发布《关于规范银行汇票专用章事项的通知》。

4 月 25 日，全国银行卡电视电话会议召开。

6 月，中央银行会计集中核算系统小额支付业务在全国的推广工作完成。

中国人民银行组织广东等五个省市开展人民币银行结算账户管理系统灾难事件应急处置演练。

6 月 26 日，小额支付系统完成在全国的推广运行。

7 月 27 日，中国人民银行发布《关于做好农村地区支付结算工作的指导意见》。

11 月 9 日，中国人民银行发布《关于促进商业承兑汇票业务发展的指导意见》。

12 月 18 日，全国支票影像交换系统在北京、天津、上海、广东、河北、深圳等六省（市）成功试运行。

12 月，农民工银行卡特色服务在山东等 12 个省市开通完毕。

2007 年

1 月 1 日，中国人民银行调低银行业金融机构通过小额支付系统办理支付业务的收费标准。

1 月 8 日，全国农信银系统银行汇票业务顺利开通。

2 月 15 日，文化部、中国人民银行等十四部委发布《关于进一步加强网吧及网络游戏管理工作的通知》。

3 月，中国人民银行会同商务部、国家旅游局等十部委发布《关于加强奥运支付环境建设的指导意见》。

3 月 26 日，中国人民银行发布《关于政策性银行为合格境外机构办理人民币贷款业务和货币互换业务有关问题的通知》。

4 月 18 日，中国人民银行发布《中国支付体系发展报告（2006）》。

5月8日，中国人民银行支付管理信息系统上线运行。

5月8日，中国人民银行完成人民币银行结算账户管理系统（二期）在全国的推广运行。

5月11日，中国人民银行发布《关于改进个人支付结算服务的通知》。

5月14日，财政部、中国人民银行联合召开全国公务卡应用推广会议。

6月24日，中国人民银行对中央银行会计集中核算系统和中央银行会计事后监督系统进行升级换版。

6月25日，中国人民银行完成全国支票影像交换系统在全国的推广运行。

6月29日，中国人民银行完成联网核查公民身份信息系统在全国的推广运行。

7月10日，财政部会同中国人民银行发布《中央预算单位公务卡管理暂行办法》。

8月6日，中国人民银行发布《关于加强银行卡境外受理业务管理有关问题的通知》。

8月10日，中国人民银行修订发布《支付清算系统危机处置预案》。

8月30日，中国人民银行完成中央银行会计凭证影像事后监督系统在全国的推广运行。

9月11日，中国人民银行会同公安部发布《关于切实做好联网核查公民身份信息有关工作的通知》。

10月22日，中国人民银行发布《银行业金融机构加入、退出支付系统管理办法（试行）》。

10月24日，中国人民银行发布《联网核查公民身份信息系统突发事件应急预案（试行）》。

11月19日，中国人民银行在全国开通小额支付系统通存通兑业务。

11月25日，中国人民银行发布《依托小额支付系统办理银行本票业务有关管理规定的通知》。

2008年

1月，中国人民银行建立人民银行与商业银行支付服务与政策协商会议制度并召开首次例会。

1月23日，中国人民银行召开农民工银行卡特色服务推广新闻发布会。

1月30日，中国人民银行、财政部、中纪委等单位联合召开公务卡推广电视电话会议。

2月4日，中国人民银行发布《关于春节期间大额支付系统持续运行的通知》。

2月6日—12日大额支付系统持续运行，保障了抗击冰雪灾害过程中救灾款项的及时支付。

3月7日，中国人民银行发布《关于促进支票影像业务健康发展的通知》。

3月20日，中国人民银行发布修订后的《中央银行会计集中核算系统危机处置预案》。

4月21日，中国人民银行确定境内外币支付系统八种结算货币的代理结算银行。

4月24日，中国人民银行、中国银行业监督管理委员会联合发布《关于村镇银行、贷款公司、农村资金互助社、小额贷款公司有关政策的通知》。

4月24日，中国人民银行召开人民银行与商业银行支付服务与政策协商会议第二次季度例会，会议议题为支付体系法律制度的完善与创新。

4月28日，中国人民银行牵头建设的境内外币支付系统成功建成并开通港币支付业务。

4月29日，中国人民银行发布《关于各国驻华使馆、领事馆和各国际组织驻华代表机构开立人民币银行结算账户有关问题的通知》。

4月—9月，中国人民银行、公安部在全国范围内组织开展联合整治银行卡违法犯罪专项行动。

4月、6月、9月，中国人民银行分别组织三次奥运支付环境检查行动。

5月7日、14日，中国邮政储蓄银行农民工银行卡特色服务分别在贵州和湖南成功试点，随后逐步在其他劳务输出大省的县及县以下营业机构开通。

5月8日，中国人民银行小额支付系统银行本票业务正式上线。

5月15日、21日，中国人民银行发布《中国人民银行办公厅关于2008年5月17日至18日支付系统持续运行的通知》和《中国人民银行办公厅关于2008年5月24日至25日支付系统持续运行的通知》。

5月16日，中国人民银行发布《关于票据凭证印制有关事宜的通知》。

5月17日至18日，支付系统持续运行，为地震灾害期间资金汇划提供绿色通道。

5月19日，中国人民银行举行中国邮政储蓄银行开通农民工银行卡特色服务新闻发布会。

5月26日，中国人民银行发布《关于地震灾区银行业金融机构办理支付结算有关事宜的紧急通知》。

5月26日—30日，境内外币支付系统陆续开通英镑、欧元、日元、加拿大元、澳大利亚元和瑞士法郎支付业务。

5月27日，中国人民银行发布《中国人民银行支持受灾群众补助金方案》。

5月31日，中国人民银行发布《关于做好抗震救灾“特殊党费”银行汇款有关事项的紧急通知》。

6月20日，中国人民银行发布《关于进一步落实个人人民币银行存款账户实名制的通知》。

7月24日，境内外币支付系统开通美元支付业务。

7月25日，中国人民银行在北京举行境内外币支付系统建成新闻发布会。

7月—8月，中国人民银行发布《关于做好奥运期间银行卡安全支付保障工作的通知》、《关于进一步防范奥运期间银行卡伪卡犯罪的通知》等规范性文件。

8月1日，银行间债券市场的非银行机构全面实现券款对付（DVP）结算。

8月6日，中国人民银行发布《关于调整银行本票凭证格式有关事项的通知》。

8月6日，中国人民银行发布《关于做好北京奥运会期间支付清算工作有关事项的紧急通知》。

8月13日，中国人民银行在北京国际新闻中心举行奥运支付环境建设答记者会。

9月27日，中国人民银行召开人民银行与商业银行支付服务与政策协商会议第三次季度例会，会议议题为银行卡业务创新与制度改进。

10月，中国人民银行发布《中国支付体系发展报告（2007）》。

10月起，中国人民银行组织开展全国存量单位银行结算账户法定代表人或单位负责人及代理人公民身份信息真实性核实工作。

12月1日，中国人民银行正式开通改进后的华东三省一市银行汇票业务。

12 月 3 日，国务院办公厅颁发《关于当前金融促进经济发展的若干意见》（国办发〔2008〕126 号），明确指出要进一步丰富支付工具体系，提高支付清算效率，加快资金周转速度，加快金融服务现代化，全面提高金融服务水平。

12 月 19 日，中国人民银行召开人民银行与商业银行支付服务与政策协商会议第四次季度例会，会议议题为支付清算系统管理。

12 月 30 日，国务院办公厅颁发《关于搞活流通扩大消费的意见》（国办发〔2008〕134 号），要求进一步促进银行卡使用，方便刷卡消费，进一步提高金融服务效率。

2009 年

2 月，中国人民银行发布《中国支付体系发展报告（2008）》。

2 月起，中国人民银行会同最高人民法院开展通过人民币银行结算账户管理系统协助人民法院查询法人被执行人开户银行名称的工作。

3 月 16 日，中国人民银行与香港金融管理局建立内地与香港多种货币支付系统互通安排，开通港币、美元、欧元和英镑支付业务。

3 月 20 日，中国人民银行召开人民银行和商业银行支付服务与政策协商会议第五次季度例会，研讨支付结算服务收费问题。

3 月 25 日—27 日，中国人民银行在上海主办 EMEAP 支付体系风险研讨会暨支付结算体系工作组第二十次会议。

4 月 16 日，中国人民银行发布中国人民银行公告〔2009〕第 7 号，对我国境内从事支付清算业务的非金融机构进行登记。

4 月 27 日，中国人民银行会同银监会、公安部、国家工商总局发布《关于加强银行卡安全管理、预防和打击银行卡犯罪的通知》。

5 月，中国人民银行组织推广中央银行会计核算电子对账系统。

6 月 11 日，中国人民银行发布《关于财务公司申请机构代码和刻制汇票专用章有关问题的通知》。

6 月 26 日，中国人民银行召开人民银行和商业银行支付服务与政策协商会议第六次季度例会，研讨人民币银行结算账户管理相关工作。

6 月 30 日，中国人民银行召开公交卡专题会议。

6 月，中国人民银行组织银行业金融机构完成联网核查系统运行前开立的单位银行结算账户的相关公民身份信息真实性的核实工作。

6月，中国人民银行会同公安部牵头组织各商业银行和中国银联成立联合整治银行卡违法犯罪办公室。

7月1日，中国人民银行、财政部、商务部、海关总署、国家税务总局、银监会联合发布《跨境贸易人民币结算试点管理办法》。

7月6日，上海市和广东省广州、深圳、珠海、东莞正式开展跨境贸易人民币结算试点。人民币跨境收付信息管理系统（RCPMIS）正式上线运行。

7月16日，中国人民银行发布《关于改善农村地区支付服务环境的指导意见》。

7月，中国人民银行建立受理联网核查公民身份信息社会公众投诉机制。

7月，中国人民银行正式加入十国集团中央银行支付结算体系委员会（Committee on Payment and Settlement Systems，CPSS)，成为其23名正式成员之一。

8月10日，银联卡台湾受理业务正式开通。

8月15日—24日，中国人民银行组织开展本外币支付清算系统应急备份切换。

8月，中国人民银行正式组织启动FSAP支付系统及证券结算系统自评估工作。

9月4日—7日，中国人民银行对大额支付系统实施功能改造，实现电子商业汇票系统依托支付系统办理资金清算和支持人民币跨境贸易支付业务处理。

9月，中央银行会计核算数据集中系统正式启动开发。

10月16日，中国人民银行发布《电子商业汇票业务管理办法》（中国人民银行令〔2009〕第2号）。

10月28日，中国人民银行组织建设的电子商业汇票系统建成运行。

11月6日，中国人民银行召开人民银行和商业银行支付服务与政策协商会议第七次季度例会，研讨改善农村地区支付服务环境问题。

11月18日，中国人民银行会同公安部组织召开联合整治银行卡违法犯罪第一次工作会议。

11月28日，银行间市场清算所股份有限公司在上海正式挂牌成立。

12月2日，中国人民银行组织召开第二代支付系统暨中央银行会计核算数据集中系统建设启动电视会议。

2010年

1月—10月，公安部、中国人民银行在全国开展打击银行卡犯罪专项行动。

1月—2月，中国人民银行组织清算总中心，国有商业银行、股份制商业银行和国债登记公司、中国银联、外汇交易中心、城市商业银行资金清算中心等开展了支付清算系统自评估工作。

1月—12月，中国人民银行配合国际货币基金组织和世界银行，完成了对支付和证券结算系统的FSAP评估。

3月9日—10日，中国人民银行参加支付结算体系委员会（CPSS）2010年度第一次例行会议。

3月12日，中国人民银行发布《关于对违法签发支票行为行政处罚若干问题的实施意见（试行)》。

3月16日—20日，中国人民银行参加第22次东亚及太平洋中央银行行长会议组织支付结算工作组（EMEAP－WGPSS）会议。

3月25日，中国人民银行召开人民银行和商业银行支付服务与政策协商会议第八次季度例会，就目前支付结算、清算领域面临的难点、热点问题进行讨论。

3月29日，中国银联接入小额支付系统办理银行卡资金清算业务。

3月，中国人民银行发布《中国支付体系发展报告（2009)》。

3月，中国人民银行开展世博支付环境建设检查并召开上海世博金融服务誓师大会。

3月—12月，中国人民银行开展人民币银行结算账户管理系统与同城清算系统账户信息比对试点。

3月起，中国人民银行组织在山西忻州、湖南株洲启动存量个人银行账户实名制核实试点工作。

3月起，中国人民银行先后在重庆、山东等5省（市）的空白金融网点乡镇组织试点开展POS小额取现业务。

4月16日，中国人民银行召开存量个人银行存款账户公民身份信息核实试点工作会议。

4月30日，中国人民银行完成中央银行会计集中核算系统前置机集中整合推广工作。

4月，中国人民银行组织开展2010年全国银行卡市场专项检查工作。

5月3日起，中国人民银行调高小额支付系统贷记业务金额上限，将贷记业务金额上限调整为50 000元。

5月—10月，中国人民银行全力推进世博会金融服务工作。

6月12日，中国人民银行制定《中央银行会计核算数据集中系统工程实施计划》。

6月14日，中国人民银行发布《非金融机构支付服务管理办法》，该办法自2010年9月1日起施行。

6月18日，中国人民银行、中国银行业监督管理委员会、公安部联合发布《关于进一步完善涉案账户资金查询、冻结工作程序的通知》。

6月28日，电子商业汇票系统在全国推广上线运行。

6月30日，银联卡在台湾开通ATM受理业务。

6月—11月，中国人民银行全力推进亚运会金融服务工作。

6月，中国人民银行制定第二代支付系统工程实施计划。

7月14日，最高人民法院、中国人民银行联合发布《关于人民法院查询和人民银行协助查询被执行人人民币银行结算账户开户银行名称的联合通知》。

7月25日，中央银行会计核算电子对账系统升级换版。

7月，中国人民银行组织召开全国农村支付服务环境建设经验交流会。

8月6日，银联卡开通深港跨境缴费业务。

8月17日，中国人民银行发布《网上支付跨行清算系统业务处理办法》及《网上支付跨行清算系统业务处理手续》。

8月30日，中国人民银行组织建设的网上支付跨行清算系统成功上线运行。

8月31日，中国人民银行发布《境外机构人民币银行结算账户管理办法》。

9月21日—22日，中国人民银行参加在德国法兰克福举办的第一次中欧央行支付结算双边会议。

9月—12月，中国人民银行在全国范围内开展以“安全用卡、打击犯罪”为主题的宣传活动。

9月，中国人民银行、财政部、教育部、人力资源和社会保障部联合下发《关于全面推行中职学生资助卡　加强中职国家助学金发放监管工作的通知》。

9月，深圳发展银行、兴业银行、厦门银行、长沙银行、延边农村合作银行、东亚银行、南洋商业银行和首都银行8家接入境内外币支付系统开办外币支付业务。

10 月 13 日，中国人民银行组织第二代支付系统业务需求培训。

10 月 15 日，中国人民银行举行网上支付跨行清算系统建成运行新闻发布会。

10 月 18 日，中国人民银行召开人民银行与商业银行支付服务与政策协商会议第九次季度例会，研讨修订《支付结算办法》有关问题。

10 月 22 日，中国支付体系发展规划领导小组办公室召开会议。

10 月，人民银行下发《中国人民银行关于启用 2010 版银行票据凭证的通知》。

10 月—11 月，中国人民银行组织商业汇票承兑和贴现业务专项检查。

11 月 2 日，中国人民银行组织召开军人保障卡全军推广动员部署电视电话会议。

11 月 25 日，中国人民银行发布《关于推广支票授信业务的指导意见》。

12 月 1 日，中国人民银行发布〔2010〕第 17 号公告，公布实施《非金融机构支付服务管理办法实施细则》。

12 月 2 日，中国人民银行召开“移动支付风险控制座谈会”，研究移动支付安全、业务模式、账户设置等相关问题，制定对策、促进发展。

12 月 3 日—6 日，网上支付跨行清算系统应用软件升级换版，并组织第二批参与机构接入网上支付跨行清算系统。

“十一五”中国支付业务发展图解

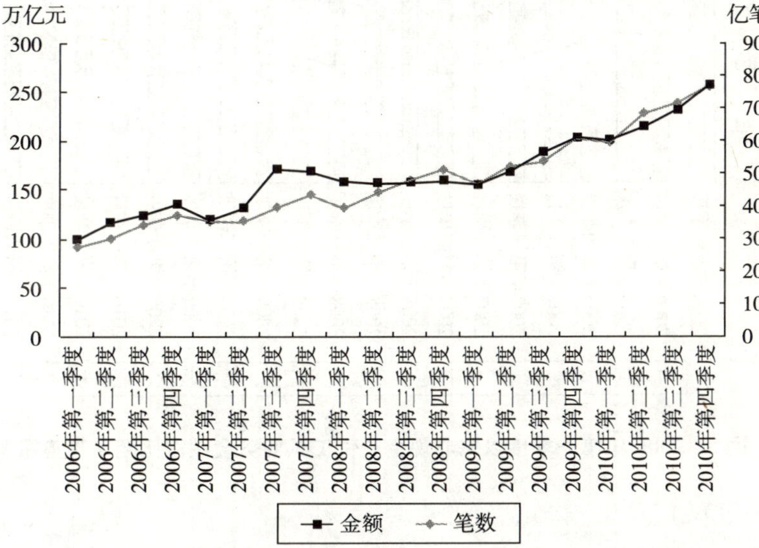

图 1　2006 年第一季度以来非现金支付业务量趋势图

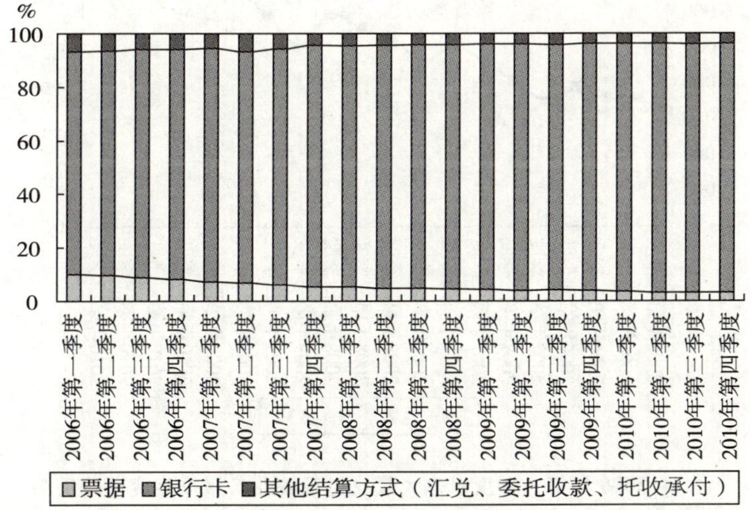

图 2　2006 年第一季度以来非现金支付工具业务笔数占比变动趋势图

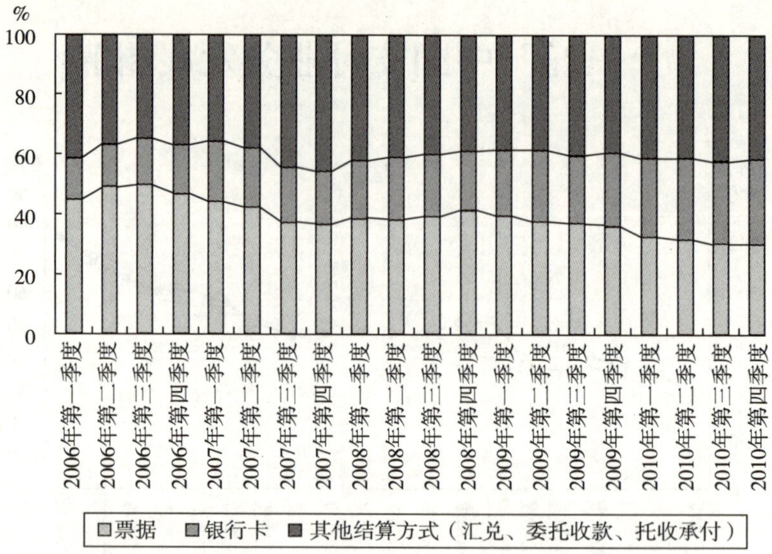

图 3　2006 年第一季度以来非现金支付工具业务金额占比变动趋势图

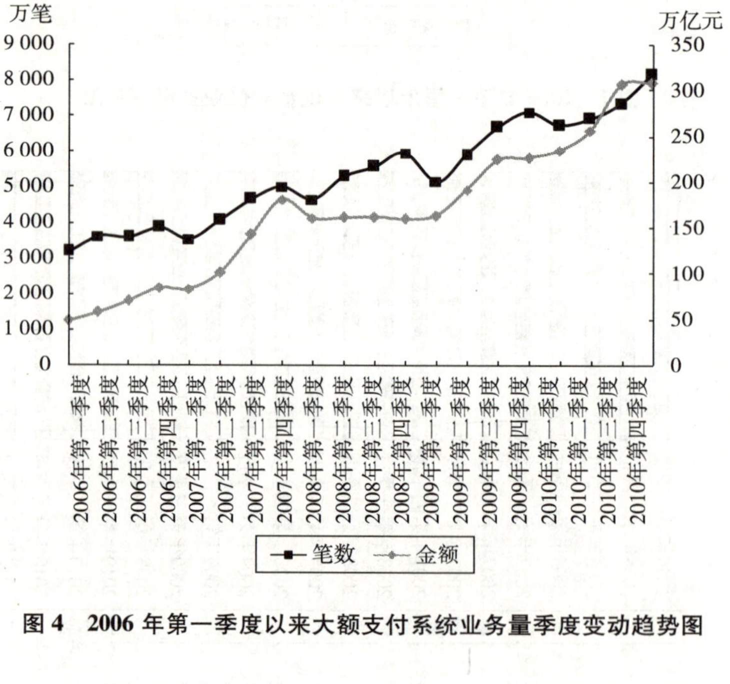

图 4　2006 年第一季度以来大额支付系统业务量季度变动趋势图

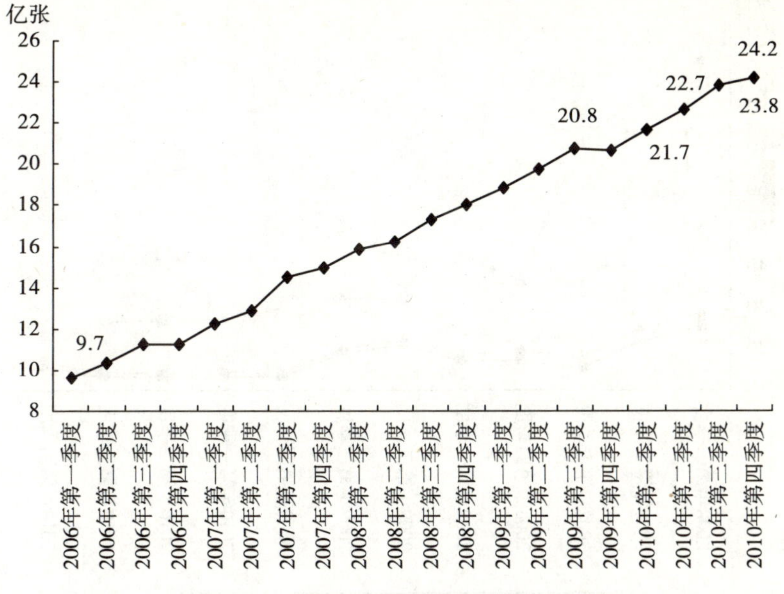

图5　2006 年第一季度以来银行卡季末存量变动趋势图

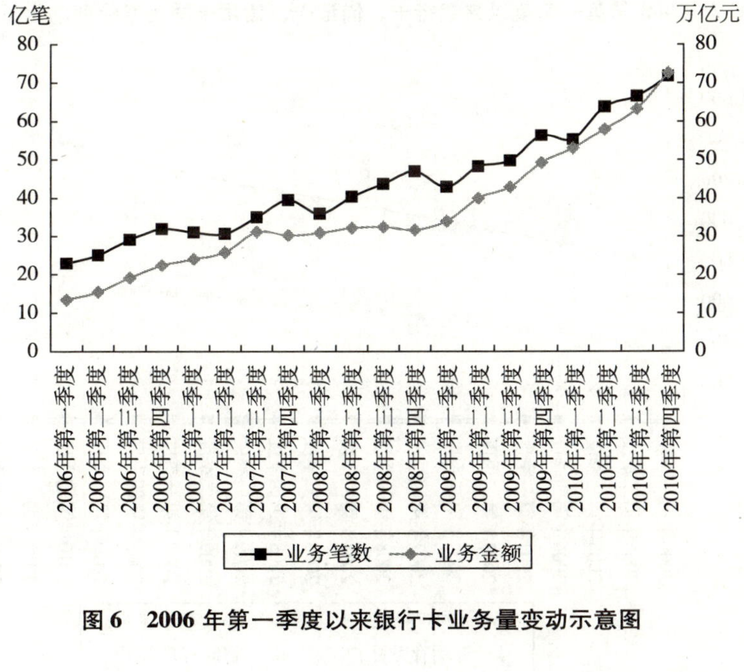

图6　2006 年第一季度以来银行卡业务量变动示意图

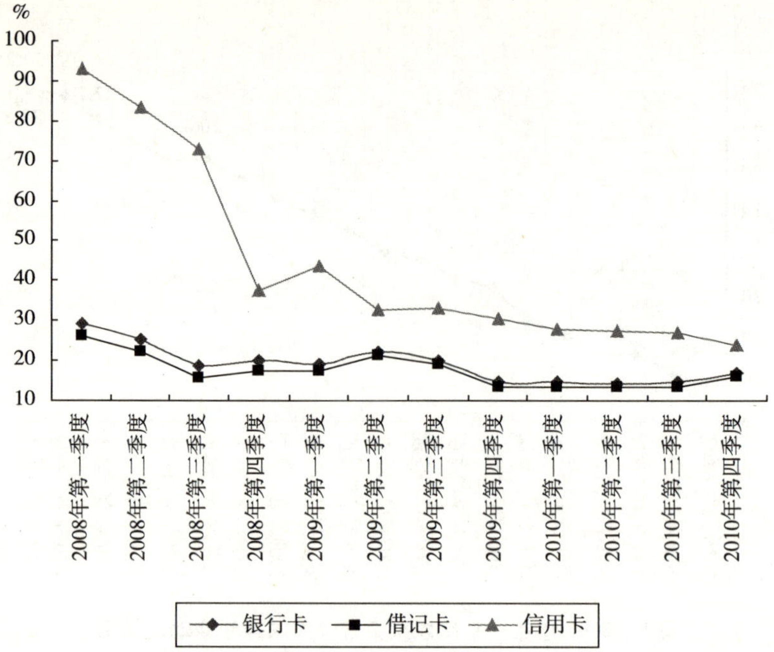

图 7　2008 年第一季度以来银行卡、借记卡、信用卡同比增幅变动示意图

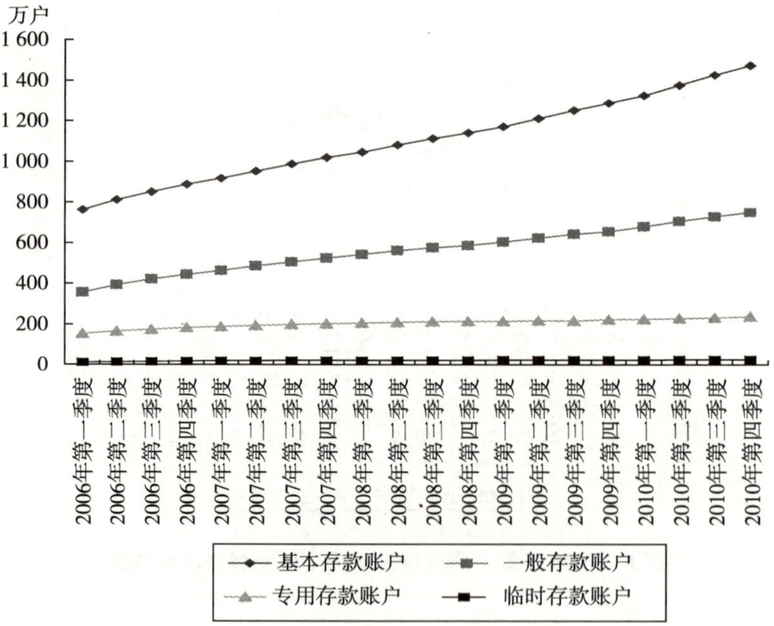

图 8　2006 年第一季度以来各类单位银行结算账户数量变动趋势图

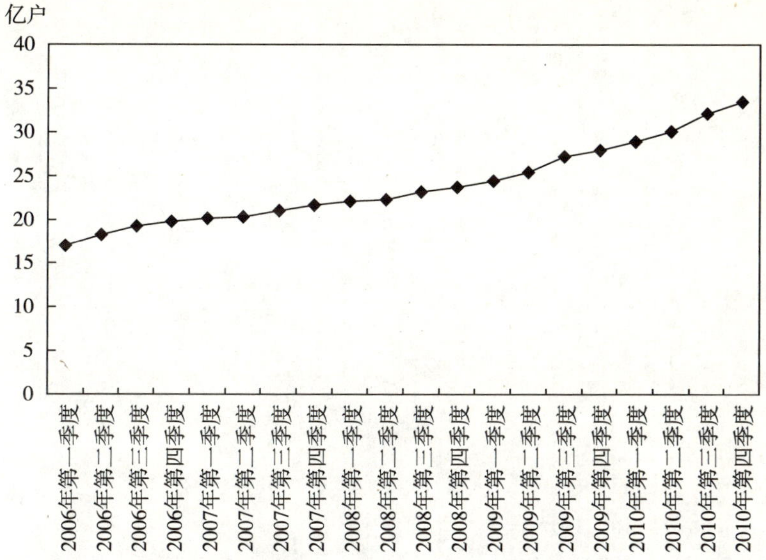

图 9　2006 年第一季度以来单位银行结算账户数量变动趋势图

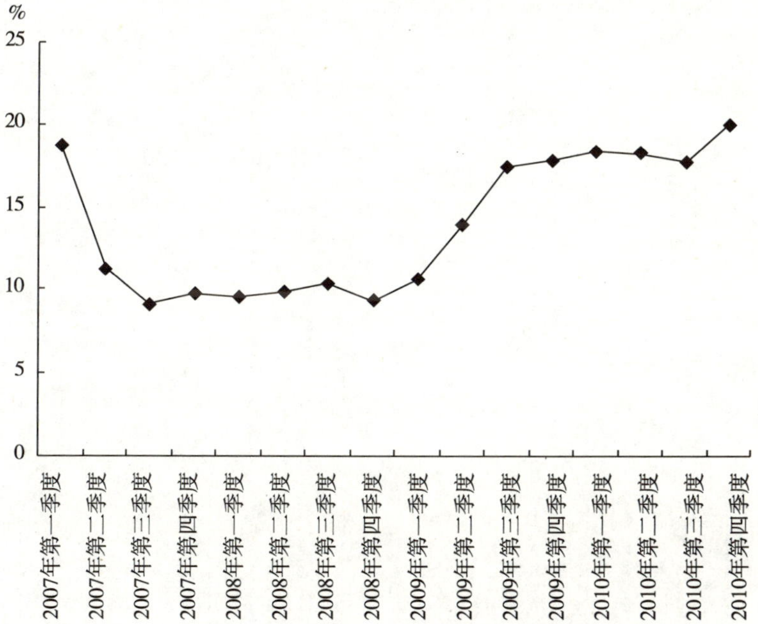

图 10　2007 年第一季度以来个人银行结算账户数量变化趋势图

附录

◆ 单一欧元支付区建设对推进人民币跨境清算的几点启示

◆ 金融网络与金融稳定

◆ T2S：结算无边界

单一欧元支付区建设对推进人民币跨境清算的几点启示

长期以来，欧盟一直致力于金融一体化建设。在欧洲一体化进程中，欧元的诞生和流通象征着欧洲货币的统一，意义不言而喻。但是要真正实现欧元的支付和清算，离开现代化支付体系是不可想象的。谈到目前欧洲支付体系的重大变革，不能不提及正在进行中的单一欧元支付区（The Single Euro Payments Area，SEPA）计划。SEPA 是指一个超国界的区域：在此区域内的公民、企业和其他经济主体能够依据同等的条件、权利和义务，发起和接收欧元支付，而不管支付交易发起方和接收方是否属于同一国家。欧洲支付体系建设，特别是 SEPA 计划的实施，其意义不亚于欧元的诞生。

2010 年 6 月 22 日，人民银行等六部委联合下发了《关于扩大跨境贸易人民币结算试点有关问题的通知》，将境内试点地区扩大到北京、天津、上海、江苏、浙江等 20 个省、区、市，境外地区由港澳、东盟地区扩展到所有国家和地区。截至 2010 年 6 月末，跨境贸易人民币结算金额累计达到 705.96 亿元，保持平稳增长态势。跨境贸易人民币结算试点工作的全面启动，标志着人民币国际化由设想开始逐步得以实施，人民币也将由国内支付、边贸支付向跨境支付拓展，在此过程中人民币跨境支付安排将变得尤为重要。当前关于人民币跨境结算业务量增长缓慢的原因讨论较多，但主要集中于我国经济总量仍然有限、人民币兑换限制、人民币金融投资市场不成熟、境外出口企业人民币升值预期、我国产品自主定价能力较弱以及我国企业话语权缺失等方面，而对于人民币跨境支付渠道不顺畅的问题则较少提及。对于国际贸易而言，安全、高效的资金支付渠道可以极大提高货币清算效率、降低投资者风险，发挥重要的基础性作用。相信随着人民币跨境支付业务的不断发展壮大，跨境清算体系的关键作用将会得到相关各方更多的关注。他山之石，可以攻玉，SEPA 计划实施过程中积累的一些经验和做法对建立和完善人民币跨境清算体系具有重要的参考价值。

一、SEPA 计划出台的背景和目标

1958 年欧洲经济共同体建立以来，在欧洲金融市场一体化的进程中，

最为引人注目的标志性事件毫无疑问是1999年欧元的引入，特别是2002年欧元的正式流通。1999年1月1日建成作为欧元金融体系枢纽的TARGET系统同样是重要的一步。现在，SEPA计划的出台与实施将毫无疑问地成为通往更紧密欧洲一体化的又一里程碑。

各式各样的支付机制、协议和法律法规的共存，是目前欧洲支付市场的一大特点——各国都有自己的诸如账户编码规则、数据交换格式等技术标准。SEPA计划的实施将使得消费者可以使用单一银行账户和一系列标准化的支付工具进行欧元区内的非现金支付，这就要求扫清目前欧元区各国的所有技术、法律和贸易障碍，使得整个欧元区不同国家的支付市场转变成唯一的"国内"支付市场，给欧洲的消费者提供便利、高效、可靠、经济的支付服务。

SEPA计划的目标是通过促进零售支付市场的竞争与创新，实现更优质的支付服务、更高效的支付产品和更便宜的支付途径，从而统一各国零售支付标准，克服跨境支付障碍，进而推动欧洲金融市场一体化进程。SEPA计划实现以后欧元区内将不再有所谓的"跨境"支付。除此以外，SEPA还将推动欧元区内各国支付工具标准的统一，从而带来实质的规模经济，以利于各类消费者、银行及欧洲经济。

二、SEPA建设的主要做法和经验

（一）借重区域合作框架，协调各国统一行动

SEPA计划于2002年正式启动实施，当年6月由欧洲银行业发起成立的欧洲支付理事会（European Payments Council，EPC）是这一宏伟计划的具体组织者和管理者。虽然说SEPA计划是主要由市场力量推动，但作为当今世界上最成功的区域一体化组织，欧盟是SEPA计划顺利出台和实施过程中的主要促进者，欧盟委员会及欧洲中央银行分别在法律政治层面和业务层面发挥了举足轻重的作用。

欧盟委员会的作用主要体现在以下两个方面：一是出台SEPA计划的

法律基础——《支付服务指令》[①]（*Payment Services Directive*，PSD），并与各成员国密切合作，确保在2009年11月之前相关成员国准时将PSD的内容转化为各成员国国内法；二是会同欧洲各国财长，推动建设SEPA计划的政治基础，鼓励成员国政府当局尽早接受SEPA。在SEPA计划实施过程中，欧央行扮演了促进者和顾问的角色，其主要在四个方面发挥积极作用：一是为SEPA计划的推行提供指导；二是同公共部门合作，确保这类部门成为每个国家中SEPA支付产品的早期使用者；三是确保EPC在SEPA建设过程中兼顾企业、个人等各类使用者的需要；四是作为SEPA计划相关各方之间信息沟通的协调者，在国家间层面协调EPC和欧盟委员会，在一国范围内同各国SEPA计划的专门机构[②]进行协作。

（二）推动法规制度先行，促进市场充分竞争

如前所述，SEPA的法律基础是欧盟委员会于2007年11月正式颁行的PSD，从2003年12月的欧盟委员会内部市场与服务总司发出《内部市场支付新法律框架通讯[③]》算起，PSD从启动到最终通过并颁布历经近4个年头。

PSD的出台有两个主要目的：一是促进竞争，通过消除市场进入壁垒和确保公平市场门槛促进支付市场竞争，以促进规模经济的实现，提高支付效率，减少支付体系运行成本；二是统一规则，规范并形成信息获取、权利义务关系等与支付服务相关的统一规则。欧盟认为，PSD是建立欧洲单一支付市场的基石，PSD的颁行对于按时实现SEPA这项雄心勃勃的计划将起到重要的推动作用。

PSD将支付服务提供商分为银行等信贷机构和支付机构（Payment Institutions）。PSD将支付机构划分为三类，分别是现金汇款服务机构，移动电信运营商等提供移动支付服务的机构，以及提供贷记转账、直接借记、支付卡等多种支付服务的专门支付服务提供商。从PSD中关于支付机构的

---

① 指令（Directive）是由欧洲议会、欧盟部长理事会和欧盟委员会作出的对特定成员国有约束力的，并责成特定成员国通过国内程序将其内容转换为国内立法，以履行其所承担的条约义务的立法性文件。指令一般有一个限期，在此限期内，允许成员国参照执行或把指令纳入本国立法，逐步实行。《支付服务指令》（*Payment Services Directive*）即DIRECTIVE 2007/64/EC，全文见http：//eur－lex. europa. eu/LexUriServ/LexUriServ. do？uri＝OJ：L：2007：319：0001：01：EN：HTML。

② 为推动本国的SEPA进程，欧元区各国均成立了由政府、银行业协会及国家中央银行三方的代表组成的专门机构。

③ 通讯（Communication）是欧盟委员会为起草法案征求意见的一种形式。《内部市场支付新法律框架通讯》（*Communication on a New Legal Framework for Payments in the Internal Market*）即COM（2003）718，全文见http：//eur－lex. europa. eu/LexUriServ/LexUriServ. do？uri＝CELEX：52003DC0718：EN：HTML。

进入门槛设置、运营资本等有关条文可以看出，欧盟希望通过引入新的支付机构鼓励支付服务市场的竞争。如上述三类支付机构的注册资本最低要求分别依次为2万欧元、5万欧元、12.5万欧元，均远远低于成立银行的最低注册资本500万欧元的要求。

（三）整合市场各方力量，协力推进SEPA建设进程

虽然欧盟委员会、欧央行等官方机构在SEPA计划中起到了积极推动作用，但SEPA计划的具体制定与实施主要还是由市场力量主导，其中发挥核心作用的就是为SEPA而生的EPC。EPC是由银行及部分银行业协会组成，目前拥有74家成员单位。来自欧洲30个国家、代表各类银行机构的300多位专家直接参与了SEPA工作方案的制定工作。目前，EPC成立的7个专家小组以解决SEPA实施过程中出现的问题，分别是：（1）SEPA支付方案工作组，负责维护和推动SEPA贷记转账和直接借记框架蓝皮书及其支持文件、操作程序和相关标准的优化；标准支持组，负责与横向标准有关问题的评价。（2）现金工作组，它主要负责设计单一欧元现金区（Single Euro Cash Area，SECA）框架及制定相关标准。（3）支付卡工作组，负责设计SEPA支付卡框架及制定相关标准。（4）移动支付渠道专家组，提出专家建议，同移动支付市场相关各方合作推动SEPA支付渠道效率最大化。（5）标准支持组，负责开发和测试SEPA计划相关标准。（6）法律支持组，为各工作组和委员会提供法律支持。（7）信息安全支持组。

为在欧洲层面加强对SEPA计划的监管，鼓励支付服务终端消费者在SEPA进程中发挥更大作用，2010年6月7日，由欧盟委员会和欧央行共同发起成立了SPEA委员会（SEPA Council）。SEPA委员会主要发挥三个方面的作用：（1）推动SEPA目标的实现，为欧元区零售支付市场的发展方向提供宏观指导；（2）跟踪和支持SEPA迁移进程；（3）确保SEPA进程的责任落实和透明度。SEPA委员会由欧央行执行委员会成员Gertrude Tumpel - Gugerell女士和欧盟委员会内部市场与服务总司司长Jörgen Holmquist先生任主席，成员来自欧洲支付市场的供需双方组成。

（四）选取适当业务种类，适应支付业务电子化趋势

随着计算机及网络技术的飞速发展，支付工具逐渐由传统纸质载体向电子化方向转化，各类现代化的电子支付系统逐步替代了依赖手工操作的票据交换机构，成为大规模资金转移的主要渠道。SEPA计划充分考虑到

当前非现金支付业务电子化的发展趋势，重点选取了欧元区发展水平较高、业务量较大的贷记转账、直接借记和支付卡三类非现金支付业务类型，支票等传统非现金支付工具则不在 SEPA 计划范围之内。

在设计 SEPA 标准的支付工具的时候，EPC 主要采取了“替代”和“适应”两种策略。对于贷记转账和直接借记两类业务来说，EPC 采取的是“替代”策略，即在整个 SEPA 范围内引入全新的贷记转账和直接借记的支付安排，这两类业务必须采用以下三个国际标准：客户的银行账户编码采用国际银行账户号码标准（IBAN），各参与银行编码采用银行识别代码（BIC，ISO 9362）标准，支付报文采用 UNIFI（ISO 20022）标准。而对于高度复杂的支付卡行业，EPC 采取的是“适应”策略，即推动现存的支付卡安排向新业务和技术标准及过程过渡。

（五）注重行业长远利益，推动欧洲支付卡组织一体化

为使得各国支付卡业务达到 SEPA 标准，EPC 提出了三种方案：一是选择一个（或多个）国际卡组织代替现有的国内卡组织，只要这个国际卡组织能达到 SEPA 要求；二是使一个或几个国内卡组织达到 SEPA 要求并将其运营范围扩张到整个欧元区，或和欧元区其他国家的符合 SEPA 要求的卡组织结成联盟；三是发行国内和国际双标识的卡，只要本国和他国两个卡组织都能达到 SEPA 标准。

目前多数银行基于成本因素主要倾向于双标识方案。但考虑到欧洲支付卡市场的长远发展及政治因素，欧元体系及欧央行不愿意看到 VISA 和万事达等国际卡组织垄断欧元区支付卡市场，他们更加认同第二方案。2006 年欧元支付组织联盟（Euro Alliance of Payment Schemes，EAPS）是这一方案的尝试。EAPS 的六家发起人分别是德国的 Electronic Cash、意大利的 Bancomat、比利时的 ATM 服务提供商 Eufiserv、英国的 ATM 转接组织 Link 及西班牙的 Euro 6000、葡萄牙的 Multibanco。不过部分欧洲银行卡组织对于这种方案持保留态度，它们认为采用联盟形式协调的难度和成本都过大，对于效率提升不一定有明显的作用。

三、SEPA 计划的实施步骤和现状

（一）SEPA 计划的实施步骤

根据 EPC 的时间表，SEPA 计划大体分为规划设计、项目实施和标准

迁移三个阶段，经过三个阶段的工作，现有的基于各国标准的贷记转账和直接借记业务将完成它们的历史使命。

规划阶段的时间跨度为2004年至2006年年中，这一阶段的主要任务是设计贷记转账和直接借记的制度安排、支付卡及清算结算基础设施的框架。

规划工作结束后紧接着进入项目实施阶段，这一阶段持续到2007年年底。在此过程中重点为新的SEPA支付工具、标准和基础设施的首次展现做准备，同时进行相关业务测试。

在此项计划的最后迁移阶段，各国现存的支付安排将与新的SEPA支付安排并行，客户将可以自由选择使用本国原有的支付工具或者SEPA标准的支付工具，支付基础设施将能够处理新旧两类支付工具。

（二）SEPA计划的实施现状

截至目前，SEPA计划中的三个支付业务种类中，贷记转账业务于2008年1月28日正式上线运行，SEPA标准的直接借记业务于2009年11月2日问世。

上线运行两年多以来，SEPA标准的贷记转账业务从无到有，在欧元区全部贷记转账业务中的占比由2008年2月的0.5%提升至2009年7月的4.4%，2010年5月这一占比已达到8.1%。从各国贷记转账业务迁移进度来看，卢森堡走在了其他国家的前列，2008年下半年该国SEPA标准的贷记转账业务在全部贷记转账业务中的比例高达85.8%。由于SEPA标准的直接借记业务尚处于起步阶段，截至2010年5月，这一业务在欧元区全部直接借记业务中的占比仅为0.05%。

四、对推进人民币跨境支付的启示

（一）积极寻求国际合作，发挥国际协商机制的重要作用

人民币跨境清算体系的建设与完善离不开相关国家和地区的积极配合，为此，积极寻求两方或多方合作，取得相关国家和地区政府的理解与支持具有重要的战略意义。

加强区域性经济金融合作组织框架内的沟通与协商。2008年中国与东盟已经互为第四大贸易伙伴，此次人民币跨境贸易结算的试点目标地区除港澳以外就是东盟。从政府层面，可以以中国东盟自由贸易区建设为契

机，建立政府间协商机制，积极推动中国东盟自由支付区的建设，以期在消除贸易壁垒之后打破支付藩篱。从央行层面，则可以借助东亚及太平洋地区中央银行行长会议（EMEAP）这一地区性合作组织，在其支付结算体系工作组框架下开展具体合作事宜。

强化与货币互换协议签署国家和地区之间的支付领域交流与合作。2008年12月至今，我国已与中国香港、韩国、马来西亚、印度尼西亚、白俄罗斯、阿根廷、冰岛、新加坡等8个国家和地区的货币当局签署了货币互换协议，总额高达8 035亿元人民币。人民币通过货币互换形式注入境外金融体系之后，境外商业机构获取人民币，以用于支付从我国进口的商品。在货币互换协议的基础上，进一步开展支付领域的交流与合作，将有利于货币互换双方贸易往来支付效率的提高，促进双边贸易快速发展。

（二）优先推动协议签署，确保跨境清算业务的法律地位

作为国家和地区间合作的基本形式之一，国际协议广泛存在于现代国际关系中的各个方面，特别是经济金融领域。国际协议的签署，可以降低双方交易成本，从而保障国际合作的顺利实现。人民币跨境清算体系建设进程中涵盖业务规划、技术实施等诸多方面，与相关国家和地区之间的协商与信息沟通必不可少，为此有必要在跨境清算体系建设伊始开展与相关国家、地区及地区组织之间跨境支付合作协议或备忘录的签署工作，以确保人民币跨境清算体系建设有法可依，为以后各项工作的顺利开展创造坚实的法律基础。

以海峡两岸跨境支付机制为例，海协会与海基会于2009年4月共同签署的《海峡两岸金融合作协议》明确提出要“逐步建立两岸货币清算机制，加强两岸货币管理合作”，由此可以在此协议框架下细化有关条款，推动形成海峡两岸跨境支付协议的签署，以利于开展海峡两岸跨境清算体系建设合作。

（三）央行牵头、市场推动，引导各方支付资源的有效配置

从SEPA计划的制定与实施过程可以看出，欧盟委员会和欧央行主要发挥了监督和推动的作用，对于技术方案和业务规则制定等细节方面参与较少，这些方面的工作基本上以EPC和商业银行为主导。就人民币跨境清算体系建设而言，SEPA计划实施中的做法同样可以借鉴。中央银行应当主要在监督和推动这两个方面发挥作用，具体工作则可以重点依靠市场力量，充分调动各类市场参与者的积极性。

人民币跨境清算体系建设可参照中国银联模式，由人民银行牵头，联合商业银行等相关各方成立专门机构。由专门机构而不是中央银行直接负责主要基于两点考虑：一是可以发挥各方优势，引导支付资源的有效配置。借鉴 SEPA 计划实施中专门成立 EPC 的做法，充分利用各方的投资、人员、技术等资源。二是规避潜在的政治风险。支付体系是一国经济金融正常运行的核心基础设施，由中央银行主导人民币跨境清算体系建设，可能会引起相关国家负面的政治猜测与抵触，引发不必要的政治纷争。

（四）详细制定建设规划，兼顾人民币国际化的发展趋势

选取恰当的跨境支付处理模式。当前试点中的人民币跨境贸易结算主要通过两种模式进行，一是大额支付系统模式，即通过香港、澳门地区人民币业务清算行进行人民币资金的跨境结算；二是代理行模式，通过境内商业银行代理境外商业银行进行人民币资金的跨境结算，主要应用于同东盟之间的贸易结算。

除了已有的上述两种模式以外，还有以下两种模式值得考虑：一是国家支付系统联网模式，对于已经建设有较为先进的大额支付系统的国家，可以通过连接两国或多国的大额支付系统，从而构建一个包括人民币在内的多币种的区域性跨境支付系统。二是支付系统援建模式，对于支付基础设施水平较低，经济发展程度不高的国家，则可以通过签订双边合作协议，由我国银行机构提供人民币专项开发贷款，人民币跨境清算体系建设专门机构出面助其建设人民币及本币支付系统。这两种模式的优势在于，一方面满足了人民币跨境支付，另一方面向其他国家和地区推行了支付体系的中国标准，有利于提高我国在国际支付标准制定中的话语权。

兼顾人民币投资货币属性。在当前的国际分工体系下，我国对绝大多数亚洲国家保持了贸易逆差。这样的贸易收支格局，使得人民币有更多的机会被贸易伙伴国持有。随着人民币作为结算货币在境外的不断沉淀，将逐渐产生对人民币资产投资获取收益的需求，尤其是对人民币债券和股票等金融产品的需求将大量增加。在境外发行人民币计价的国债或企业债能够在一定程度上满足境外人民币投资需求。2010 年 9 月 28 日在香港发行 60 亿元人民币国债就是推出人民币投资产品的重要一步，这是我国首次在境外发行人民币国债。为满足未来境外人民币投资需求，在跨境清算体系规划中应当考虑加入跨境人民币买卖、人民币证券交易等业务功能。

（五）抓住当前有利时机，推动支付行业民族品牌国际化

欧央行对美国主导的银行卡组织双寡头垄断格局心存戒备，希望有欧洲本土的银行卡公司形成能与其竞争和抗衡之势，但从当前欧洲卡公司的实力和市场选择来看，欧央行的这一愿望很可能落空。为此，应当吸取欧洲以往轻视本土银行卡组织发展的教训，扶持中国银联等支付行业民族品牌的发展壮大。推动支付行业民族品牌的发展不仅意味着提升金融服务水平，还同国家金融安全和信息安全密切相关。

当前应抓住人民币国际化尚处于初级阶段的有利时机，支持支付行业民族品牌的国际化。为此可以从以下几个方面着手进行：一是支持银联标准在境外的推广，特别是推动境外人民币银联卡发卡市场扩大规模；二是支持银联等相关机构积极参与有关国家和地区银行卡信息转接系统等零售支付系统建设，为人民币的境外流通提供渠道保障。

金融网络与金融稳定*

译者按：本文原载于欧央行《金融稳定评论》2010年6月刊。2010年3月，国际支付结算体系委员会（CPSS）在2010年第一次例会上向各成员国特别推荐。

最近的全球金融危机显示，金融链接在冲击传播中起到渠道作用。除了通常说的"大而不能倒"的概念外，这也使得机构"链接过多不能倒闭"的概念开始出现。这篇译文介绍了网络研究的最新进展，回顾了其在金融网络方面的应用，讨论了如何应用网络分析才能更好地理解金融体系并强化其稳定性。

文中指出，现代金融体系相互链接的特性需要引入网络分析方法对其进行研究。首先，网络中的节点受到与之直接或间接链接的其他节点的影响，因此，为了理解一个节点的属性和行为，必须分析相关的其他节点。金融网络是网络的一个特例，具有网络的普遍特征。金融网络中系统性重要参与者的特性，不只取决于其自身。这也很好地解释了为什么要加强支付系统参与者行为监测和管理，为什么要对支付系统的外延进行评估和控制。其次，人们普遍认识到系统性重要的金融机构在危机传播中的关键作用，但如何事先识别，以便监管者未雨绸缪，是摆在我们面前的重大课题。使用网络分析方法有利于更好地进行风险传播的评估，有助于识别系统性重要金融市场参与者。系统性风险及其传播因而变得更加清晰、快捷、可监测。最后，最近的一系列研究已经开始关注使用支付流动数据重新构建国家银行间网络的分析方法。通过对美国和澳大利亚的支付系统数据进行分析，可以得出主要银行处理支付总量中的绝大部分，从而构成金融网络的核心。这种情况在中国也是一样。大额支付系统信息，既包括资金在银行间、地区间甚至行业间的流动规律，也包含某些银行潜在流动性危机的信息。利用这些支付数据对金融网络进行实证分析，并构建适当的模型，能让监管者对系统性风险有更深一步的理解，并能更好地识别系统性重要的金融机构。与欧美国家相比，我们在利用支付信息分析宏观经济、金融市场等方面还远远不够，今后要加强这方面的工作。

---

* 本文原载于《金融会计》2010年第12期，合译者为张卫华，现供职于中国人民银行支付结算司。

一、引言

最近的金融危机显示，现代金融体系具有相互链接的特性。随着危机的逐步展开，一个事实越来越清晰，那就是如此相互链接的复杂系统的后果特别难以预测。不过，金融机构之间、跨经济部门和整个金融体系的错综复杂的链接结构实际上能够使用网络形式呈现出来。

面对加强金融稳定架构这项具有挑战性的工作任务，经济学家和政策制定者深感需要更好地识别、监控和处理系统链接（系统风险[①]的来源）的分析方法。系统性风险的影响取决于市场参与者的集体行为和他们之间的相互链接，对这个事实的认识，支持了最近强调金融监管应采纳宏观审慎框架的论点和做法。那些不仅针对个别机构，也考虑到系统中特定（潜在系统相关的）对手方暴露的弱点的监管措施也许能够阻止本地的危机演变为全球危机。

国际机构和组织，比如国际货币基金组织（IMF）和金融稳定理事会，充分认识到：为了开发度量金融脆弱性的新方法，需要考虑全球金融体系的网络特性[②]。新的欧盟系统风险委员会正在进行中的工作包括标识金融风险及其在系统层面上的集中点，进而发布适当的警告。如果可以使用那些能够模型化链接和金融机构间风险敞口，识别系统中的关键节点并能监测、评估冲击传播渠道的方法，这些工作肯定会从中获益。

回顾本专题有关文献，总结最近几十年研究部门在理解网络复杂性方面取得的显著进步，我们会发现，金融网络分析可能最终成为有用的政策工具。[③]

二、网络分析

网络的一般概念是非常直观的：网络描述了节点或者说是顶点（比如金融机构）的集合以及它们之间的链接，这种链接可能是直接的（弧线）或者非直接的（边缘）。依赖于不同的分析领域，链接代表了节点之间不

---

① 欧央行：《系统性风险的概念》，载《金融稳定评论》，2009 年 12 月，系统性风险有三种表现形式：传播、宏观经济冲击和不平衡性扩展。这个专题集中于传播。

② IMF：《评估金融链接的系统性影响》，载《全球金融稳定报告》，2009 年 4 月。

③ 2009 年 10 月 ECB 组织了一个“使用网络分析法模型化系统性风险的最新进展”专题研讨会。议题的详细总结于 2010 年 1 月发布在 ECB 的网站上（http：//www. ecb. europa. eu ）。

同的关系。在金融分析中，让人特别感兴趣的领域集中于信贷关系、银行间风险敞口和跨行支付系统的资金流动。

网络分析最主要的前提是节点间的链接结构有重要影响。由于一个节点可能受到与之链接的其他节点，以及那些不与之直接链接但与其邻点有链接的节点的影响，所以其属性和行为不能只基于其自身情况进行分析。因此，为了理解一个节点的属性和行为，必须分析很多节点，包括那些可能在网络中与此节点距离几个节点远的节点。①

从分析金融系统的角度来看，在进行网络研究的最相关的邻近领域可能是社会学（社会网络分析）和物理学（网络科学或网络物理学）。

社会网络分析工作已经进行了很久，并且已经有了一些重大发现，比如，思想的扩散、习惯和行为的传染、基于社会网络属性的团体的有效性、团体间权力的来源和网络中节点重要性和集中性的概念。物理学的方法一直更多地关注网络的统计学特性，不同结构网络的恢复能力以及网络中发生的进程；更进一步，研究者试图解释网络如何随着时间扩张并展示出复杂的非随机结构，这种结构在现存不少网络中都已发现。② Newman，Albert 和 Barabasi，③ 集中研究网络拓扑结构和动态统计力学，回顾了构建复杂网络模型的进展。主要的模型和分析工具被用于解释大范围的自然和社会体系，从互联网到通信网、生态学和引用网络等。

最近，一些学者和政策制定者指出网络分析大有可能成为更好地理解金融市场并模型化、评估系统性风险的工具。④

三、金融网络分析

从 Allen、Gale、Freixas 等提交研讨会的文章看⑤，经济学文献关注较

---

① 经济学中网络外部性的研究与此不同，传统上假设完全链接的网络结构。

② 想要了解社会学、物理学、数学、计算机科学和经济学等网络科学的几个不同部分的综述，请参考 M. O. Jackson：《社会和经济网络》，普林斯顿大学出版社，2008。

③ M. E. J 纽曼：《复杂网络的结构和功能》，载《SIAM 评论》，2003；R. Albert 和 A. L. Barabasi：《复杂网络的统计力学》，载《现代物理学评论》，2002。

④ G. Tumpel - Gugerell 在 ECB 专题研研讨会上的介绍性评论“使用网络分析方法构建系统性风险模型的最新进展”，美因河畔法兰克福，2009 年 10 月。A. G. Haldane，“对金融网络的重新思考”，在金融学生协会会议上的演讲，阿姆斯特丹，2009 年 4 月；以及 D. Strauss - Kahn，“21 世纪的 IMF”，Bretton Woods 委员会年会上的演讲，华盛顿，2010 年 2 月。

⑤ F. Allen 和 D. Gale：《金融传染》，载《政治经济学》，2000；X. Freixas，B. Parigi 和 J. C. Rochet：《系统性风险，银行间联系以及中央银行流动性提供》，载《货币、信贷和银行》，2000。

高程度/较低程度银行间结构的完整性（即通过交叉持有同业存款产生的互联）可能对金融稳定产生的影响。这些论文评估了由于集体和/或异常的流动性冲击或者某个银行的倒闭引发传播的可能性，并分析了中央银行在阻止产生系统性反应中的作用。虽然结论过于依赖进程发生于网络中这个假设前提，但从这些模型中可以获知：为了解金融系统的功能，进而能够评估系统稳定性，理解资金流动结构是非常重要的。①

实际上，Allen 和 Babus 最近的一篇文章提出金融系统的网络分析方法对评估金融稳定性特别重要，并且在刻画单一机构风险对整个系统产生外部性方面具有重要作用。②

May 等强调，为了找出复杂系统中的哪个属性与高度稳健性相关，识别那些在经历罕见的系统性事件后依然存在，或者被系统性事件重塑的多样化系统（比如生态系统和金融系统）共有的结构属性非常重要。③

在这个方面，从网络视角开展的市场微观结构研究能够显著地丰富经济学传统观点。首先，通过考虑网络的整体结构（进而超越了早期集中于完整度的研究），网络分析有助于完善银行间市场系统性风险现有的理论。其次，通过对违反现存事实情况的模拟，网络分析可以对传播性风险评估提供更为稳固的基础。④

将网络概念应用到金融数据上的早期分析包括 Boss 等对澳大利亚银行间风险敞口的分析⑤和 Soramaki 等对美国实时全额结算系统（Fedwire 资金服务系统）中银行间支付流动的分析。⑥

这两篇论文的实证发现与经济学文献中通常认定的银行间网络结构形成鲜明对比。文章发现这些网络非常复杂，一定数量高度链接的大节点与数量众多的小节点连接起来。网络的核心，由相互之间联系最紧密的银行构成，处理总额中的绝大部分。最近，一系列研究已经开始关注使用支付

---

① E. Nier、J. Yang、T. Yorulmazer 和 A. Alentorn：《网络模型和金融稳定性》，载《经济动态和控制》，2007。

② F. Allen 和 A. Babus：《金融中的网络》，沃顿金融学院核心工作论文，No. 08 -07，2008。

③ R. M. May、S. A. Levin 和 G. Sugihara：《复杂系统：银行家生态学》，载《自然》，No. 451，2008。

④ 注意到这类对传播性的实证分析经常遭受批判，批判者认为模拟忽略了内生性风险和反馈的影响。这个地方的论点是更为现实的结构性假设（决定于对构建金融流动结构的更好的理解）可能会加强结论的稳健性和可靠性。

⑤ M. Boss、H. Elsinger、M. Summer 和 S. Thurner：《银行间市场的网络拓扑学》，载《计算机网络和 ISDN 系统》，2004。

⑥ K. Soramaki、M. L. Bech、J. Amold、R. J. Glass 和 W. E. Beyeler：《银行间支付流动的拓扑学》，载《物理学 A》，2007。

流动数据重新构建的国家银行间网络的方法。①

无担保隔夜货币市场（广义上叫做银行间市场）是金融市场的组成部分。在这个市场上，网络分析也被深入使用。这是由于货币市场在现代金融体系中的重要作用。货币市场是银行间相互交换存款的场所，银行间的资金转移使得市场中流动性得以有效地再分配并使得货币政策有效实施，并可能成为传播渠道。

为了洞悉无担保银行间贷款网络，Furfine 提出的各种方法被应用于支付数据，用以构建这个市场的时间序列数据。② 在最简单的形式中，算法需要寻找两笔支付的信息：首先，金额为 v 的支付在 t 天从银行 A 到银行 B；其次，金额为“v + 利息”的支付在 t + 1 天从银行 B 到银行 A。这种粒度的贷款数据不太可能有其他来源。使用这种算法产生的数据集合能够用于分析银行间市场的拓扑结构和传播性。使用这种方法的代表性论文有 Atalay 和 Bech 的论文，③ 他们使用 Fedwire 的数据分析联邦贷款。④ Iori 等使用不同的数据来源对意大利隔夜货币市场进行了网络分析。⑤ Iazzetta 和 Manna 根据 1990 年以来意大利银行间流动性的分布识别出流动性危机中的重要银行。⑥

对金融系统中其他部分的实证研究不如货币市场普遍，可能是因为受限于充足的详细数据。Bonanno 等关注金融冲击网络，⑦ 同时，Degryse 和

---

① 参考其他人包括 C. Becher、D. Millard 和 K. Soramaki：《CHAPS 英镑的网络拓扑学》，工作论文，No. 335，英格兰银行，2008；M. Boss、G. Krenn、V. Metz、C. Puhr 和 S. W. Schmitz：《ARTIS 中系统性重要账户，网络拓扑学和传染性》，OeNB 金融稳定报告，No. 15，澳大利亚国家银行，2008；M. Propper、I. Van Lelyveld 和 R. Heijmans：《银行间支付流动的网络描述》，DNB 工作论文，No. 177，荷兰银行，2009。L. Embree 和 T. Roberts：《网络分析和加拿大额资金转账系统》，讨论论文，No. 13，加拿大银行，2009。

② C. Furfine：《联邦资金市场的微观机构》，载《金融市场、机构和工具》，1999。

③ M. L. Bech 和 E. Atalay：《联邦资金市场的拓扑学》，工作人员论文，No. 354，纽约联邦储备银行，2008 - 11。

④ 其他应用有 K. Bonde 和 M. L. Bech：《丹麦银行间货币流动的拓扑学》，金融研究工作论文，No. 2009/01，2009；A. Wetheilt、K. Soramaki 和 P. Zimmerman：《2006—2008 年无担保英镑贷款市场：来自于网络拓扑学的看法》，H. Leinonen：《支付网络的模拟分析和压力测试》，载《芬兰银行科学专著 E42》，2009。

⑤ G. Iori、G. de Masi、O. V. Precup、G. Gabbi 和 G. Caldarelli：《意大利隔夜货币市场的微观结构》，载《经济动态和控制》，2008。

⑥ C. Iazzetta 和 M. Manna：《银行间市场的拓扑学：1990 年以来的发展》，工作论文，No. 711，意大利银行，2009。

⑦ G. Bonanno、G. Caldarelli、F. Lillo、S. Micciche、N. Vandewalle 和 R. N. Mantegna：《金融市场的证券网络》，the European Physical Journal B，2004。

Nguyen 调查了系统性风险的程度和 10 年间比利时银行系统的网络结构。①在提供交易服务方面，Hasan 和 Schmiedel 发现交易所采用网络策略创造出额外价值的证据。② 在汇总层面上，Castren 和 Kavonius 使用网络方法分析资金流动数据，观察冲击在欧元区经济中不同部门间的传递。③

四、链接过多不能倒闭

作为最近发生的金融危机的后果，“链接过多不能倒闭”伴随传统的“大而不能倒”概念开始出现。

在这次危机期间，除了考虑市场上的问题机构的绝对规模外，对其链接程度的考虑有时也是决定是否向他们提供紧急贷款的重要因素。④ 现在的关键是系统性重要机构如何被事先识别，以便监管者未雨绸缪。

“集中性”是社会网络分析中的一个关键概念，这个概念也适合应用于金融系统。广义地讲，集中性指网络中某个节点的重要性。传统的集中性度量方法包括终结于此节点的链接数量（入度），或者给定节点外联的终端数量（出度），或者其他节点从最短路径到此节点的距离（邻近度）。集中性重复取决于某一节点邻近节点的集中性（所谓的特征向量集中性⑤），或者某个节点到邻近的两个顶点之间的最短路径的分数（中间状态集中性）。

每种已经存在的度量方法都已原创性地拓展了自己的应用领域。金融网络分析的挑战在于设计出与不利事件的影响准确相关的集中性度量方法。这些方法可能不一样，依赖于特定场景，也依赖于这些场景发生的市场或金融基础设施。Borgatti 提供了网络进程的分类，提出了相关的集中性指标。⑥ 例如，金融损失能够通过“平行复制”传播（同时传递到很多节点，所有的始发节点承继它们的损失）。但支付流动是“序列转移”类型的（货币连续地从一家银行转移到另一家，已发送的资金对始发节点不可

---

① H. Degryse 和 G. Nguyen：《银行间风险敞口：比利时银行系统系统性风险实证检验》，载《中央银行国际期刊》，2007。

② I. Hasan 和 H. Schmiedel：《网络和证券市场整合：欧洲证据》，载《金融分析国际评论》，2004。

③ O. Castren 和 I. Kavonius：《欧元区资产负债表的内部链接和宏观金融风险分析》，工作论文，No. 1124，欧央行，2009－11。

④ 由于贝尔斯登的“在市场中的重要地位”，美联储才决定扩展信贷给贝尔斯登（联邦储备系统行长委员会会议记录，2008 年 3 月 14 日）。

⑤ 一种特征向量集中性表现在 Google 页面等级分的背后，用以获取相关的搜索结果。那些链接高页面等级的页面能够获得更高的页面等级分。

⑥ S. Borgatti：《集中性和网络流动》，载《社会网络》，2005。

用），在前一类型系统中，重要节点具有特征向量集中性，但通过特别的马尔科夫随机过程，后一类型中的重要节点更容易被识别。在最近的论文中，Bech 等人[①]使用马尔科夫原理将加拿大大额资金转账系统中货币资金流动交换过程模型化，通过网络分析方法，根据流动性持有量提供系统参与者排名。

集中性度量法的研究可能具有重要的政策意义，尤其是在当前如何优化金融监管的政策讨论中。加强宏观审慎监管要求一套实用的方法，在金融机构的系统重要性方面考虑并确认一定数量的指标用以校准审慎性工具。[②] 集中性度量方法证明是使新的框架具有“可操作性”的一种好工具。

特别要指出的是，集中性度量法有助于识别哪个节点应该被认定为“系统性重要”节点。这些方法能够直接应用于管理中。例如，要评估限制机构风险敞口的条件，厘定一定形式的监管费用或者额外资本金要求，或者通过征收机构特别风险溢价保险引入保险基金。这种方法最近在 IMF 对 G20 的临时报告中采用，该报告指出对金融机构理想的征税应该建立在将传播的所有渠道考虑在内的网络模型基础上。[③]

五、下一步的工作

在进行系统稳定性的宏观审慎分析时，使用网络分析法对国家大额支付系统的交易层数据进行分析已成为多家先进中央银行广泛接受的工具。然而，为了使金融网络分析承担它所承诺的作用，便于更好地理解金融稳定性，需要进行以下三方面的工作：（1）需要关于金融系统传播渠道、金融链接的信息内容和金融机构在正常和压力情况下行为的更好的理论；（2）需要管理和分析可获得的金融信息的更好的工具；（3）需要关于金融链接更广泛的数据集——在国家和跨境基础上，银行到银行，跨市场和跨货币的数据。这三个领域的发展可能是相互依赖的。

更好的理论应该能够识别金融体系中不同组成部分的各种传播渠道并能够解释这些不同类型是如何形成的，以及金融机构间链接的信息内容和其在压力和正常情况下的行为。

---

① M. L. Bech、J. T. E. Chapman 和 R. Garratt：《哪个银行是“中央”银行？马尔科夫理论应用于加拿大大额资金转账系统》，载《货币经济学》，即将出版。

② J. Caruana：《对金融危机的国际政策反响：让宏观审慎方法具有操作性》，Panel Remarks in Jackson Hole，2009 年 8 月。

③ IMF：《金融部门适当和实质的贡献——为 G20 准备的临时报告》，2010 - 04 - 24。

系统性风险模型集中于研究金融机构间如何形成链接，尤其是在暴露于风险传播时，这对理解在真实经济中市场参与者之间的相互作用很有帮助。这种研究能够帮助政策制定者提高金融结构的安全性。

网络分析工具在过去的几年中得到了实质性发展。[①] 应用网络分析方法监测、评估金融体系中系统性风险和传播性应该会从其他科学的重要进展中获益。然而，需要记住的是，分析结果依赖于特定网络的进程和行为，可能不能直接应用于金融背景之中。

最后，使用金融网络分析作为监控工具，相关数据的可获得性是关键的前提条件。风险敞口的数据已经被许多当局收集，但是频度和粒度通常都不够，或者时间序列的长度不够用来进行不同市场条件下的统计分析。下一步，监管者应该继续研究系统性收集数据的办法，分享并分析来自于市场和金融基础设施的数据。网络分析方法揭示了金融机构和基础设施之间、经济部门之间或者整个国家金融体系之间链接的复杂结构，是理解系统性风险传播渠道的关键；而且它的重要性还在于由于其反映了当经济代理人之间形成链接时相互作用的结构，因而能够更好地理解代理人的行为。

出于监管的目的，欧元系统计划让欧央行和相关国家中央银行可以获得 TARGET2 的数据。TARGET2 是泛欧银行间支付系统，这个系统 2009 年的结算额为 551 万亿欧元。这些数据有助于形成欧元银行间支付流动及其在危机和模拟压力情境下的演化和稳定性的全景，揭示部分欧元货币市场，以及开发在 TARGET2 中结算的机构和基础设施之间链接的指标。

六、结束语

最近在生物学、通信学和社会学领域进行了大量关于系统网络属性的研究。网络分析的主要前提是节点间的链接结构有重要影响。节点的属性和行为不能孤立地分析它在网络中的位置。

金融机构和基础设施之间、经济的各个部门之间或者整个金融体系之间链接的复杂结构能够使用网络形式描述。

将金融体系理解为一个复杂、动态的网络，对这个网络属性进行实证分析并利用这些信息构建传播和行为模型，这些能让监管者对系统性风险有更深一步的理解，并能够更好地识别系统性重要金融机构。

---

① 专门为金融网络分析设计的最新产品是“金融网络分析仪”，挪威银行赞助的开放源代码项目（参见：www. financialnetworkanalysis. com）。

T2S：结算无边界*

TARGET2—证券（T2S）是欧元系统着手进行的最具雄心的工程之一，它可能引起欧洲金融市场的革命性变化。T2S 使用多种中央银行货币为在欧洲市场流通的批量交易的证券提供 DVP 结算服务。因此，T2S 朝着形成统一证券市场、消除跨境清算和结算的障碍，同时进一步促进交易后服务协调化发展的方向迈出了重要一步。T2S 将使跨境结算在成本、风险和技术处理流程上与本地结算一致。T2S 归欧元系统所有，坚持以客户至上、成本覆盖的原则运营，旨在成为世界上最先进的证券结算平台。此外，通过利用潜力巨大的规模经济，T2S 将最终成为全世界成本最低、效率最高的证券结算服务提供者之一。

决定 T2S 成败的要素之一是达到结算规模的临界点。由于 T2S 大体上是一个成本固定的业务，因此结算业务量越大，用户的付费就越低。截至 2009 年 10 月，26 个欧洲国家中的 28 个中央证券存管机构（CSD）已经与欧元系统签署了谅解备忘录，这不仅包括欧元区的所有 CSD，还包括欧元区外的 7 个欧盟国家的 CSD——丹麦、爱沙尼亚、拉脱维亚、立陶宛、罗马尼亚、瑞典和英国，以及 3 个欧盟以外的国家的 CSD——冰岛、挪威和瑞典。此外，欧元区外的几家中央银行对允许其本国货币作为 T2S 的结算货币表现出兴趣。这样看来，T2S 有望达到很高的交易量。欧盟内外的许多市场参与者表现出对 T2S 强有力的支持。

本文旨在向读者简要介绍 T2S。首先，本文指出欧洲当前交易后环境的现状和问题，尽管 10 年前就引入了欧元，欧洲的交易后服务仍然各自为政。其次，解释什么是 T2S 并重点介绍它的几个核心特征，特别是关于全欧交易后价值链中证券结算的横向整合，以及将证券和资金账户放在同一个 IT 平台上的证券结算“综合模式”。最后，本文描述欧洲如何从 T2S 中获益，不仅是结算成本的明显降低，更重要的是促进交易后行业竞争能力的极大提升并降低了公司的资金成本，从而刺激经济更好地增长。

---

* 本文原载于《金融会计》2010 年第 8 期，根据欧洲中央银行提供的材料翻译，合译者为谢群松，张卫华。谢群松现供职于中国银联股份有限公司，张卫华现供职于中国人民银行支付结算司。

一、欧洲当前交易后基础设施情况

历史上，欧洲金融市场基础设施是为了满足各国金融市场的需要而建设的。在大多数情况下，在价值链的每个环节都只有一两家主要机构：通常1家交易所负责交易，可能有1家中央对手方负责清算以及至少有1家CSD负责结算。此外，每个国家的金融基础设施主要是用于管理本币计价的证券而设计的。如今，尽管引入了欧元（欧盟地区为16个国家创造的共同货币），交易后服务的清算和结算仍然由各国自行提供。2009年，19个CSD在欧元区运营，整个欧盟大致有40个CSD，这与美国清算和结算基础设施高度集中的情况迥然有别，在美国，DTCC（存托与清算公司）负责所有公司债和股票的清算、结算，联邦储备系统负责处理美国政府、联邦机构和有政府背景的企业发行的证券。

尽管过去欧洲的CSD有成功合并的案例，也许未来还会更多，但通过并购实现的一体化进程比欧元引入时预想的要慢。由于在过去十年间已经出现的不同商业模式间协调的困难，并购不可能为全欧带来一体化的金融基础设施。在某些国家出现了交易所、CCP和CSD的合并，比如在德国，德国交易所、Eurex清算和明讯法兰克福属于同一个集团。西班牙和意大利的基础设施也采用了这种商业模式。另外一种商业模式是不同国家同一层次的基础设施之间合并。最明显的例子是欧洲清算，它为比利时、法国和荷兰创造了单一结算引擎，这样的话，用户只需要在一个CSD中开户，就可以买卖其他CSD的证券。也有交易所层面上的合并，比如泛欧交易所（Euronext），覆盖了比利时、法国、荷兰和葡萄牙。这些利益冲突的不同商业模式共存，很可能阻碍全欧清算和结算一体化的进程。同时，奥地利、塞浦路斯、丹麦、德国、希腊、挪威、西班牙、瑞士和南非的9个CSD已于2009年3月提议发起联合组建“链接市场”。与欧洲清算不同，“链接市场”并不打算建立单一的系统，而是更倾向于为CSD之间信息交换提供便利。

尽管存在以上这些新的方案，欧洲交易后环境中跨境证券交易的成本和风险仍然偏高。欧洲市场内跨境交易的成本10倍于国内交易，也比DTCC和联储系统统一结算的美国的交易成本高得多。造成跨境结算交易成本高的原因是：在法律、财政和技术层面上缺乏统一的协调，从而需要某种形式的中介，或者通过建立连接的方式，或者更多的是通过使用托管人的方式。2001年的Giovannini报告显示典型的跨境股票交易涉及11个中

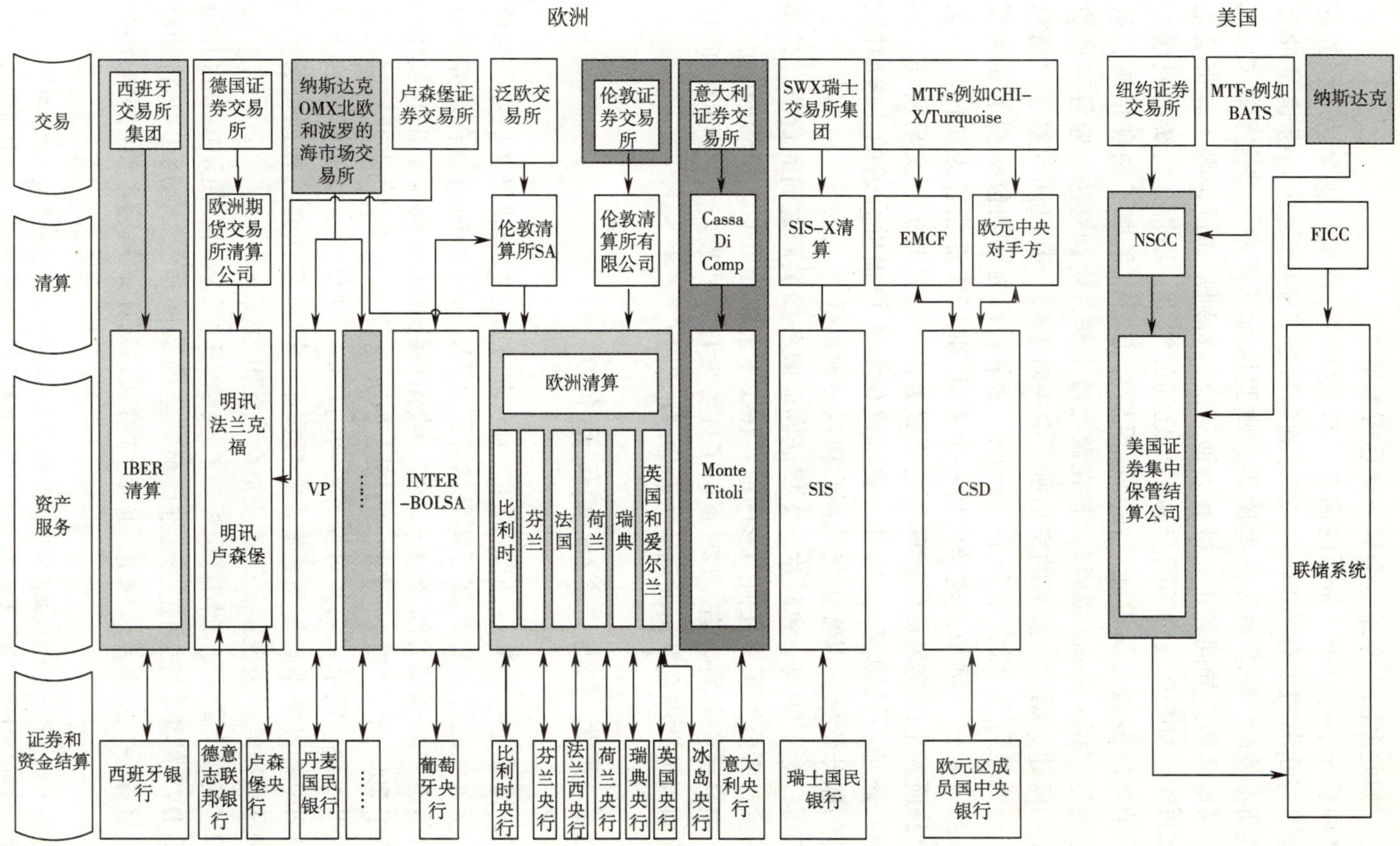

图1 分散的欧洲市场以及与美国的对比

介（国内同样的交易只需要5个），最少有14笔交易指令需要在交易对手间传递。如此多的中介总是会导致交易成本增加。

这种状况不符合单一货币的需求，与此同时，跨境提供交易后服务的各种障碍与欧洲想要建立单一、富有竞争性的金融市场的目标也是冲突的。里斯本战略①要求消除这些障碍，欧盟执行了其中一些重要的提议。不同交易地区的差异问题正在被有力地解决，特别是通过金融工具市场指令（MiFID），MiFID鼓励不同交易平台之间的竞争，不管是传统的股票交易所还是新的多边交易设施。在交易后服务方面也采取了两项措施：第一，为消除"Giovannini障碍"，正在做大量工作，协调立法、监管和税收中存在的问题。第二，所有的交易所、中央对手和CSD已同意遵守"清算与结算行为准则"，以保证公平、公开的竞争。行为准则包括授予其他服务提供商准入权（例如，这样任何一个CCP和CSD都能够为在任何一家证券交易所发生的交易提供清算和结算服务，不管是与证券交易所处于同一个国家还是不同国家），另外，要求确保为客户提供合适的、透明的、非捆绑的服务价格，以终止交叉补贴和客户锁定行为。

然而，为了实现一致利益，支持证券业服务提供商之间的竞争，必须让市场参与者能够买卖任何国家的证券在技术上成为可能。T2S应运而生，弥补了交易后服务的缺陷。T2S重组了证券发行人和投资人之间的中间环节，从而促进欧洲金融市场竞争力和效率的提升。

二、何为T2S，T2S如何运作？

T2S将成为一个单一的IT平台，为欧洲所有证券提供结算服务，消除国内和境外的结算差异。真可谓是结算无边界。T2S将横向整合证券基础设施价值链中最基础的部分——结算。欧元系统和市场间关于T2S最初的讨论始于2006年。在接下来的两年里，欧元系统和市场参与者共同制定了第一版T2S用户需求以及其对经济影响的评估，评估显示新的整合的结算引擎将对欧洲经济增长和福利带来重要贡献。2008年7月，根据市场对公开征求意见稿的积极反馈，管理委员会决定开发T2S。

T2S将成为最先进的结算引擎，在全额实时的基础上使用中央银行货币提供DVP结算。它将在全欧推广最安全的结算方法。使用DVP将消除市场参与者券、款不能按规定及时支付给交易对手的风险。使用中央银行

---

① 2000年3月欧盟政府国家首脑发布的Lisbon战略的目的在于让欧洲成为"世界上最具竞争力和活力的知识经济体，提供更多就业机会和社会凝聚力的同时具备持续经济增长的能力"。

货币——也就是说资金从一个交易对手的中央银行账户转移到另一个交易对手的中央银行账户上——消除了代理结算风险。另一种结算使用“商业银行货币”——也就是说资金转移发生在同一商业银行交易对手间的账户间（中央银行账户没有改变）——可能存在作为中介的商业银行违约的风险。使用全额结算而不是净额，进一步减少了在交易最终结算完成之前的违约风险。尽管大多数国家的 CSD 对国内结算已经采取了这些最佳做法，但是目前以如此安全和高效的方式使用中央银行货币进行跨境 DVP 结算尚不可行。鉴于最近的金融危机，市场参与者对 T2S 的风险防范机制给予了很高评价。

T2S 最关键的风险防范特征之一，是提供了单一的 IT 平台，在这个平台上包含了市场参与者在中央银行的现金专户和证券专户。这就是所谓的“综合模式”。这个模式便于实现快速、高效、低风险的结算。这与“接口模式”形成对比，在“接口模式”中证券账户开在 CSD，现金账户开在中央银行，结算时需要在 CSD 和中央银行间传递信息以确认证券和现金的转移。由于可能导致交易延迟或增加差错风险，并且自动质押融资也不那么有效，所以接口模式不能尽如人意。虽然某些市场已经从国内的整合模式中获得了便利，但 T2S 将把这种好处扩展到整个欧元区乃至全欧洲。与之前的综合模式相比，T2S 的关键不同点在于由中央银行运营而不是 CSD。与把现金账户外包给 CSD 管理不同，在 T2S 设计中，中央银行将 CSD 的证券账户拿过来了。

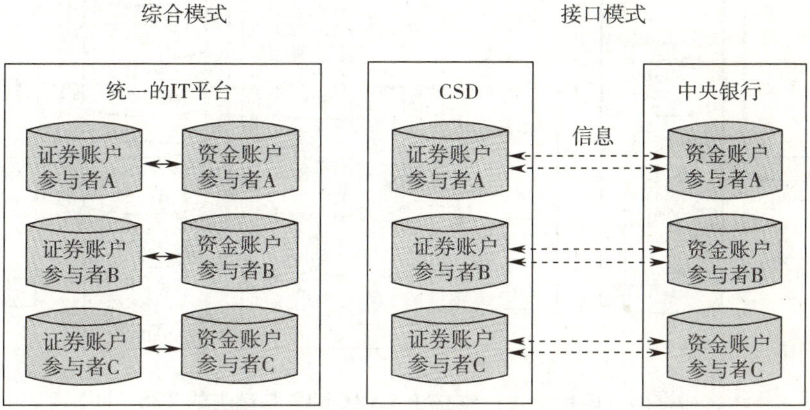

图 2　比较证券结算的“综合模式”和“接口模式”

由于 T2S 将与欧元系统的 TARGET2 单一账户共享平台统筹开发和运营，所以综合模式的基础将更加坚实。T2S 和 TARGET2 密切联系，通过市场参与者最优化担保品和流动性管理可以提供协同作用，而且也可以使T2S具备与TARGET2同样高水平的可用性、恢复能力、恢复速度和安全性能。图3是一个简图。T2S（白框中的部分）既包含所有市场参与者证券账户（在一个CSD或者多个CSD），也包括在中央银行开的现金专户。T2S现金专户（在T2S中只能用于证券交易结算和公司行为）将与市场参与者在TARGET2中的现金主账户或其他非欧元中央银行的RTGS账户连接起来。两个账户的资金转移是实时进行的。T2S也因此将综合模型提升到一个新的水平，不仅可以实时把CSD的证券账户与本国央行的资金账户直接关联，而且将实时把任何一家CSD的资金账户与任何一家央行的资金账户关联起来，不管这些账户属于哪家CSD或者中央银行。用这种方式，T2S将实现跨境结算与国内结算等同化（因此费用也不那么昂贵）。

T2S的另一个重要特征在于它将为CSD提供服务，但本身并不是CSD。参与T2S的CSD将把结算流程“外包”给T2S，但仍保留所有其他的功能以及它们与客户的关系。为了使用T2S，市场参与者需要与CSD之间明确法律关系，但只有CSD才能与T2S签合同。CSD仍然要负责在T2S中开设或者注销证券账户以及面向客户的服务等。此外，交易后价值链的剩余部分，尤其是资产服务，公司行为进程[①]以及税收和管理报告等需要各国具体实践的部分，仍为各国CSD的核心功能。

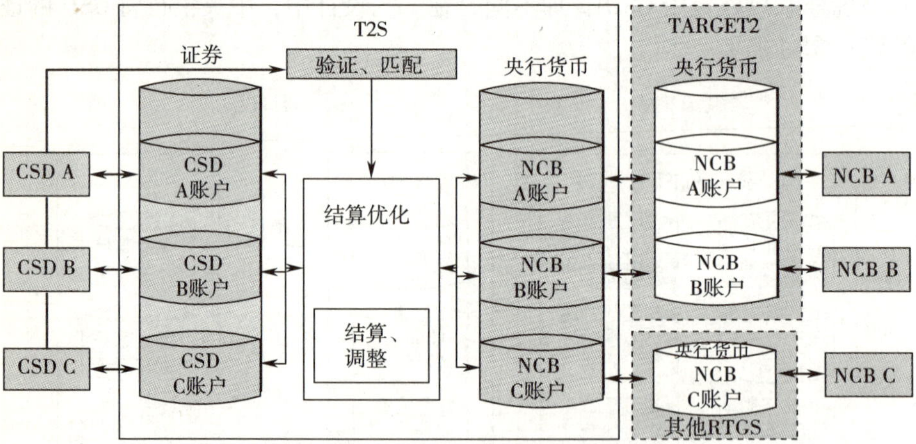

图3 综合模型：建立在TARGET2基础上的T2S

① 尽管公司行为事件的管理依然归属于CSD和其他的服务提供商，但T2S将处理这些事件结果的结算。

T2S 的另一个关键创新是使用多币种结算。在资金结算方面，最初 T2S 计划仅限于欧元结算；在证券方面，限于欧元区 CSD 中持有的证券。欧盟理事会的经济金融委员会（ECOFIN）[①] 明确要求 T2S 不应局限于欧元地区。2009 年 7 月，很多非欧元区 CSD 与欧元系统签署谅解备忘录，表现出证券行业对 T2S 扩展到非欧元区国家的浓厚兴趣。与此相对应，一些非欧元区国家的中央银行已明确表示愿意将它们的货币加入 T2S，其他的中央银行还在考虑是否这么做。最终，T2S 将能够使用一些（如果不是所有）在本区域内广泛使用的货币结算欧洲所有证券。现在大部分 CSD 使用一家中央银行的货币组织 DVP 结算，与现在的情况不同，T2S 将不再限制货币的选择。T2S 中的证券能够使用 T2S 中的任意货币来结算。

迄今为止，来自全欧 CSD 和市场参与者的支持与合作对 T2S 的成功推广起到至关重要的作用。市场参与者和欧元系统紧密合作，共同提出 T2S 用户需求书，它将成为世界上最先进、最复杂的结算引擎。专栏 1 列出了用户需求书所依据的基本原则。

专栏 1　T2S 建设的基本原则

原则 1：　欧元系统应该承担开发和运营 T2S 的全部责任，并具有所有权。

原则 2：　T2S 应该建立在 TARGET2 的平台上，进而应该提供与 TARGET2 同样水平的可获得性、恢复能力、恢复速度和安全性能。

原则 3：　T2S 不应该涉及 CSD 的设置和运营，相反，应该作为技术平台为 CSD 提供结算服务。

原则 4：　各 CSD 用户的证券账户法律上应该属于各 CSD 所有。

原则 5：　T2S 结算服务应使得 CSD 以一致的方式向它们的参与者提供至少同样水平的结算功能和资产范围。

原则 6：　证券账户余额应该只在 T2S 中改变。

原则 7：　T2S 应该要求参与的 CSD 按照结算最终性指引设计。

原则 8：　T2S 应该无一例外地使用中央银行货币进行结算。

原则 9：　T2S 的侧重点应该是用欧元提供结算服务。

原则 10：　技术上 T2S 应该能够使用除欧元外的其他货币结算。

---

① 2007 年 2 月 27 日，欧盟理事会经济金融委员会决定："在双方同意的基础上，T2S 应该对非欧元区国家 CSD 和货币开放"。

原则 11：T2S 应该允许用户直接与它的平台连接。

原则 12：T2S 中 CSD 的加入不应该是强制的。

原则 13：用欧元中央银行货币结算的所有 CSD 要加入 T2S 是符合条件的。

原则 14：与 T2S 连接的所有 CSD 应该具备相同的准入条件。

原则 15：所有 CSD 与 T2S 连接应该在标准的合同协议的基础上进行。

原则 16：与 T2S 连接的所有 CSD 在运行日期方面应该具备相同的日程表，并具有一致的日初和日终时间。

原则 17：T2S 的结算规则和步骤应该对参与的所有 CSD 一视同仁。

原则 18：T2S 应该在成本覆盖和非盈利的原则下运营。

原则 19：T2S 的服务应该与欧洲清算结算行为准则中的原则一致。

原则 20：在遵守监管、规范和监督要求方面，T2S 应该支持参与的 CSD。

从一张白纸开始，不为陈规约束，是撰写 T2S 用户需求书的巨大优势。这不仅可以使用户能够选择现有结算平台最好的特性和功能，而且能够推动一体化、标准化进程，否则这个进程将不会发生。用户需求书（URD）撰写时间超过两年，现在已近 900 页长，描述了 T2S 的详细功能，包含日程管理、配套设施、流动性提供和监管、自动质押融资、撮合以及其他很多功能。专栏 2 中列出了 T2S 的一些核心功能。

专栏 2　T2S 的核心功能

用中央银行货币实时结算

T2S 提供的核心服务是用中央银行货币对欧洲流通的所有证券进行 DVP 实时结算，消除国内和跨境结算的区别。在指令管理和结算方面，T2S 将遵守最高的行业和监管标准，确保安全性、可靠性和有效性并将使用一致的通信协议运营。

最优结算

为达到异常高水平的结算效率，T2S 将使用高度复杂的最优算法。这种算法能够查明涉及多个参与者的复杂的交易“链条”，并将其结算，尽量消除结算死锁、延迟和失败的风险。作为其中的一部分，T2S 将提供“技术轧差”，比方说，市场参与者能够使用卖出这只证券的资金购买那只证券。不过，传统的轧差结算系统在日终批处理所有的交易，T2S 的技术轧差建立在队列中所有交易的实时基础上。这再现了实时全额结算无风险的一面，并获得了由轧差带来的降低流动性需求的好处。提高结算效率和最小化流动性需求还来源于不完全结算的可能性，即如果证券不足，结算可得部分，不足部分将下次结算。

自动质押融资

T2S将提供高效的自动质押融资功能，将这项只在少数几个国家可行的服务推广到所有T2S的市场上。自动质押融资是指通过自动触发抵押获得中央银行的日间流动性，进而结算交易的功能，抵押或者通过正在购买的证券（流量抵押），或者通过市场参与者的证券账户（存量抵押），前者通常被优先使用。除此之外，T2S还具有自动替代功能，如果当前正用于获得日间流动性的抵押品之中的一只证券需要在另一笔交易中结算，那么T2S将自动在参与者账户中寻找其他适合的抵押品，并释放这只特定的证券。这种复杂的自动质押融资处理最小化对现金余额的需求，并且进一步提高了结算效率。

最优化流动性

市场参与者的T2S现金专户和其在T2S外RTGS现金主账户之间是实时连接的，这使得银行和他们的客户能够从大范围的流动性管理服务中获益。T2S将允许高度灵活的资金账户结构来满足市场参与者的不同需要（例如，将自营账户、公司行为相关支付和客户交易账户分离）。对于一些特定的用途，可能需要预留流动性，比如监控提供给客户的信用限额、资金流动性预测、执行预先设定的或标准的流动性转移，进行现金专户和RTGS主账户的日终自动转换等。

直接连接

经过CSD的同意，市场参与者能够“直接连接”到T2S，将他们的结算指令直接发送到T2S平台上，而不是通过CSD。此外，使用集中的信息中心服务器，市场参与者能够查询所有的指令、结算和账户相关的信息。直接连接功能因此将使结算量大的市场参与者后台行为合理化，他们可能在某个地点集中处理欧洲流通的所有证券的结算。CSD继续保留那些与他们直接连接的参与者的账户。

三、给欧洲带来的好处

T2S最直接、重要的好处将是跨境结算费用的显著降低，目前跨境结算费用为国内结算费用的10倍以上。T2S将通过用同样的方式进而同样的成本处理跨境和国内交易，替代如今非常复杂的方式。如今的跨境结算涉及至少两家CSD，大多数情况还牵扯1家或几家托管银行。事实上，结算基本上是成本固定的业务，因此交易量上升时每笔交易的平均成本就会下降。实际上，结算业务具有自然垄断的所有特性。2008年，欧盟地区的CSD处理了3.46亿笔交割的指令，价值高达831万亿欧元。如果这些交易在单一的结算平台上进行，而不是分散在40个不同的CSD系统中，那么可能将获得可观的规模经济效应，将结算费用降至世界较低水平。欧元系统已公开表示标准 DVP 交易结算费用的目标低于目前最低的国内结算费用。此外，T2S 将与行为指引保持一致，在服务定价方面实现高度的透明化和简单化。市场参与者将明确知道结算一笔交易 T2S 的收费情况。

T2S 的好处不只限于降低直接处理的成本：其他好处来自于推动欧洲交易后环境的协调化发展。在这个方面，T2S 朝单一金融服务市场迈出了一大步，从而支持了旨在使欧盟成为全世界最具竞争力的经济体的欧盟里斯本战略。T2S 将创造出结算欧洲证券的"国内"市场，直接或间接地消除跨境清算和结算中许多的"Giovannini 障碍"。例如，T2S 将直接促成消除 Giovannini 1 号障碍，因为它提供具有统一的接口和报文协议标准（ISO 20022）的单一 IT 平台，报文标准将覆盖在连接的市场间委托、撮合、结算、查询和报告等各个方面。此外，通过在所有连接市场间引入同一运营日程（包括统一的日初和日终、共同的夜间结算窗口以及每种 T2S 可用货币的同一日程表），T2S 在消除 Giovannini 7 号障碍方面将起到重要作用。另外，通过将包含使用中央银行货币进行 DVP 结算的单一一体化结算模型扩展到所有国内和跨境交易，T2S 明显有利于消除跨市场的互通性、互联性和日间最终性技术障碍（Giovannini 障碍 2 号、4 号和 5 号）。最后，T2S 的日程管理和撮合功能为管理结算指令提供一体化的服务，完全贯彻实施这个领域已经存在的标准和建议。

除了直接的影响，T2S 将为全欧进一步一体化发展起到重要的催化作用。一些 T2S 的小组（由行业专家组成）在指令管理和结算进程一体化以及处理非结算交易的公司行为方面已经取得了显著进展。作为推进 T2S 的工作之一，项目组持续推动更深一步的一体化发展，或者直接解决这种需求，或者将相关问题提交负责消除 Giovaninni 障碍的欧盟委员会的 CESAME2 小组。

作为结算成本降低的结果，市场竞争增加，一体化进一步发展，T2S 将对欧洲经济发展起到积极作用。通过中介之间加剧竞争，结算低费率有望传导到最终投资者。此外，由于获得跨境证券变得更加容易和便宜，投资者将能够持有更丰富的投资组合，并从中受益；发行人将从更为广泛的投资者群中获益。证券市场将变得更具流动性和吸引力。因此，对发行者而言，资金成本将降低。他们能够进行更多的投资，进而带动经济更快更好地增长。

最后，T2S 将对金融稳定起到积极作用。最近的金融危机导致市场环境的高度震荡以及交易量突然增加，显示了金融市场基础设施在保证全球金融市场稳定性、稳健性和安全性的关键作用。T2S 有利于金融稳定主要体现在以下三个方面：首先，它大幅降低甚至消除了仍在影响跨境证券结算方面的风险；其次，它有助于银行最优化质押品和流动性管理，这在金融市场动荡时期非常关键；最后，通过促进效率提升以及欧洲金融市场整合，T2S 推动进一步的多样化以及风险分担，这将使得整个系统更加稳定。

四、关于 T2S 的更多信息

T2S 的开发正快速进行。现在正在对开发和运营阶段 T2S 的治理问题，欧元系统、参与的 CSD 和其他提议者之间的协议关系等重要问题进行讨论。这些进展可以通过登录 T2S 网站 www. ecb. europa. eu/T2S 获得。网站还提供了 T2S 项目的详细计划，设定了项目的主要阶段和里程碑。T2S 还发布了季度简报《T2S 在线》提供 T2S 项目委员会和 ECB 管理委员会的最新决定以及下一阶段重要工作展望。